アンドリュー・O・スミス［著］　桜田直美［訳］

アメリカの高校生が学んでいるお金の教科書

Financial Literacy for Millennials

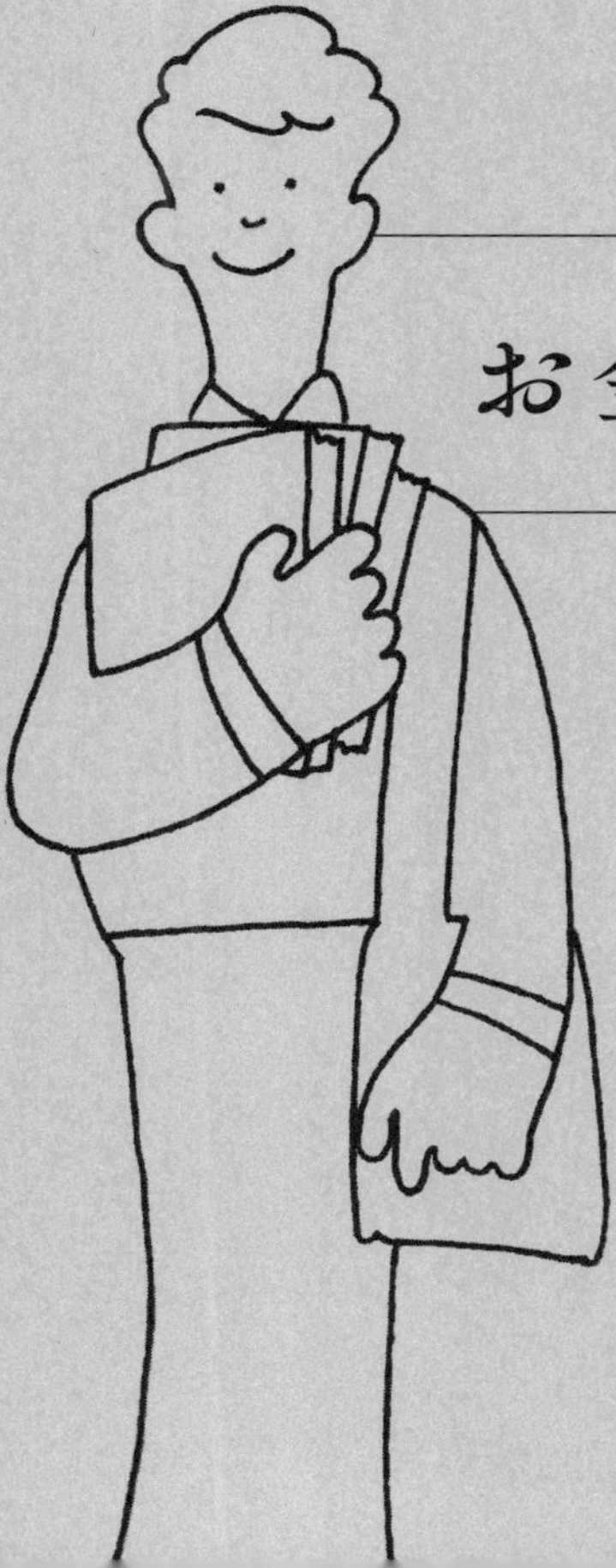

SB Creative

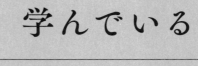

Translated from the English Language edition of
Financial Literacy for Millennials:
A Practical Guide to Managing Your Financial Life for Teens, College Students, and Young Adults,
by Andrew O. Smith, originally published by Praeger,
an imprint of ABC-CLIO, LLC, Santa Barbara, CA, USA.

推薦者まえがき

いまでこそマネーについての本を何冊か書いているが、私が「お金」のことを真剣に考えたのは35歳のときで、結婚して子どもができて、勤めていた会社を辞めようと思っていた。ようするに切羽詰まっていたわけで、そんなことでもないと「お金」について勉強しようなんて思わないのだ。他に楽しいことはいくらでもあるんだし。

それに比べてアメリカの高校生は、この本で「お金」のことを学んでいるらしい。そこで読んでみたのだが、ものすごくちゃんとしていることに驚いた。

ここに出てくるのは、「将来に備えて貯金しよう」とか、「株ってなんだろう?」というようなよくある話だけではない(もちろんそれも大事だけど)。「社会に出たらどうやってキャリアをつくっていくのか」「独立や起業を考えるべきか」「収入と支出をどう管理するか」から、借金(クレジットカードや住宅ローン)、金融詐欺、税金、法律と契約まで、これからの人生に必要なことはすべて網羅されている。

高校生のときにこれだけのことを理解していれば、その後の人生はぜんぜんちがったものになるだろう。「やっぱりアメリカはスゴい！」と驚くかもしれないが、じつはこれは半分しか正しくない。

どんな人生を歩むかを自分で選択するためには、「お金」の知識はぜったいに必要だ。それにもかかわらず、日本の学校はいまだに「お金なんて教育にふさわしくない」という古い考えにしばられたままだ。ここでは、アメリカがずいぶん進んでいる。

でもアメリカの高校生が、この教科書の内容をちゃんと理解して、大人になってから役立てているかというとそうともいえない。10年くらい前に起きた世界金融危機の原因は、借金で不動産を買いまくったアメリカ人が続々と破産したことだったのだから。

この本には難しいことも書いてあるから、いますぐ理解できなくてもぜんぜんかまわない。大事なのは、お金の仕組みと社会の仕組みを時間をかけて学んでいくことなのだ。

橘 玲

謝辞

この本は1通の手紙から始まった。

親戚の男性から、娘にお金のことを教えてもらえないかと頼まれたのだ。娘は医師で、同じ医師と結婚したばかり。この若い夫婦は、お金の教育にぴったりの生徒になってくれた。知的で、責任感があり、成功していて、そして夫婦そろって稼いでいる。しかし残念ながら、知的で高収入の人にありがちなのだが、このふたりも普段の生活が忙しすぎて、お金のことを学ぶ時間がなく、それに特に興味も持っていなかった。私は昔からお金に興味があり、あらゆる金融詐欺の話を読んでは、その手口にあきれたり感心したりしていたのだが、そんなときにひとつ気づいたことがある。それは、被害者の中に医師がたくさんいることだ。とはいえ、考えてみればべつに驚くようなことではないのだろう。彼らは大金を持っているが、お金の知識はほとんどないからだ。

若い医師の夫婦は、私の話になかなか興味を持ってくれなかった。そこで私は、彼らに手紙を書くことにした。それから数週間かけて、私は、これからの時代を生きる若い人が知っておくべきお金の基本知識について考えた。その中には、私自身が学校で学んだこともあれば、周りにアドバイスする過程で自然に身についたことや、実際に痛い目をみて学んだこともある。そして生まれたのが、便せん10枚にもおよぶ長い手紙だ。内容は、いってみれば、すべてが激変する時代を生きぬく「若い世代のためのお金入門」のようなものだ。その手紙をきっかけに、若い夫婦と何度か実際にお金の話をするようになった。彼らの現状を見るに、どうやら教育の効果はあったようだ。だからといって、彼らは『ウォール・ストリート・ジャーナル』の読者になったわけではないし、人気の投資番組のファンになったわけでもないが、それでも人生の目標と、そのために必要なお金については、真剣に考えるようになった。お金の管理と計画の大切さを、やっとわかってくれたようだ。

この本の草稿を読み、詳細なコメントをくれたジェフ・ヘンダーソン、ラーガン・メモット、デーヴィッド・ロバーツ、サリー・ザッカートに心からの感謝を捧げる。また、本書の一部を読み、的確なコメントをくれたバーニー・オストロウスキとホープ・ウォルマンにも感謝を。みんなどうもありがとう。この主題の大切さを理解し、私に本が書けると信じてくれたエージェントのスティーヴ・ハトスンと、プレイガー／ABC－CLIOのみなさんにも感謝している。私の執筆を支え、こんなに長い間家庭をおろそかにしても我慢してくれた家族のみんなにも心からの感謝を。そして何よりも、曾祖父母への感謝を忘れるわけにはいかない。アメリカへの移民を決意した彼らの勇気と賢さのおかげで、私はこの国の市民になり、さらに質素倹約を旨とし、うまい話は疑い、そして独立独歩の精神を持つという、ニューイングランド人特有の金銭感覚を身につけることができた。

Contents

アメリカの高校生が学んでいる
お金の教科書

Financial Literacy
for
Millennials

推薦者まえがき(橘玲) 001
謝辞 003

第1章 お金の計画の基本

そもそもお金とは何か 016
購買力を下げる一大要因・インフレーション 020
どうすれば「経済的に自立」できるのか 023
人生設計とお金の関係 025
お金の専門家との付き合い方 028
一生お金に困らない生き方 030
自分の資産状況はどうすればわかるのか 032
お金を社会に還元する 034
バランスのとれた人生 036

第2章 お金とキャリア設計の基本

あなたのキャリアとお金の関係 039
人的資本――「資産価値の高い人」とは 041
人を雇うメリットとリスク 044
生涯所得を最大化させるために大切なこと 047
何のために働くか 050
報酬の額はどうやって決まるのか 053
報酬と福利厚生の交渉の進め方 056
自分に合ったキャリアの選び方 059
会社選びに失敗した時の対処法 062
インターンシップ、メンター、レファレンス 063

第3章 就職、転職、起業の基本

ビジネスにおける「組織」の仕組み 069
決算書の読み方 074
「事業計画」に必要なポイントはこれだけ 078
フランチャイズビジネス 083
副業――一生食いっぱぐれない働き方 084
不動産 086
資金調達のやり方 088
景気はどうすれば読めるのか 092
「景気がいい」「景気が悪い」とはどういうことか 094
国境を越えたビジネス 098

第4章 貯金と銀行の基本

貯め方より使い方が重要？ 103
どんな人でも貯まる貯金の仕方 105
銀行は何のためにあるのか 106
銀行口座 109
ATM 110
デビットカード 111
銀行以外の金融機関 112
サービスと手数料 116
モバイル決済 117
エレクトロニックバンキング 118
預金保険 119
銀行にお金を預ければ安全か 122

第5章 予算と支出の基本

予算設計の第一歩 127
お金の「出入り」に注目する 131
もしもの備え 132
実際に予算を立ててみよう 133
自動車を買う 134
自立した生活 136

失敗しないローン返済計画 139
賃貸と持ち家、どちらが得？ 141
大学にかかるお金 144
教育費は全部でいくらかかるのか 147
ものの値段はどう決まるか 149
賢い消費者になるために 151

第6章 信用と借金の基本

借金と返済計画 155
お金の時間価値 156
担保と返済 158
住宅ローン 160
金利と複利の仕組み 162
償却とは 164
クレジットカードの得する使い方 168
自動車ローン、その他の個人ローン 171
「信用」はどう数値化されるのか 173
使ってはいけないローン 175
債権回収の恐怖 176
責任あるお金の使い方 178

第7章 破産の基本

最後のカードはなぜ「破産」なのか 182
最後の打ち手を回避するには? 184
破産すると、人生はこうなる 188

第8章 投資の基本

投資でお金を育てる 193
リスクとリターンの考え方 198
株式市場はどういうところか 201
低リスクではじめられる投資信託 205
「株価指数」の読み方 209
債券――株より安全な投資 214
マネー・マーケット・ファンドの仕組み 216
デリバティブ(金融派生商品) 218
商品と通貨 222
その他の投資 224
損失の考え方 228
金融市場の安全性 229

第9章 金融詐欺の基本

あなたに忍び寄る金融詐欺 262
消費者のためのセーフティネット 264
「必ず儲かる投資」のウソ――ピラミッドスキーム 233
その他の投資詐欺 237
誰かがあなたになりすます 238
パソコンやスマホを安全に使う 242
ワンクリックの罠――ネット詐欺 245
見えるお金はなくなるのか――仮想通貨、ビットコイン 249
不動産でお金持ちになる？ 251
信じてはいけないマルチ商法 254
デイトレードは楽して儲かる？ 256
ギャンブルの落とし穴 259

第10章 保険の基本

保険とは何か 267
あらゆる損害を補償する財産保険 270
暮らしを守る賃貸保険 272
事故に備える自動車保険 273
全国民が加入する医療保険 274
万が一のための生命保険 275
訴訟時に備える賠償責任保険 278
SNSのリスク 279
その他のリスクに対する保険 280

第11章 税金の基本

税金と納税の仕組み 285
税金で何ができるのか 287
「消費税」は何のためにあるのか 291
「あなたの所得税」はいくらか 294
税金と収入・支出の関係 300
税制とあなたの仕事 303

第12章 社会福祉の基本

貧困格差解決ガイドライン 309
学資ローン・奨学金 312
住宅ローン 315
失業保険・労災保険 319

第13章 法律と契約の基本

契約とはどういうことか 322
婚前契約 327
法的責任のリアル 330
有形財産と無形財産 332
知的財産——アイデアを具現化したもの 334
不法行為 342
民事訴訟と刑事訴訟 346
ブラック企業から社員を守る法律 351

第14章 老後資産の基本

老後の資金計画 358
老後資金はいくら必要か 362
遺言と遺産——相続の準備の仕方 366
信託——財産の使い道を決める 369
お金と健康寿命 372
家族の役割 374

付録 この本で学んだ大切なこと 376

索引 390

第1章

Financial Literacy
for
Millennials

お金の計画の基本

買いたいもの、行きたい場所、やりたいことのリストを作ろうと言われたら、10項目や20項目ぐらいはすぐに思いつくだろう。欲しいものを考えるのは簡単だ。しかし、それを手に入れる具体的な方法となると、そんなにすぐには思いつかない。ここで、次の質問について考えてみよう。

- ☑あなたは高校生で、ダンスパーティに着ていくために新しいドレスを買いたいと思っている。そのお金はどうしよう？
- ☑あなたは大学生で、卒業後に友達とキャンプ旅行に行きたいと思っている。費用はどれくらいなのか？　そのお金をどうするのか？
- ☑あなたは社会人になりたてだ。まだ両親の家に暮らしているが、そろそろアパートを借りてひとり暮らしがしたくなった。ひとり暮らしには何が必要なのだろう？

何か欲しいものがあるのなら、「お金についての計画を立てる」ことが役に立つ。人生ではお金についての計画が必要になる状況がたくさんあり、あなたもこれから実際に経験していくことになるだろう。ここであげた3つの例よりもずっと複雑な状況だ。たとえば、家を買う、子どもを育てる、転職する——どれも大きな決断であり、人生とお金に大きな影響を与える。

将来のプランを立てるのが苦手な人もいる。目の前のことしか考えられず、将来のことはどうにかなるだろうというタイプだ。未来のことなんてわからないのだから、どうせ変更になる計画を立ててもしょうがないだろう――。たしかにその通りかもしれないが、だからといってお金の計画を立ててはいけないとはならない。

この世の中で生きていくにはお金が必要だ。必要なものを手に入れるのにもお金が必要で、安全に暮らすのにもお金が必要だ。心の健康でさえ、お金が必要かもしれない。

もちろんこれは、「お金がすべて」という意味ではない。昔から「幸せはお金では買えない」と言われているが、まさにその通りだ。とはいえ、お金がないと、しなくてもいい苦労をすることになってしまう。

お金の計画とは、「自分がお金を使って何をしたいか」ということだ。大きな夢をかなえるためにも、日々の生活で必要なものを買うためにも、お金にまつわる計画を立てておくと大いに助かることになる。

そもそもお金とは何か

お金。誰でもお金が必要だ。お金はあればあるほどいいものだ。しかし、そもそもお金とは何だろう？　人生で欲しいものを手に入れる手段だと考えているなら、あなたの答えは正解だ。

誰かにお金を渡して、その見返りに欲しいものを受け取る。スーパーで売っている牛乳が欲しいなら、レジで何ドルか払えば牛乳はあなたのものになる。住む場所が欲しいなら、大家さんに毎月の家賃を払えば手に入る。テイラー・スウィフトのコンサートに行きたいのなら、お金を払ってチケットを買う。

お金とはつまるところ、欲しいものや必要なものを手に入れる手段でしかない。お金のこういった機能は、「交換の手段」と呼ばれている。これは、お金には、お金によって手に入れるものやサービスと同じ価値があるという意味だ。

しかし、お金には別の役割もある。たとえ、ものやサービスと交換しなくても、「お金そのもの」にも価値があるのだ。たとえば、アメリカの通貨の「ドル」なら、持っているドルの「数字」が、そのまま「価値」になる。つまり**お金には、後で使うために「貯める」という側面もある。このお金の機能は、「価値の保存」と呼ばれている。**

さらに経済の専門家に言わせると、**お金にはまた別の役割がある。それは「価値の尺度」と呼ばれる機能だ。価値の尺度は、ものやサービスの価値をお金で表すという意味になる。**また、お給料が多いか少ないかを金額で判断するのも価値の尺度の一種だ。国全体の生産量や、会社の借金も、お金の価値の尺度という機能を使って、多いか少ないかを判断する。

大昔の人はお金を使っていなかった。欲しいものがあったら、お金を払うのではなく、自分の持っているものと交換する。いわゆる「物々交換」と呼ばれるシステムだ。「小麦をあげるから、肉をください」というように、ものとものを直接交換する。「靴を直してあげるから、服を直してください」という物々交換もあるだろう。

人口が少なく、単純な社会であれば、このシステムでうまくいく。現代でも、物々交換は普通に行われている部分もある。「お皿を洗ってくれたら、宿題を手伝ってあげる」「レポートの校正をしてくれたら、車で送ってあげる」というように。

人口が多くなるのにともない、登場したのがお金である。はじめは、貴重な金属がお金

に使われることが多かった。アメリカの場合は、独立したばかりの頃に「金本位制《きんほんい》」という制度が採用された。これは、紙のお金がいつでも決まった金《ゴールド》と交換できるという制度だ。この制度が受け入れられたのは、人々が安心してお金を「信用」することができたからだ。お金が「紙幣」という形を持ち、さらにそれがただの紙ではなく、ゴールドという裏付けもある。

アメリカはその後、経済危機が起きたり、新しい経済理論が登場したりするたびに、金本位制の廃止と復活をくり返してきた。そして1976年、ついに金本位制を完全に廃止する。すると、世界の他の国々もアメリカに続いて金本位制を廃止した。

現在、アメリカなどの国で使われている紙

幣は「不換紙幣《ふかん》」と呼ばれている。これは、ゴールド等の貴金属のような物理的な裏付けがないという意味だ。

世の中に出回っているすべてのお金のことを「マネーサプライ（実際に世の中に出回るお金の量）」と呼ぶ。しかし、一口に「お金」といってもさまざまな形がある。お金と言われて思い浮かぶのは、まずお財布に入っているお金、そして銀行に預けているお金だろう。しかし、お金にはそれ以外の形もある。**銀行が金庫に持っているお金や、銀行同士の取引で使われるお金も、マネーサプライに含まれる。**

国のマネーサプライは重要だ。アメリカの場合、狭義のマネーサプライ（現金と預金の合計）はだいたい3兆ドルになり、これがGDP18兆ドルの経済を支えている。（注1）マネーサプライと国の経済規模の関係が変わると、雇用や経済成長に影響が出る。それに加えて、マネーサプライとインフレの間にも関係があると考える人もいる。マネーサプライが適切に管理されていないと、次の項目で説明する「インフレーション」の歯止めが効かなくなるというのだ。

注1. Board of Governors of the Federal Reserve System, Federal Reserve Statistical Release, "Money Stock Measures," Table 1, data for M1, November 27, 2015; U.S. Department of Commerce, Bureau of Economic Analysis, National Economic Accounts, "Gross Domestic Product," current dollar and real GDP tables, November 24, 2015.

購買力を下げる一大要因・インフレーション

2008〜2009年に起きた深刻な金融危機、リーマン・ショック以降、インフレという言葉をあまり耳にしなくなった。とはいえ、アメリカの経済の歴史をふりかえると、インフレーションという概念が大きな地位を占めていたことがわかる。

インフレーション、すなわちインフレとは、ものやサービスの値段が上がることだ。気づいている人もいるだろうが、ものやサービスの値段は毎年少しずつ上がっている。たとえば、大学の学費、医療費、自動車、レストランでの食事、地下鉄の運賃、家賃などが、毎年値上がりする代表的な例だ。他にもまだたくさんある。

その一方で、年を追うごとに値段が下がるものもある。最近では、携帯電話料金、電子機器、洋服、おもちゃなどがそうだ。それに加えて、値段がしょっちゅう上がったり下がったりするものもあるだろう。代表的な例は、ガソリンと食料品だ。そのため、経済全体としては値段が上がっているのか、それとも下がっているのか、簡単にはわからないことも多い。

ところで、そもそもなぜインフレのことを気にしなければならないのだろうか。それは、

インフレになると「購買力」が下がるからだ。自分が持っているお金で、何がどれくらい買えるのか知るために、インフレの状況にはつねに目を光らせていなければならない。だいたいのお金の計画を立てていても、急激なインフレで、買えるはずだったものが買えなくなってしまうかもしれない。

インフレになると、同じ給料で買えるものが少なくなる。また、インフレ時はたいてい金利も上がるので、お金を借りにくくなり、社会全体としても経済活動が停滞して雇用も少なくなる。ものを売る人たちは、値段をしょっちゅう変えなければならないので、お金の管理にばかり気を取られ、実際の商品やサービスのほうがおろそかになってしまう。

政府も、民間の経済専門家も、インフレを熱心に研究している。そして彼らは、経済全体で見て値段は上がっているのか、それとも下がっているのかを判断する基準をいくつか開発した。その中でよく名前を聞くのは、**「消費者物価指数」**という基準だろう。これは、ほとんどの人が日常的に買うものを選び、その値段の変化を指数で表したものだ。

その他には、「GDPデフレーター」と呼ばれる基準もある。GDPには2種類あり、その国で生産されたすべての財（ものや商品のこと）とサービスの値段の合計が「名目GDP」と呼ばれ、そのすべてを前の年の値段で計算した合計が「実質GDP」と呼ばれる。実質GDPは値上がりの影響を排除するために、純粋に経済がどれだけ成長したかがわかるようになっている。この名目ＧＤＰと実質ＧＤＰの比率で表すのがＧＤＰデフレーターだ。

ほとんどの経済専門家は、1～2％が適切なインフレ率だと考える。インフレ率がそれよりも高くなると、ものの値段は高くなるが、給料はそれほど上がらないという状況になる。逆にインフレ率がそれより低くなると、今度はデフレーション（デフレ）という問題が出てくる。デフレとは、全体としてのものの値段が下がることだ。アメリカは歴史的に、デフレを経験してもいつもうまく切り抜けてきたが、**現代のデフレは、低成長、あるいはマイナス成長と結びつき、経済に深刻なダメージを与えるとされている。**

たとえインフレ率が低くても、長い目で見ると値段に大きな影響が出る。たとえば、2017年のはじめに、1週間の食費が100ドルだったとしよう。その後、年に2％のインフレが10年間続くと、2027年のはじめには1週間の食費がだいたい122ドルになっている（100ドルから20％増えるなら120ドルではないかと思うかもしれないが、残りの2ドルは複利効果によるものだ。複利についてはまた後で説明しよう）。

つまり、2017年には100ドルで買えたものが、2027年には122ドル出さないと買えないということになる。このように、同じお金で買えるものがだんだんと減っていくのがインフレだ。

どうすれば「経済的に自立」できるのか

「経済的に自立した個人」になるために、まず覚えておかなければならないのは、自分のお金の面倒を見るのは自分しかいない、ということだ。

子どもであれば、たいていの場合、生活に必要なお金は親に出してもらうことができる。しかし、それが永遠に続くわけではない。とても裕福な家に生まれたのであれば、大人になってからも親が残してくれたお金で暮らしていけるかもしれない。しかし、そんな幸運に恵まれたとしても、お金の扱い方をきちんと知っておくのは非常に大切なことだ。お金持ちでも、そうでなくても、自分のお金は自分で管理しなければならない。

人は生きていれば、毎日たくさんの決断をする。そして、その多くがお金に関する決断だ。人生には、友達をどうやって選ぶか、家族にどのように接するか、失敗したときにどうやって立て直すかといった重要な決断があるが、お金に関する決断もそれと同じくらい重要だということを覚えておこう。いい決断を下すことはもちろん、大人であれば決断の結果に責任を持つことも求められる。私たちは、自分の行動に責任を持たなければならない。**中でも特に大きな責任を伴うのが、お金に関する決断をするときだ。**

お金がたくさんある人も、ほとんどないという人も、真っ先に知っておかなければならないことがある。それは、周りにいるすべての人が、あなたのお金を奪おうとしているということだ。

マクドナルドはあなたにハンバーガーを売ろうとするし、保険会社は「これが最低限必要な保険です」などと言って、あなたに保険を売ろうとするだろう。あるいは、詐欺であなたからお金をだまし取ろうとする人もいるかもしれない。

いずれにせよ、お金を使う場面でどういう決断をするかで、お金に苦労する人生を送るかどうかが決まるのだ。

ここで大切なのは、**あなたのお金に関するあなたの決断が、あなたの未来を決めるということだ。**もちろん、誰か他の人のせいで、困った事態に陥ることもあるだろう。でもたいていの場合、人生で起こることは自分の決断の結果だ。

あなたはこれからの人生で、さまざまな形で自分の決断に責任を持つことになる。しかしここでは、まず「自分のお金に責任を持つこと」から始めてみよう。

人生設計とお金の関係

あなたがまだ10代であるなら、残りの人生の計画をすべて立てるのは不可能だろう。30歳になっても、将来のことが決められない人はたくさんいる。それはそれでかまわない。すべての人が、「何歳までに何をする」といったような、具体的な人生設計をしなければいけないわけではないからだ。

とはいえ、**キャリアや結婚といった人生の大きな要素については、だいたいの目標は決めておいたほうがいいだろう。**幸せで充実した人生を送りたいのであれば、次の項目について自分がどうしたいのか、じっくり考えておいたほうがいい。

〓教育〓 きちんとした教育を受けずに、自立した社会人になるのは難しい。世界の変化のスピードについていきたい、キャリアで成功したいと思うなら、なおさら教育が大切になる。教育を受けることはそれ自体に価値があるのはもちろん、教育には人生の目標を達成するための道具という側面もある。いい教育を受けなければ、人生の選択肢も限られてしまうのだ。多くの人にとって、高等教育を受けることや、専門的な訓練を受けることは、人生の重要な目標のひとつだ。

キャリア キャリアとは、自分がしてきた仕事の積み重ねだ。企業の求人や雇用は自分で決めることはできないし、自分でビジネスをやるにしても、景気の動向に大きく左右されたりする。とはいえ、スキルを磨いたり、経験を積んだりすることで、ある程度までは自分のキャリアをコントロールすることはできるはずだ。世の中の流れや、経済情勢を知っていれば、正しいキャリアの選択をする助けになる。充実したキャリアを築き、大きな満足感を得ている人はたくさんいる。

恋愛・結婚 生涯独身でも、高校時代の恋人とそのまま結婚するのでも、あるいは何度も結婚するにしても、決まったパートナーがいるといざというときに支えてもらえるという安心感がある。それに、パートナーがいることは、意義深い人生につながるかもしれない。恋は計画とは関係なく突然やってくるものだが、そこからきちんとした関係を築いていくには、お互いの努力と責任感と理解が必要になる。パートナーシップや結婚といった人間関係は、人生の中で大きな位置を占める。

〓家族〓現代は家族も多様化し、予測できない要素も多い。計画的に子どもを作る人もいれば、予定外で子どもができた人、生涯子どもを持たないという人もいるだろう。多くの人は、自分の親や子どもだけでなく、親戚たちのサポートもしている。子どもを育てること、家族や親戚のサポートをすることを人生の目標にする人も多い。

〓物質的な豊かさ〓崇高な精神や、心の豊かさがあればいいという人もいれば、大きな家、高級車、高価な宝石などが欲しくてたまらないという人もいる。中でも多くの人が欲しがるのが、いわゆるマイホームだ。マイホームはおそらく、人生でもっとも高い買い物になるだろう。自分はどのような物質的な豊かさを求めるのかということをよく考えておくと、お金の計画を立てるときに役に立つ。

〓老後の生活〓ほとんどの人は、人生のある時点で仕事を引退し、老後生活に入ることになる。あるいは、生涯現役を目標にしている人もいるかもしれない。職業の種類によっては、ずっと働くことが可能なこともある。この本は、これから社会に出る学生や、働きはじめたばかりの若い社会人に向けて書いているので、読者の多くはそんな先のことまで考えられないと思っているだろう。今のところは、いずれ老後はやってくるということ、そして老後のすごしかたも人生の目標のひとつになるということがわかっていればいい。

お金の専門家との付き合い方

これから資産を作っていこうとしている若い人なら、この本を最初から最後までしっかり読めば、専門家に頼らなくても、自分の力だけできちんとしたお金の計画が立てられるようになるはずだ。

一方でファイナンシャルアドバイザーや、ファイナンシャルプランナーなどと呼ばれるお金の専門家がいる。あなたもいつか、彼らのお世話になるかもしれない。今のところは必要ない人がほとんどだろうが、そういった専門家が存在するということや、彼らの仕事の中身を知っておけば、いざというときに助けになるだろう。

お金の専門家の仕事は、お金に関するアドバイスをすることだ。資格が必要な場合もあれば、そうでない場合もある。いずれにせよ、資格があるからといって、その人の言うことが全面的に信用できるというわけではない。

まず覚えておかなければならないのは、ファイナンシャルプランナーや投資アドバイザーを名乗る人の多くは、特定の金融機関や保険会社からお金をもらって契約しているということだ。だから、自分が契約している金融機関の金融商品や、保険会社の保険をあなたに売ろうとする。

もちろん、金融商品を買うこと自体に問題があるわけではなく、保険が必要になることもあるだろう。しかし、**特定の会社とつながっている専門家のアドバイスを鵜呑みにすると、自分にとって本当に必要なものが選べないという事態になってしまうのだ。**

でも、ありがたいことに、特定の金融機関や保険会社とは関係なく、完全にフリーで働いているお金の専門家はたくさんいる。彼らはアドバイスというサービスに対してお金をもらっているので、自由な立場で、あなたが本当に必要としているものを教えてくれるだろう。あなたが料金を払い、彼らがあなたのために計画を立てるという関係だ。

また最近では、アルゴリズムを使って、それぞれの顧客に最適な資産運用を提案してくれる「ロボアドバイザー」というサービスも多くなってきた。これはインターネットで簡単に申し込め、料金も安くてすむ。

一生お金に困らない生き方

お金の計画とは、人生の中でお金に関する要素をピックアップし、具体的な戦略を立てることだ。この本も、それぞれの要素にひとつの章を割り当て、内容を詳しく見ていくという構成をとっている。

お金の計画は、できれば紙に書いたほうがいいだろう。目に見える形にすることで、自分にとって本当に必要なものがはっきりするからだ。そして最後に、お金の計画とは一度決めれば終わりというものではなく、ずっと続くプロセスだ。お金について考え、お金をやりくりしていく過程で、あなたに合った計画ができあがってくる。

詳しい計画を立てるにしても、ざっくりした計画でも、たいてい次のような要素がお金の計画には含まれている。

支出 今のライフスタイルを維持するのに、どれくらいのお金がかかるだろうか？　この先、必要なお金は増えるだろうか？　それとも減るだろうか？　多くの人は毎月の予算

を決め、自分が何にいくら使ったのか把握している。

収入 まだ実家で暮らしている学生であっても、何らかの収入はあるはずだ。それは親からもらうお小遣いかもしれないし、アルバイトで稼いだお金かもしれない。それに加えて、何らかの所有物（自転車など）も、売ればお金になるので収入の一部と考えることもできる。仕事をするのも、キャリアを築くのも、その主な目的は「収入を得ること」だ。

貯金 収入の一部を貯金に回すのは大切なことだ。貯金をしなければならない理由はたくさんあり、そして貯金をする方法もたくさんある。どれくらい貯金があるか、貯金の習慣ができているかどうかということは、お金の計画を立てるうえで大きな要素になる。

〝借金〟クレジットカード、住宅ローン、奨学金……。それぞれ形は違うが、すべて借金だ。何のために借金をするのか、いくら借りるのか、どんな条件で借りるのかといったことも、すべてお金の計画の要素になる。

〝安心〟万が一に備えて保険に入る。医療保険、火災保険、地震保険、生命保険などに入っていれば、もしものときも安心だ。年配の人であれば、遺言、信託、その他の法的文書などで万が一に備えることも多い。

自分の資産状況はどうすればわかるのか

自分の資産状況はどうやって把握すればいいのだろうか。**その方法のひとつは、「個人のバランスシート」を作ることだ。**いちばん簡単なバランスシートの作り方を紹介しよう。

表1・1　私のバランスシート（2016年8月31日、27歳）

持っているもの（資産）	借りているもの（負債）
ノートパソコン　600ドル	クレジットカードの残高　422ドル
iPhone　400ドル アパートの家具　2,000ドル 音楽コレクション　500ドル 洋服　1,000ドル 当座預金　1,855ドル 普通預金　4,606ドル 職場の年金プラン　29,243ドル アパートの敷金　1,600ドル 資産合計　41,804ドル	奨学金1　6,890ドル 奨学金2　12,573ドル 負債合計　19,885ドル
	純資産（資産－負債）　21,919ドル

出典：著者の分析

表1・1を見てほしい。

まず紙を1枚用意して、真ん中に縦に線を引く。左側に自分が所有するものをすべて書き、それぞれの価格も書いて、合計する。そして右側には借りているものをすべて書き、ここでもそれぞれの価格を書いて合計する。そして紙のいちばん下に、**資産の合計から負債の合計を引いた額を書く。これがあなたの「純資産」だ。**

あなたがまだ10代なら、バランスシートの内容もシンプルだろう。持っているものも、借りているものもまだ少ないからだ。資産の欄に入るのは携帯電話と洋服ぐらいで、あとは銀行預金を持っている人もいるかもしれない。資産の合計はだいたい1000ドルぐらいだ。そして兄への借金が25ドルなら、純資産は975ドルということになる。

しかし、大人になるにつれて資産状況はもっと複雑になり、持っているものも借りているものも多くなる。表1・1は、大学を出て5年たった架空の27歳のバランスシートだ。この人物が仕事を続け、奨学金の返済と貯金を進めれば、それにつれて純資産も増えていく。**定期的に自分の純資産を計算することは、自分の資産状況を把握するひとつの方法になる。**しかし、言うまでもないことだが、純資産があなたの価値のすべてではない。人としての価値は、数字で表すことはできない。

お金はたしかに大切だが、他のすべてを犠牲にして追い求めるのは間違っている。経済基盤がしっかりしていれば、いい人生を送る足がかりになるだろう。しかし、お金はあくまで手段であって目的ではないということは、絶対に忘れないでほしい。

お金を社会に還元する

慈善活動やボランティアを人生の目標のひとつにする人はたくさんいる。あなたはもしかしたら、すでにそういった活動に関わっているかもしれない。高校などでボランティア活動が課題に入っていたという人もいるだろう。大学でも、地元の恵まれない人のために働くボランティア活動を学生に紹介しているところがある。

被災地での救援活動、献血、フードバンクのために缶詰食品を集める、炊き出しに参加する、ホームレスのシェルターで働く、老人ホームの慰問など、自分の力を社会に還元する方法や、恵まれない人たちを助ける方法はたくさんある。そして、**与えることができるのは、自分の時間や労力だけではない。お金を差し出すのも立派な慈善活動だ。**

社会に還元することはなぜ必要なのか。慈善活動や寄付の大きな利点のひとつは、いい気分になれることだ。他人を助けるのはとても満足感の大きい行為であり、自分が誰かの役に立っていると感じることができる。

この本を読んでいる若い人たちなら、おそらくお金よりも、時間やエネルギーのほうがたくさんあるだろう。そのため当面のところは、お金を寄付することよりも、体を動かす慈善活動になるかもしれない。

それでも、少額でもかまわないので、赤十字などの困っている人や恵まれない人を助ける団体に、若いうちから寄付をする習慣を身につけておいてもらいたい。年齢を重ねて収入が増えれば、寄付金の額を増やし、人々の人生にさらに大きな影響を与えることができる。慈善活動は人のためになれるということ、それ自体が見返りだ。

バランスのとれた人生

お金がないとたしかに大変だ。とはいえ、お金が中心の人生を送るのも間違っている。今から100年前、アメリカ人の大部分は、現代の貧困ラインより下の暮らしをしていた。それに、水洗トイレや冷蔵庫といった便利なものも存在しなかった。生活はきつかったが、それでも人々は家族の絆に守られ、友人やご近所のコミュニティに参加し、意義深く充実した人生を送っていた。個人を超えた、より崇高なものを信じていたのだ。

私がこの本を書いたのは、あなたがお金と賢く付き合い、たくさんの人生の目標を達成する手助けをするためだ。とはいえ、**本当に大切なのは喜びと幸せに満ちた意義深い人生を送ることであり、お金はその手段でしかない。**

お金はたしかに大切だが、他のすべてを犠牲にしてまで追い求めるのは間違っている。経済基盤がしっかりしていれば、いい人生を送る足がかりになるだろう。しかし、お金は手段であって目的ではないということは、絶対に忘れないでもらいたい。

第2章

Financial Literacy for Millennials

お金とキャリア設計の基本

まだ学生の人や、社会人になったばかりの人は、自分の将来のキャリアのことはぼんやりとしか考えられないだろう。もちろん、中には子どもの頃から、自動車整備工やバレエダンサー、プロスポーツ選手、ホームレスのための慈善活動など、将来の夢がはっきり決まっている人もいる。しかしたいていの人は、若いうちから自分の天職を見つけるのは難しいだろう。

学校で何を学ぶかを決めるときは、将来のだいたいの職業を決めておいたほうが、正しい選択ができる可能性が高くなる。それと同時に、その職業がうまくいかなかったときに備えて、応用の利く知識やスキルを身につけておくことも大切だ。

現代のビジネスパーソンは、おそらく生涯で何度も仕事を変えることになるだろう。引退までずっと同じ会社に勤めるという人はかなりのレアケースだ。

業界は同じであっても、おそらく勤め先は変わるだろう。たとえば、看護助手の資格を持っている人であれば、病院を変えたり、医療事務の仕事をしたりしながら、キャリアアップを目指すというケースが考えられる。あるいは、まったく違う業界の仕事を経験するという人もいるかもしれない。最初の仕事は建築現場で、次にトラック運転手になり、さらに倉庫の管理人になるようなケースだ。

若い頃の決断は、その後の仕事の選択肢に大きな影響を与える。選択肢が広がることもあれば、キャリアの妨げになり、金銭的にも苦労する結果にもなりうる。

あなたのキャリアとお金の関係

キャリアとは、それまで積み重ねてきた仕事のスキルや経験のことだ。たいていの人は、同じ仕事を続けたり、同じ業界の中でさまざまな職種を経験したりしてキャリアを築いていく。ずっと同じ会社でキャリアを築く人もいるだろう。

たとえばあなたが冷蔵技師なら、キャリアを通じて複数の家電メーカーに勤めることになるかもしれない。あるいは公務員になって地元の自治体に就職し、会計係、プログラムマネジャー、プロジェクトスーパーバイザーを歴任するというケースもあるだろう。いずれのケースもずっと同じ業界で働いているので、業界をベースにしたキャリアを構築できる。

自分のキャリアが最終的にどうなるのか予測するのは難しいが、だいたいの方向性を決

めて、それに沿った正しい決断を下すことが大切だ。

アメリカにおけるベビーブーム世代（１９５７〜１９６４年生まれ）のいちばん若い層は、50代の半ばにさしかかっている。そんなキャリアの終盤が近づいた彼らは、平均して12の違う仕事を経験している。（注1）今の若い人は、上の世代に比べてさらに転職が盛んになると考えられているが、今のところミレニアル世代（１９８０年代〜２０００年代初頭生まれ）は上の世代よりも転職がわずかに少ないようだ。（注2）

現代のアメリカでは、ひとつの仕事を続ける長さは平均して4年半になり、キャリア初期のほうが転職回数は多くなる傾向がある。（注3）未来のキャリアは、おそらくもっと転職が多くなるだろう。今の若い人たちは、仕事や環境の大きな変化を何度も経験することになる。しかし残念ながら、将来必ずやってくる「変化」に対して、万全の備えをしている人はほとんどいない。**転職が当たり前になる世の中では、変化を見据えたキャリアプランが重要になる。**

注1. U.S. Department of Labor, Bureau of Labor Statistics, “Number of Jobs Held, Labor Market Activity, and Earnings Growth Among the Youngest Baby Boomers: Results from a Longitudinal Survey,” March 31, 2015.

注2. U.S. Council of Economic Advisers, “15 Economic Facts About Millennials,” Fact 11, October 2014.

注3. U.S. Department of Labor, Bureau of Labor Statistics, “Employee Tenure in 2014,” September 18, 2014.

人的資本──「資産価値の高い人」とは

仕事を続けていくうちに、知識、経験、人脈、スキルといった、その仕事に必要なものが手に入っていく。その結果、あなたの生産性が高まり、雇用主にとってより価値のある存在になる。こうやって築いたスキルや能力が、あなたの「人的資本」だ。

職業をベースにしたキャリアを歩んでいる人は、人的資本がしっかりしていれば、勤め先が変わっても立派に通用するので、キャリアアップのための転職を望むことができる。

また、業界をベースにしたキャリアであっても、人的資本がしっかりしていれば、同じ業界内でステップアップしていくことができる。ただし、違う業界に転職した場合、前の業界で身につけたことが役に立たなくなるかもしれない。

おすすめできないキャリアの選択は、「職業と業界の両方を変える転職」だ。たとえば、小売店の店員から、メーカーの購買部、教育機関のテクニカルサポートというような転職がそれにあたる。こういうキャリアの道を歩む人は、収入がなかなか増えずに苦労することになるだろう。それぞれの仕事で身につけた知識、経験、人脈、スキル、すなわち人的資本が、次の仕事でほとんど生かされないからだ。

しっかりした人的資本を手に入れたいなら、最初の投資は教育とトレーニングということになる。平均的な高校卒業生であれば、卒業の時点でかなりの仕事のスキルを身につけている。まず読み書きができ、計算ができる。集団行動もできるし、さまざまなタイプの人と協力して働くことができる。

悪くないスタートだが、社会で有能な人材になるには、さらに追加の教育やトレーニングが必要だ。一般的に、トレーニングとは、ある特定の職業に必要なスキルを学ぶことだ。たとえば、裁判所速記官、美容師、機械整備士になりたいのであれば、専門のトレーニングを受けなければならない。

それに対して教育とは、さまざまな職業に応用できるような、一般的な知識を身につけることだ。たとえば大学でリベラルアーツを学んだ人は、分析的思考やコミュニケーションスキルを身につけたとみなされる。また、会計の知識があれば多くの職場で役に立つだろうし、外国語ができれば、外国と取引のある仕事で役立てることができる。

第5章でも詳しく見ていくが、大学に行くことには長い目で見れば大きな見返りがある。しかし、すべての人が大学教育を必要としているわけではない。ここでいちばん大切なのは、自分のキャリアの道を選び、そのために必要な知識やスキルを、教育やトレーニングで身につけるということだ。

高校を出たら専門学校へ行って、特定の職業に必要なスキルを身につけようとする人もいるかもしれない。あるいは、すでにその仕事をしている人に弟子入りするという道を選ぶ人もいるだろう。この場合、最初の収入はごくわずかだが、修業を積んで一人前になり、もっと稼げるようになることを目指す。

キャリアに関する教育やトレーニングは、就職したらそこで終わりではなく、働くかぎりはずっと続けていかなければならない。学ぶのをやめなかった人は、たいていキャリアで成功して稼げるようになっている。どんな仕事であっても、学ぶチャンスはほぼ確実にある。自動車整備工でも、医師でも、最新の知識や技術を学ぶことを忘れてはいけない。

17歳か18歳で、50年先の将来のことまで考えている人はあまりいないだろう。とはいえ、高校を卒業した頃から考えておきたいことがふたつある。ひとつは、複数の職業で応用できる実用的なスキルを磨いておくこと。たとえば、マーケティング、ウェブサイトを作る、基本的な簿記といったスキルだ。こういったスキルがあれば仕事が見つかりやすくなり、キャリア初期の転職でも有利に働くだろう。

そしてもうひとつは、興味のある業界の中から関連する仕事をひとつかふたつ選び、それに集中するということ。たとえ目指すキャリアがまだ決まっていなくても、ある業界に関する知識や経験があると、将来的に貴重なスキルを身につけることができる。

人を雇うメリットとリスク

会社が人を雇うのは、その人たちに会社の利益のために働いてもらうためだ。だから、**従業員が生み出す価値は、従業員を雇うコストよりも高くならなければならない。そうでなければ、人を雇う意味はない。**この原則は、民間の営利企業だけでなく、NPOや公共セクターにもあてはまる。

あなたがセールスパーソンで、売上額が10万ドルのサービスを売っているとしよう。あなたの勤め先は、給料としてあなたに5万ドル払い、さらにその他の費用も払っても、利益を上げることができるだろうか？　従業員の価値というものは、明確な数字に表せないこともよくある。たとえば、教師の「生産量」は、どうやって計算したらいいのだろうか？

消費者が購入する商品やサービスについては、そのための労働力の需要と供給を司る市場が存在する。庭の芝刈りから、あなたの住む街の市長、コールセンターのオペレーター、大企業の社長まで、あらゆる種類の労働者が労働市場に参加して、自分の労働力を売るために他の労働者と争っているのだ。もちろん、労働市場はひとつではない。社長のための労働市場はそれほど多くなく、そして社長と庭師が同じ市場で争うことはない。

労働者だけでなく雇用主のほうも、優秀な労働者を雇うために、他の雇用主と競争をくり広げる。**雇用主が労働者を求めることを、「労働力の需要」と呼ぶ。一方で労働者は、働き口を求めて他の労働者と競争している。これが「労働力の供給」だ。**この需要と供給のせめぎあいによって、労働力の市場価値が決まるという仕組みになっている。

事業を行う組織であれば、稼がなければ生き残れない。公共事業やNPOにとっての「稼ぐ」とは、人件費などの経費を、収入の範囲内に抑えるということを意味する。彼らにとっての収入源は、税収、債券発行、寄付、助成金、そして製品やサービスの売上げだ。

そして民間の営利企業にとっては、「稼ぐ」とは「利益を出す」という意味になる。企業の運営にかかるすべてのコストを払い、さらに残ったお金（利益）で、株主への配当を払ったりするのだ。

ここでもまた、非営利か営利かに関係なく、労働者は自分にかかる費用以上の利益を生み出さなければならない。そうでなければ、雇用主にとって、その労働者を雇う意味がないからだ。

The Lavor Market
労働市場
労働力の需要
Demand
労働力の供給
Supply
労働力の市場価値
Value

人的資本を蓄積することが大切なのはそのためだ。教育、トレーニング、経験、そしてつねに学ぶ姿勢によって、雇用主から「雇いたい」と思われる労働者にならなければならない。

生涯所得を最大化させるために大切なこと

「恒常所得《こうじょうしょとく》仮説《かせつ》」という言葉がある。これは、**「人々が生涯で使うお金は、給料などの恒常的な所得で決まる」**という意味だ。ずっと会社に勤めているなら、給料は引退するまでもらえるものと考えられる。そのように安定した収入が期待できる人は、目先の収入だけでなく、生涯を通じた収入に基づいて消費行動を決めることになる。これが恒常所得仮説だ。

たとえばまだ若くて給料の安い人なら、これから給料が上がると期待して、お金を借りてまで収入以上に支出する。そして年齢が上がって給料が増えると、支出を収入以下に抑えて貯蓄に回す。この仮説はまた、短期的に収入が大きく増えたり減ったりしても、消費パターンはそれほど変わらないということも意味する。

恒常所得仮説が正しいかどうかは、経済専門家の間でずっと議論が続いてきた。現在のところは、細部まですべて正しいわけではないが、だいたいの方向性は正しいということで合意しているようだ。

しかし、わざわざ「恒常所得仮説」のような名前をつけなくても、私たちは昔からこのように行動していた。奨学金を借りて大学に行ったり、ローンを組んで家を買ったりするのは、後になってもっと稼げるようになることを期待しているからだ。そして老後に備えて貯金をするのは、仕事を引退すれば収入がなくなるとわかっているからだ。

とはいえ、人間の一生にはさまざまな不確定要素がからんでくるので、生涯で稼ぐお金を正確に予測するのは難しい。年収が少し減っただけでも、45〜50年の長さで考えれば大きな金額になるだろう。

それに加えて、現時点で選んだ職業が、何十年後も同じ水準の収入をもたらしてくれるかどうかもわからない。大幅に増えているかもしれないし、反対に大幅に減っている可能性もある。もしかしたら、職業そのものが消滅しているかもしれないのだ。たとえば、まだコンピューターが普及していない30年ほど前は、電話を手動でつなげる電話交換手という仕事が存在したのだが、現在その作業は完全に自動化されている。

生涯所得を決めるもっとも大きな要素は、どんな職業を選ぶかということだ。

仕事はすべて、時給や給料という形でもらうお金（報酬）が決まっている。報酬の額を

決める要素は、仕事の難しさ、その仕事が生み出すものに需要があるかどうか、その仕事の働き口が多いか少ないか、その仕事をしたい人がどれくらいいるか、その仕事に必要な教育、トレーニング、経験のレベルなどだ。

一般的に、**自分の仕事で経験を積み、能力も上がってくると、それに従って報酬も増えていく（雇用主にとってより価値のある労働者になったからだ）。**また、儲かっている業界、成長している業界は、そうでない業界よりもたくさん稼げる。そのため社会全体の景気や業界の動向も、あなたの生涯所得に影響を与えることになる。

医者は一般的に稼げる仕事とされているが、それは医療が成長産業であり、医者になるには高い教育を受けなければならず、さらに勤務時間が長くて不規則だからだ。それに、大学を出てすぐに医者になれるわけではなく、数年にわたって研修医と呼ばれる見習いの身分で働く必要もある。対して小売店の店員の報酬が一般的に低いのは、小売業がインターネットに押されて縮小している業界であり、特別なスキルや高い教育が必要ないからだ。

何のために働くか

キャリアで成功を目指すのは、お金だけが目的ではない。 私たちは、起きている時間の大部分を仕事にささげ、人付き合いも仕事関係の人が多くなる。それに心の健康状態も、ある程度まで仕事で決まるといっていい。そう考えると、仕事選びはとても大切だということがよくわかるだろう。

自分がこれから就こうとしている仕事や業界に興味を持ち、さらに雇用主のことも事前によく調べなければならない。仕事を選ぶときは、「好きかどうか」を基準にしてもいいかもしれない。自分の好きなことであれば、うまくできるだろうし、働くのも楽しいだろう。そして適性も忘れてはいけない。たとえばパソコンに詳しい人がコンピューターの仕事を選ぶなら、成功したキャリアを築く可能性は高いだろう。好きなことと得意なことが一致していて、それを仕事にできるのが理想的だ。

仕事を選ぶときは、「好き」や適性に加えて、現実的なことも考えなければならない。あなたが希望している仕事や業界は、出張や転勤が多いだろうか？　労働時間が長いだろうか？　ノルマが厳しいだろうか？

厳しい仕事ほどやりがいを感じるという人もいる。特に若いうちは、激務でもかまわないという人も多いかもしれない。厳しい仕事はやりがいがあり、多くのことを学べ、やりきったときの達成感も大きい。その一方で、趣味のほうに生きがいを感じていて、仕事は二の次だという人もいるだろう。または人付き合いが苦手で、ひとりで黙々と働くほうが好きだという人もいる。

もちろん、どのタイプであってもかまわないのだが、タイプによって向き不向きがあるということを忘れてはいけない。自分に合った働き方ができる仕事を選ぶことが大切だ。

それに加えて、心理的な側面も考慮する必要がある。あなたは仕事にどんなことを求めているのだろう？　世の中のためになるような、意義深い仕事をしたいという人は、公務員や公共サービス、NGOなどの仕事が向いているだろう。

たとえ利益を追求する会社であっても、そこで働く人は、価値のある仕事をしたいと思っている。世の中に貢献するような仕事、周りから尊敬されるような仕事を求めている。仕事の種類によっては、そういった精神的な欲求を他の仕事よりも満たしてくれることもある。**どの仕事、どの会社、どの業界が、精神的に満足できる環境を提供してくれるのかを事前に知るのは難しい。とはいえ少なくとも、仕事を選ぶときにそれを意識しておくことならできる。**

そして最後に、社会人になって最初の仕事は、おそらく引退前の最後の仕事とはかなり違う姿をしているだろう。一般的に、キャリアを重ねるごとに、収入や責任がだんだんと増え、周囲からも認められるようになる。ずっと同じ仕事を続けるにしても、同じ業界の中で転職するにしても、横の移動もあれば、上への移動もあるだろう。

勤め先が中小企業から大企業になる、部下ができる、責任が大きくなる、顧客との接触が増える、大きな決断をする権限を与えられる。まだ社会人になったばかりの若い人は、変化は避けられないということだけは覚えておこう。業界や仕事によって、変化や出世の形はだいたい決まっているだろうから、それをあらかじめ知っておくのも大切なことだ。

報酬の額はどうやって決まるのか

雇用主が労働者を募集するときは、報酬の金額も提示することになっている。報酬の金額は、労働者の経験や、前職でもらっていた報酬で決めるか、または募集しているのが新しい仕事であるなら、似たような仕事の報酬に合わせて決める。

あなたが自分に合った仕事を探しているように、雇用主のほうも、その仕事をやるのにふさわしい資格を持った人を探している。資格とは、経験の長さかもしれないし、専門の教育やトレーニングかもしれないし、業界に関する知識かもしれない。あるいは、「残業も休日出勤も喜んでやります」という個人の資質かもしれない。それに加えて、報酬は働く場所によっても違ってくる。その土地の生活費や景気も、報酬を決める要素になるからだ。

雇用主は、さまざまな方法で労働者に報酬を支払っている。たとえば、営業職ならコミッションという形で報酬をもらうことも多い。コミッションの場合は決まった給料ではなく、自分が売った値段の何割かを報酬として受け取ることになる。レストランの給仕、美容師、マッサージ師は、お客のチップも大きな収入源だ。そして農家の多くは、収穫した量で報酬が決まる（これは「出来高給」と呼ばれる）。

このように報酬の形はさまざまだが、**もっとも一般的なのは、1時間働くといくらもらえるという「時給制」と、働く時間に関係なく1カ月や1年の報酬が決まっている「月給制」や「年俸制」だろう。**雇用主が最低限これ以上は払わなければならないという金額は法律で決まっていて、「最低賃金」と呼ばれている。そして残業をする場合は、報酬の額は5割増しになる。労働時間が週に40時間を超えるなら、超えた分はすべて残業だ。夜間や週末、休日の出勤に残業手当を支払う義務はないが、雇用主によっては払うところもあるだろう。しかし、最低賃金と残業手当の法律が適用される労働者は一部だけで、月給や年俸で働く人の大部分には適用されない（彼らは全米の労働者の約4割を占める）。

最低賃金と残業に関する法律は、地方自治体、州政府、連邦政府のそれぞれで決められている。とても複雑な法律で、例外事項も多い。たとえば、年齢が若く、お客からチップを受け取っているのであれば、法定最低賃金よりも低い報酬でかまわないという決まりがある。また、小さな農場で働く人、期間限定の遊園地で働く人、漁師は、最低賃金も残業規定も適用されない。

連邦政府が決める残業規定は、公共交通機関で働くほとんどの人、住み込みで働くお手伝いさんなどの家庭内労働者、農業従事者、コミッションで働くほとんどの人には適用されない。警察官や消防士などの公共の安全のために働く人や、老人ホームの従業員には、一般とは違う残業規定が適用される。**時給制か給料制に関係なく、報酬がある一定額よりも少ないなら、自動的に残業手当をもらう権利が認められる。反対にその一定額よりも多いのなら、残業の扱いは雇用主によって変わる。**（注4）

残業規定のもっとも大きな例外は、企業の管理職、専門職、事務職、つまりいわゆる「ホワイトカラー」と呼ばれる仕事をしている人たちであり、彼らは残業手当をもらうことが認められていない。ホワイトカラーの仕事を目指している人、すでにそうした仕事をしている人は、雇用主が期待する労働時間に注意しなければならない。週に何時間働くのか、夜や週末の出勤、社外での仕事はどう扱うのかといったことをきちんと確認しておこう。

注4. 2016年、米国労働省が新しい規制を発表し、年収47,476ドル以下の従業員はすべて残業手当を請求できるようになった。それまでは2004年に決まった23,660ドル以下という決まりだった。この規制はインフレも考慮しており、3年ごとにインフレ率によって基準の金額を見直すことになっている。81 Federal Register 32391-32552 (May 23, 2016)を参照。

報酬と福利厚生の交渉の進め方

アメリカにおける雇用主と従業員の関係は、完全な自由契約だ。どの雇用主の下で働いてもいいし、働く期間も自由に選べる。退職するときは2週間前までに雇用主に通知するという決まりのようなものがあるが、これはあくまで単なる慣習であり、辞めたくなったらその場で辞めてもかまわない。理由は何でもいいし、事前に通知しておく必要もない。

なかなかいい決まりだと思うだろうか？　しかし、残念ながら実際はそうでもない。従業員が自由に辞められるということは、雇用主も自由に解雇できるということを意味するからだ。解雇するときも、理由は何でもいいし、事前に通知する必要もない。このような雇用契約は「随意雇用」と呼ばれ、アメリカではごく一般的だ。

従業員にとっていいニュースは、**正当な理由もなく解雇するような雇用主はめったにいないということ、たいていの企業には従業員を守る制度があるということ、そして職場の差別を禁じる法律があるということだ。**さらに、最初は随意雇用の契約であっても、労使の合意によって後から変更することもできる。雇用主に頼んで、自分の雇用条件をきちんと文書にしてもらうといいだろう。

就職活動は大きなストレスが伴う経験だ。残念ながら本書では、職探しのプロセスまで扱うことはできない。とにかく私が言いたいのは、**就職先が決まったら、自分の雇用条件を真っ先に確認してもらいたいということだ。**

特に大切なのは報酬の額だ。報酬の基準はさまざまで、年俸3万2000ドルという提示かもしれないし、時給12・50ドルという提示かもしれない。ここで覚えておきたいのは、雇用主が考える報酬の額には幅があるということだ。彼らはその幅の中から、ある決まった額をあなたに提示している（そしてたいていの場合、幅の中の最高額ではない）。これはつまり、交渉の余地が残されているということだ。

また定期的に行われる上司との面談は、昇給の交渉をするチャンスだ。昇給に値する働きをしているなら、たいていの上司は要求に悪い印象を持つことはない。要求額が大きくても心配は無用だ。「最近の雑誌で読んだのですが、この仕事の報酬の全国平均は、私の報酬よりも5000ドル多いようです。私は最低でも全国平均と同じ額がもらえるだけの仕事をしていると思いますが、いかがでしょうか？」

次に確認しておきたいのは、いつから働くかということだ。あなたは少し時間が必要だと思っているかもしれないが、雇用主はすぐに働いてほしいと思っているかもしれない。

引っ越しが必要なら、引っ越し費用を負担してくれる会社も多い。もし地元の企業に就職するのであれば、引っ越し費用の代わりに、住環境を改善する費用を要求してもいい。報酬には他にも、契約金、インセンティブ、ボーナス、目標達成の報奨金などがある。それらについても最初に確認しておこう。

夏季や冬季の長期休暇、病気休暇、有給休暇も、労働者にとっては重要な条件だ。一般的に、年金や健康保険といった主要な福利厚生の変更は難しいが、内容を確認しておくのは大切なことだ。もし雇用主がそういった福利厚生を用意していないのなら、その埋め合わせとして高い報酬を要求してもかまわない。たいていの雇用主は、福利厚生も含めた契約の詳細を文書にして渡してくれるが、ここで大切なのは、実際に働き出す前に確認しておくことだ。

どんな雇用主であっても、お金のためだけに働く人は求めていない。とはいえ、あなたを雇いたいと言われたのであれば、あなたは雇用主から必要とされているということだ。交渉の席で相手に好印象を与えるには、まずポジティブな態度を忘れないようにすること。自分に仕事をオファーしてくれたことを感謝し、チームの一員になって働くのが楽しみだと伝える。こちらの希望を切り出すのはそれからだ。

いくつか確認したいことがあるので、人事部の人と話したいというように伝える。もし人事部がない会社なら、面接を担当した上司と交渉する。できれば実際に会って話すのが望ましい。節度と礼儀を忘れず、「もらって当然」という傲慢な態度はつつしむこと。そして交渉の最後に、自分の要求を考慮してもらえるのか確認し、なるべく早く文書の回答をもらいたいとお願いする。交渉相手への感謝の気持ちも忘れないようにしよう。

自分に合ったキャリアの選び方

本屋さんに行くと、「これから稼げる仕事」を教えてくれる雑誌や本がたくさん並んでいる。また、アメリカ労働統計局も、多くの職業に関する雇用情勢や賃金の見通しを分析した「これからの仕事ハンドブック」(www.bls.gov/ooh)をはじめ、有益な雇用情報を発信している。

しかし、これらの情報を鵜呑みにするのも注意が必要だ。先のことは誰にもわからない。いくら専門家の予想でも、正しいという保証はどこにもない。さらに、**情報を詳しく見てみると、雇用の増加率がもっとも大きい仕事は、専門的で、そもそも現時点での雇用が少ないということがよくある。それに、もっとも雇用が多いのは、たいてい給料の安い仕事だ。**

ここでは特定の職業だけでなく、その職業が存在するすべての業界について考える必要がある。たとえば、同じ電気技師であっても、映画業界で働くこともあれば、電力業界で働くこともある。映画業界と電力業界では、将来の見通しも変わってくるだろう。

それに加えて、人口統計学の分析（デモグラフィック）や、最近の経済情勢を知っておくのも大切だ。たとえば現在、人口の高齢化が進んでいるので、医療などの高齢者をターゲットにしたビジネスは将来性が期待できる。また世界に目を向けると、グローバル化がますます進んでいるので、外国語ができる人や、外国とのビジネスの経験がある人は有利になるだろう。さらに、今後もテクノロジーの重要性は増すばかりだと考えられるので、ハイテク業界も将来性のあるキャリア選択になる。

地方自治体や中央政府、公的な国際機関といった公共機関も、あらゆる職業の人を雇っているが、キャリアの中身は民間セクターとは違ったものになるだろう。一般的に、公共セクターの仕事は安定していて、福利厚生も充実している。収入については、公共機関と民間企業で明確な違いがあるかは意見が分かれている。

アメリカでは非営利団体も大きく成長していて、現在のところ全労働力の約10％を占めるまでになった。各種の基金や、ＮＧＯが増えた結果だ。さらに、公共機関や非営利団体で働くと、奨学金の返済が免除になるという制度もある。奨学金を借りている人にとって

表2・1 職業別年収中央値

全労働者	36,200ドル
会計士・会計監査役	67,190ドル
保険数理士	97,070ドル
一般事務	36,500ドル
航空管制官	122,950ドル
救急車の運転手	23,740ドル
聴覚訓練士	74,890ドル
化学プラントオペレーター	59,320ドル
大学教師	72,470ドル
建設作業員	30,890ドル
カスタマーサービス	31,720ドル
経理事務	37,040ドル
高校教師	57,200ドル
家電技師	36,200ドル
在宅介護	21,920ドル
通訳・翻訳	44,190ドル
物流管理	74,260ドル
メイド・ハウスキーパー	22,990ドル
検眼士	103,900ドル
パラリーガル・弁護士助手	48,810ドル
薬剤師	121,500ドル
小児科医	170,300ドル
鉄道作業員	55,180ドル
登録看護師	67,490ドル
料理人	21,720ドル
ショップ店員	22,040ドル

出典：米国労働省労働統計局
「Occupational Outlook Handbook」2015年のデータ

は有益な情報だろう。

前ページの表2・1は、さまざまな職業における年収の中央値を集めている。中央値は平均値とは違い、すべての年収を少ない順に並べたときに、真ん中に来る値のことだ。つまり、半分の人は中央値よりも稼いでいて、もう半分の人は中央値より収入が少ないという意味になる。

会社選びに失敗した時の対処法

就職はしてみたけれど、大失敗に終わることもあるだろう。それでもかまわない。少なくとも、自分に向いていないこと、自分にできないことは発見できたのだから。

転職を目指すのなら、よく考えたうえで、決心がついたら上司に報告する。いきなり辞めるのではなく、ある程度の余裕を持って伝えるのは最低限の礼儀だ。とはいえ、ときにはそれができないこともあるだろう。辞めると伝えた日が、その職場での最後の日になるかもしれない。

いずれにせよ、**ここで大切なのは「橋を焼いてしまわないこと」だ。円満に退社することができれば、後になって自分の助けになることもある。**その仕事で関係のあった人が、将来の同僚や雇用主になるかもしれないし、自分を誰かに推薦してくれるかもしれない。

インターンシップ、メンター、レファレンス

インターンシップとは、若い人がある仕事や企業を体験するために、短期間だけ働く制度だ。たいていは夏休みの間に実施されるが、高校や大学の授業がある期間に実施し、単位として認められる例もある。報酬については、ないところもあれば、ある程度の報酬を出すところもある。

インターンシップ・プログラムを選ぶ基準は、まずインターンにどんな体験を提供するかについて明確な目標があること、そしてその組織のさまざまな仕事を体験する機会が提供されていることだ。会社に正式なインターンシップ・プログラムがなくても、熱心

に頼めばインターンとして働かせてもらえることも多い。プログラムで人気があるのは、「シャドウイング」という働き方だ。インターンが経験豊富な社員に1日同行し、その人の仕事をずっと近くで観察して肌で体験できるようになっている。

インターンシップ・プログラムの運営も簡単な仕事ではない。誰かがインターンに与える仕事を考え、インターンの仕事を監督し、アドバイス、トレーニング、フィードバックを提供し、そして社内のさまざまな仕事を紹介しなければならない。そしてインターンのほうも、インターンシップが双方にとって有意義な体験になるように、積極的に参加する姿勢が求められる。インターンシップの利点は、実際に就職する前に、その仕事や会社を体験できることだ。

メンターとは、キャリア、人生経験、人格など、あなたから見て尊敬できる要素を持っていて、長期間にわたってあなたを人間的にも職業的にも導いてくれる人のことだ。**自分ひとりの力でキャリアを確立するのは難しい。そのため、キャリアでの成功を体現しているお手本の存在は、大きな助けになるだろう。**

メンターは、そのキャリアでの困難なことや、チャンスについて教えてくれる。アドバイスを与え、あなたの悩みや不満に耳を傾けてくれる。メンターの条件は、あなたが目指す職業や分野ですでに働いていて、他人を指導できるほどの経験を積んでいること、そして個人的に尊敬できる資質を備えていることだ。

子どもの頃であれば教師がメンターの役割を果たすこともできるが、最高のメンターはやはり仕事関係でつながりのある人になるだろう。また、メンターはひとりとはかぎらない。キャリアを通じて複数のメンターから指導してもらうこともある。たいていのメンターは非公式だが、会社が若い社員のためのメンターを指名するケースもある。

自分よりはるかに成功している年上の人に、「メンターになってください」と頼むのは気が引けるかもしれない。しかし、実際は彼らのほうも、若い人を指導したいという熱意を持っていることが多い。だから、とにかく頼んでみることが大切だ。いいメンターを見つけ、信頼関係を築くまでには何年もかかるかもしれないが、**信頼できるメンターがいることはキャリアを通じて大きな助けになるだろう。**

転職などで新しい仕事を探すときに、「レファレンス」を求められることがある。企業は誰かを新しく雇うとき、その人の能力や仕事ぶりなどを直接知る人に連絡して、履歴書の内容が正確かどうか確認することがある。そのときに情報を提供する人がレファレンスだ。

理想的なレファレンスは、前の職場であなたと一緒に仕事をしていて、新しい雇用主と直接連絡が取れる人ということになるだろう。つまり前職の同僚や上司で、地位が上になるほど信頼できるレファレンスとして認められる。

仕事を続けていれば、自然と人脈も広がっていくはずだ。その過程で、ひとつの職場でひとりかふたりずつ、将来のレファレンスになってくれそうな人を見つけておくといいだろう。そしてその職場を去る前に、将来レファレンスになってもらうかもしれないとお願いしておく。キャリアを重ねる中で、彼らの存在に助けられることがあるだろう。

第3章

Financial Literacy
for
Millennials

就職、転職、起業の基本

ビジネスはいたるところに存在する。インターネットで見るものも、インターネットにつなぐ手段も、ほぼすべてがビジネスから生まれている。店で買うものも、それが実店舗でもネットショップでも、すべてビジネスから生まれている。働いている人のほとんども、何らかのビジネスに雇われている。

つまり、たとえビジネスに興味がなくても、何らかの形でビジネスに関わっているということだ。ビジネスはそれほどまでに、私たちの生活に深く入り込んでいる。だから、ビジネスの基本を知っておいて損はない。

簡単に言えば、ビジネスとは製品やサービスを提供する組織のことだ。グーグルはインターネット検索とインターネット広告を提供するビジネスだ。トレーダー・ジョーズは高級食材を売るビジネスで、アーンスト・アンド・ヤングは会計サービスを提供するビジネスだ。

政府や自治体などの公共機関も製品やサービスを提供しているが、公共機関はビジネスとは考えない。公共機関のサービスには、警察、消防、教育、道路整備などがある。同じようなサービスを民間機関が提供するなら、それはビジネスだ。両者の違いは、公共機関のサービスには税金という形で料金を払うが、一方で民間機関のサービスの場合は、自分が選んだサービスにお金を使って料金を払うという点にある。

民間機関の中には、たとえ製品やサービスを提供し、その対価としてお金をもらっていても、ビジネスとはみなされない事業もある。NGO、教育、医療などの分野がそうだ。NGOとは非政府組織のことで、基金、調査事業など、政府の仕事の補完になるようなサービスを提供する。ほぼすべてのNGOが利益を追求しない非営利団体だ。

また、NGOの中には、「社会的企業」を自称するところもある。ビジネスの手法を使って、社会のためになる活動をするという意味だ。医療と教育は、公共と民間の両方がサービスを提供する分野だ。両方を合わせて、経済全体の25％を占める事業になる。医療も教育もやっていることはビジネスなのだが、ビジネスとみなされることはめったにない。

ビジネスにおける「組織」の仕組み

ビジネスを行うもっとも単純な形式は「個人事業主」と呼ばれる。これは、個人がひとりだけでビジネスを行うという意味だ。しかし、だからといって人を雇ってはいけないというわけではない。ただ、**ビジネスを「所有」するのが、ひとりだけということだ。**

小規模のビジネスを行う人は、この形式を選ぶことが多い。たとえば、清掃サービス、家庭教師サービス、職人、パーソナルトレーナー、庭師といった職業は、たいてい個人事業主だ。個人事業主は、自分の名前を事業の名前にする人もいれば、サービスの中身を事業の名前にする人もいる。個人事業主と同じ意味で、自営業やフリーランスという呼称が使われることもある。

法人化などの特別な手続きをしないのなら、個人でやるビジネスは法律上すべて個人事業主だ。個人とビジネスの間に、財務上の区別は存在しない。ビジネスの借金は個人の借金であり、ビジネスの資産は個人の資産だ。そしてビジネスの確定申告は、個人の確定申告でもある。

この**単純明快さが個人事業主のいいところなのだが、これしか利点がないとも言える。**個人とビジネスのお金を分けないことには、法律上の利点もなければ、財務上の利点もない。それに、個人かビジネスのどちらかで問題が起こったら、かなり困ったことになる。個人の問題からビジネスを守ることも、ビジネスの問題から個人を守ることもできないからだ。それに加えて、個人事業主は、住宅ローンなどの個人ローンを組むのもきわめて難しくなる。

ふたりかそれ以上の人が共同でビジネスを経営する場合は、「ゼネラル・パートナーシップ」という形式をとることが多い。法律事務所や会計事務所、投資銀行の多くがゼネラル・パートナーシップだ。また、19世紀から20世紀の商人は、より適した法律ができるまでこの形式をとることが多かった。設立が簡単で、融通が利き、複雑な登録手続きも特にない。

ゼネラル・パートナーシップを作るときは、たいてい参加者同士で合意書を取り交わすことになる。合意書には、意思決定の方法、それぞれの出資額、利益の分配方法などが書かれている。参加者の立場は完全に平等でなくてもかまわない。

そして、個人事業主と同じように、ゼネラル・パートナーシップでも個人とビジネスの間に財務上の区別は存在しない。ビジネスの借金は、参加者全員の借金でもある。だから、ビジネスの借金を返済するために、個人の資産を差し出さなければならない。そしてビジネスの破産は個人の破産でもある。

個人事業主やゼネラル・パートナーシップのように、個人の責任とビジネスの責任を区別しない形式を**「無限責任」**という。これでは個人の責任が大きすぎるという問題があるために、**「有限責任」**という形式が生まれた。有限責任の場合は、たとえビジネスが破綻しても、事業主や株主の個人的な資産は守られる。

さらに、この無限責任と有限責任を組み合わせた「リミテッド・パートナーシップ（LP）」という形式もある。最低ひとりのパートナーが無限責任を負い、その他のパートナーはビジネスに投資した額だけ責任を負うという形だ。無限責任のパートナーをゼネラル・パートナーと呼び、有限責任のパートナーをリミテッド・パートナーと呼ぶ。

不動産業、映画製作委員会、大規模な建設プロジェクトなどの多くがLPを採用するようになった。LPを設立するには、正式な書類を作成し、その書類の内容にすべてのパートナーが合意しなければならない。さらに州政府に登録し、連邦政府から納税者番号を取得する必要がある。

代表的な有限責任の組織は、いわゆる「会社」だろう。会社を設立するには数々の正式な手続きが必要だ。そして登録された会社は法律上「法人」となり、人間のような存在として扱われる。法人という人格が、契約を結んだり、お金を借りたり、出資金を集めたり、裁判を起こしたり、反対に起こされたりするということだ。

法人によるこれらの行動は、株主や経営者に直接的な影響を及ぼさない。会社が行うビジネスにおいては、オーナーである株主は有限責任を負うことになる。つまり、個人の資産から会社の借金を返す必要はないということだ。

「有限責任会社」（LLC）は最近生まれた形式であり、人気が高まっている。LLCは、厳密な意味での会社ではないが、会社と同じような特徴をたくさん備えている。LLCを設立するときも、正式な書類を作成して州に登録し、アメリカ連邦政府から納税者番号を

個人
ゼネラル・パートナーシップ
個人事業主
無限責任
Unlimited Liability
法人
会社
有限責任
Limited Liability

取得しなければならない。しかし、会社とＬＬＣには大きな違いもあり、代表的なものが税金の扱いだろう。個人事業主の形態で働こうと思っているなら、ＬＬＣを設立したほうが多くの面で有利になる。

決算書の読み方

読み書きはほとんどの仕事で必須の能力であり、読み書きができなければ、有意義で生産的な人生を送るのはほぼ不可能だ。それと同じように、計算の能力もとても大切であり、これがなければ貯金の額を数えることも、店ごとの食料品の値段を比較することも、住宅ローンの利息を理解することもできない。

しかし、**個人のお金の管理に関していうなら、何よりも大切なのは会計の基本的な知識だ。**会計とは、お金の出入りを記録するシステムのことであり、個人でもビジネスでも使うことができる。基本的に、会計はビジネスで使われる言語なのだが、同時に家計と金融の言語でもある。

一説によると、ドイツの思想家で経済学者であるマックス・ヴェーバーは、一般の人々が会計を理解しなければ資本主義は機能しないと考えていたようだ。会計を学ぶチャンスがある人は、ぜひ学んでもらいたい。そしてもしチャンスがないのなら、自分でチャンスを作ろう。会計の知識は、一生を通じてあなたの貴重な財産になってくれるはずだ。

会計には独自の専門用語が使われ、GAAPと呼ばれる規則に従って行われる。会計の規則に則って記録された書類は、ビジネスの世界で「帳簿」と呼ばれることが多い。

ビジネスのために購入したものは、すべて「資産」として帳簿に記録される。グラフィックデザインのために購入したパソコンや、農地のために購入した土地が資産だ。それに対して、誰かに払わなければならないお金はすべて「負債」だ。銀行から借りた会社の運転資金、未払いの電気代などが負債になる。

すべての資産からすべての負債を引いた額が、その会社や個人の「純資産」だ。そして、資産、負債、純資産を記録した表を「バランスシート」と呼ぶ。

会計士は、「複式簿記」という方式を使って帳簿に記録している。複式簿記とは、旅費や接待交際費や消耗品費などの「費目」を、すべて2回記入するという意味だ。ひとつはお金の出所を記入し、そしてもうひとつはお金を払った先を記入する。

たとえば、パソコンを1台買ったとしよう。資産の欄にパソコンを加え、そして帳簿の「借方」に「パソコン代〇〇ドル」と記入する。そしてパソコン代を銀行引落で支払ったのであれば、帳簿の「貸方」に「預金口座〇〇ドル」と記入する。

いきなり「借方」とか「貸方」などと言われてもわからないという人も多いだろう。簡単に説明すると、**資産などが増えたほうが「借方」で、お金などが減ったほうが「貸方」だ。**たとえば、あなたが銀行の口座にお金を入れた場合、増えた預金は「借方」となり、一方で手持ちの現金は減るので「貸方」となる。

バランスシートは、その瞬間のビジネスの状態を切り取ったスナップショットのようなものだ。それに対して「損益計算書」は、ある一定の期間でどれくらい稼いだかということがわかるようになっている。あなたのビジネスが何かを売ると、**お客が払う代金はあなたにとっての「収入」だ。そしてビジネスを行うために払うお金は「経費」と呼ばれる。すべての収入からすべての経費を引いた額が、そのビジネスの「利益」だ。**

もし「収入−経費」がマイナスになったのなら、そのビジネスは「損失」を出したということになる。すべての収入とすべての経費は損益計算書に記入され、一般的には1カ月ごとにすべてまとめてお金の流れを確認する。株式を公開している企業であれば、損益計算書を3カ月に1回（4半期に1回）公表する義務がある。そしてすべての企業は、1年に1回「財務諸表」を作成する。損益計算書でも、借方と貸方という用語を使って記録する。この場合、収入の伸びが貸方で、経費の支出が借方だ。

私たちにとってもっともなじみ深い金融取引は、お店での買い物だろう。代金を渡し、商品を受け取るという取引だ。現金払いであれば、支払いと商品の提供は同時に起こる。この取引は**「現金主義会計」**と呼ばれる。

しかしたいていのビジネスでは、商品やサービスの提供と支払いは同時に起こらず、支払いのほうが数カ月ほど遅れることが多い。それと同じように、法的に支払う義務のある経費を、実際に支払う時期より前に計上することもよくある。このように、商品やサービスの提供と支払いが同時に起こらない取引を記録するときは、**「発生主義会計」**という手法が用いられる。

取引が記録されるのは、お金を払った日付ではなく、取引が発生した日付だ。そして、**取引より遅く入ってくる収入は「売掛金」、取引より遅く払う支出は「買掛金」と呼ばれる。**発生主義会計を使うと、収入も支出も実際に発生した時期が記録できるので、財務状況をより正確に把握することができる。

財務関係の報告書には、他にも**「キャッシュ・フロー計算書」**と呼ばれるものがある。これは、そのビジネスにどれくらい現金があるかがわかる書類であり、経営者にとっても株主にとっても大切な情報だ。

「事業計画」に必要なポイントはこれだけ

近年は、多くの人が起業したい、自分のビジネスを持ちたいと考えるご時世だ。その気持ちは立派だ。しかし、すべての人が起業に向いているわけではない。新しいビジネスの大部分は失敗する。仕事はキツく、始めたばかりの頃はほとんど稼げない。出張も多いだろう。ストレスは大きく、眠れない夜がずっと続く。

とはいえ、もちろん起業は悪いことばかりではない。新しい何かを始めるのは興奮するし、成功すればその見返りはとてつもなく大きい。それに、たとえ大失敗に終わったとしても、貴重な経験ができる。

いいアイデアさえあれば新しいビジネスが始められるわけではないが、いいアイデアが大きな助けになることは間違いない。それに、ひとりよりもチームのほうが有利に働くことが多い。最低でもひとりかふたりのパートナーがいれば、それぞれのスキルを組み合わせて、成功の確率を上げることができる。また、自分のビジネスを30秒ほどで簡潔に説明する「エレベータースピーチ」を用意しておくのも役に立つだろう。

とはいえ、**起業でいちばん大切なのは、何といっても「ビジネスプラン」だ。** ビジネスプランとは事業計画書ともいい、たとえば20ページくらいのパワーポイント資料でビジネスの内容を説明したものだ。

将来の顧客、従業員といったすべての利害関係者にこのビジネスプランを見せて、自分のビジネスを理解してもらう。融資や出資の交渉や、経営方針の確認にも使うことができる。ビジネスプランに盛り込む主な要素をいくつか紹介しよう。

〓製品とサービス〓 そのビジネスが提供する製品、またはサービスについての説明。特に重要なのは、どこに独自性があるのか、どのように市場のギャップを埋めるのか、なぜこの製品なりサービスなりが必要になるのかといった要素だ。自分のビジネスがこれらのカギとなる要素を満たし、成功する理由を説明する。それと同時に、考えられるリスクやチャンスも分析する。

〓マーケティング〓 製品、またはサービスのターゲット顧客は誰なのか。彼らはどういう動機でその製品なりサービスなりを購入するのか。その製品・サービスはどのようなニーズを満たすのか。製品・サービスを知ってもらうためにはどうするか。ターゲット顧客を本物の顧客にするにはどうするか。価格、特徴、広告、プロモーションはどうするか。ウェブサイトとツイッターだけでは、マーケティングとしては不十分かもしれない。

〓競合相手〓すでに存在する競合相手、競合相手になるかもしれない存在、ビジネスに影響を与えるかもしれない新しいテクノロジーなどを分析する。市場勢力図はどうなっているのか、どうやって競合相手と差別化するのか、他者と比較した長所、および短所は何か、自分たちのビジネスが市場に参入したら、既存の企業はどう反応するか。

〓製品・サービスをどうやって届けるか〓製品・サービスをどのように生み出し、どのように消費者に届けるか。製品であるなら、原材料を集め、製造する必要がある。その際、自分たちで作るのか？　それとも外部に委託するのか？　あるいはサービスであるなら、誰が、どのように提供するのか？　そのために必要なものは何か？　会計、人材、テクノロジー、事務などで外部のサポートを活用するのか？

〓サプライヤーとカギとなるインプット〓そのビジネスに絶対に必要なもの、欠かせないものはどうやって手に入れるのか？　内部で調達するのか、それとも外部のベンダーを頼るのか？　サプライチェーン・パートナーを見つけ、必要なものを確実に入手するシステムを確立する。

〓物流とロジスティクス〓製品・サービスを顧客に届けるまでの道筋を明確にする。それは、個人サービスを顧客に直接届ける方法かもしれないし、企業同士の商取引かもしれない。バイラルマーケティング戦略を用いる、インターネット取引を活用する、社内に営業部隊を作る、エージェントを雇う、既存の物流業者と契約する、など。

〓資金調達〓出資者、友人、家族からの出資、クレジットカードのローン（ちなみに、ビジネス資金以外でカードローンを使ってはいけない）などで集めた資金はいくらになるのか。また、自分のビジネスに投資してくれるエンジェル投資家、ベンチャーキャピタル、金融機関の名前をあげる。いくら必要なのか、いつ必要なのか、どんな形で資金を調達するのか（株、債券、あるいはもっと複雑な形態）といったことを明確にする。

〓認可と規制〓地元自治体や国の規則を調べ、どんな規制があり、どんな認可が必要なのか確認する。LLCの設立、テクノロジーの輸出、危険物質などを扱うときは、正式な届

け出や認可が必要だ。全般的な安全基準、健康基準、環境基準、雇用規制ではカバーできない事柄はないか、もしあるならどう扱うかを確認する。

〓財務計画〓 5カ年の財務計画を作成し、起業から初期段階までの損益計算書、バランスシート、キャッシュ・フロー計算書も添付する。初期の投資家が持ち株を売却する、株式を公開する、事業を売却するなど、出口戦略も考慮する。

〓まとめ〓 「エグゼクティブサマリー」と「ミッションステートメント」を作成する。ミッションステートメントは、エレベータースピーチに似ていて、ビジネスの要点をひとつかふたつの文でまとめたものだ。エグゼクティブサマリーは、ビジネスプランの各項目をひとつかふたつの文でまとめた1ページの資料になる。エグゼクティブサマリーはビジネスプランの最初のページに掲載するが、考えるのはいちばん最後になる。

フランチャイズビジネス

フランチャイズとは、本部となる「フランチャイザー」と、加盟店となる「フランチャイジー」が契約を結び、加盟金（ロイヤリティ）を支払うことで商標の使用権や商品・サービスの販売権を得られる仕組みだ。フランチャイザーは通常、明確なビジネスのコンセプトを持ち、強固なブランドを築いて、全国規模で広告を展開している。ベンダーとサプライヤーのシステムも確立されていて、店舗のデザインや出店する場所のアドバイス、開店サポートなども提供される。

フランチャイジーは、開業後もフランチャイザーから継続的な支援が受けられる。ときには、フランチャイザーが開店資金の一部を出資してくれることもある。フランチャイザーや、契約ベンダーから決められた商品を仕入れ、それを販売することが義務づけられているような契約もある。フランチャイズに加盟するにはかなりの費用がかかるが、自分のビジネスを持ちたいけれどまだ経験がないという人にとっては魅力的な仕組みだ。

フランチャイジーは、それぞれが自分のビジネスを所有しているとみなされる。フランチャイジーが契約を守ってビジネスをしているかぎり（たとえば、劣悪な商売でフランチャイズのブランドに傷をつけるといった行為がないかぎり）、彼らの店は独立したビジネスだ。

早い時期に市場に参入したフランチャイジーであれば、その地域を独占して王国を築くことも可能だ。たとえば、政府機関で働く中間管理職だったラリー・フェルドマンは、サブウェイ最初期のフランチャイジーのひとりとなり、最終的には１５００店舗を所有して大金持ちになった。（注１）

副業——一生食いっぱぐれない働き方

自由になる時間があり、収入を増やしたいと思っているのなら、副業という手段もある。

注1. Drew Harwell, "The Rise and Fall of Subway, the World's Biggest Food Chain," *The Washington Post*, May 30, 2015.

副業であれば、本業は続けながら、空いた時間で別のことをして稼ぐことができる。たとえば簿記ができる人なら、夜と週末だけクライアントのために簿記の仕事をする。料理が得意な人なら、パートタイムのケータリング業や、パーティのためのお菓子作りもいいだろう。

コンピューターに詳しい人は、ウェブサイトのデザインやスマホアプリの開発もできる。手芸などの手作り品をネットで売ってもいい。日曜大工が得意な人ならちょっとした家の修繕、動物好きの人なら、犬の散歩代行や、旅行中にペットの世話をするという仕事ができる。教師であれば、家庭教師のアルバイトもできるだろう。趣味や特技を収入につなげる道はたくさんある。

しかし、**副業を始める前に覚えておいてほしいことがある。それは、LLCを設立するということだ。**LLCにすれば有限責任になるので、何か問題が起こったときに自分の資産を守ることができる。

また、規制や法律もきちんと確認すること。食料品を扱うなら衛生管理の資格が必要であり、サービスを提供するなら何らかに認可が必要になるかもしれない。または住んでいる場所によっては、自宅でビジネスをしてはいけないという決まりがあるかもしれない。

副業を始めるにもお金が必要だ。それに加えて、副業にかけられる時間も現実的に見積もらなければならない。副業のせいで本業がおろそかになっては本末転倒だろう。

いずれにせよ、副業は収入を増やしてお金の安心を手に入れるいい手段だ。それにもしかしたら、副業がうまくいって将来の新しいキャリアになるかもしれない。

不動産

不動産は昔から、ひとつのビジネスとして人気を保っている。その理由は3つある。入手しやすいこと、理解しやすいこと、そして資金調達の方法がいろいろあることだ。

ここで言う不動産ビジネスとは、よく広告で見る「不動産で一攫千金」というような怪しい話ではない。不動産をひとつのビジネスと考え（本業でも、副業でも）、長い時間をかけて富を築くことを目指している。

不動産業界は大きく3つに分けられる。住居用不動産、事業用不動産、そして産業用不動産だ。住居用の不動産は一戸建てと集合住宅があり、そこに住むことになる個人や家族に売却するか、あるいは賃貸に出す。事業用の不動産は、オフィスビル、ホテル、ショッピングセンターなどがある。そして産業用の不動産は、工場、倉庫、物流センターなどだ。

不動産業界で働く人は、たいていこのうちのどれかひとつを専門にしている。たとえば、住宅の専門家であれば、事業用や産業用の不動産についてはほとんど知らないのが一般的だ。

お金の面で不動産に関わる場合も、3つの方法がある。デベロッパーになるか、オーナーになるか、あるいは管理者になるかだ。デベロッパーは土地開発のアイデアから資金の調達、実際の建設までを行う存在だ。たいていの場合、できあがった物件は売却する。

オーナーは投資家であることが多く、所有する不動産の運営で限られた役割を担うことになる。管理者は人間の場合もあれば、不動産を賃貸に出す事業体の場合もある。不動産の維持管理や運営をする存在だ。ひとつの組織が、これらの中から複数の役割を果たすこともある。

不動産が個人の副業として魅力的なのは、最初の物件選びだけに労力を注げば、あとは基本的にそれほど手間がかからないからだ。たとえばあなたが、中古のデュープレックスハウス（二世帯が住める家）を買うと決めたとしよう。ある程度の修繕を行い、そしてひとつは自分たち家族が住み、もうひとつは賃貸に出す。

まず住みたい場所に物件を探し、現在の収入と家賃収入の見込みからローンに払える金額を決め、リノベーションの計画を立てて業者を探す。この時点で、あなたはデベロッパーのような役割を果たしていると言えるだろう。そして物件を購入してからはオーナーであり、さらにすべてが計画通りに運び、空いているほうの入居者も決まったら、今度は管理者の役割も果たすことになる。

資金調達のやり方

どのビジネスもお金が必要だ。非営利の組織も例外ではない。開業するにもお金がかかり、オフィスの賃貸料や従業員の給料といった経費の支払いにもお金がかかる。

ビジネスで使うお金は「資本」と呼ばれる。 資本を手に入れる手段のひとつが **「デットファイナンス」だ。** これは借金（デット）で資金を調達する（ファイナンス）という意味であり、たいていは債券を発行し、決められた期日までに決められた利息をつけて返済する。

どんな人物でも、あるいは会社などの事業体や組織でも、お金があればお金を貸すことができる。とはいえ、ビジネスのお金は専門の金融機関から借りるのが一般的だ。金融機関には、貸出先のリスクを計算したり（借金を踏み倒されるリスクなど）、ローンの実務を行ったりするノウハウが蓄積されている。

ビジネスへの融資を行う金融機関は、銀行、金融会社、保険会社などだ。大きなビジネスであれば、社債を発行して市場から直接資金を調達することもできる。一般的に、購入した社債は市場で自由に取引することができる。

もうひとつの資金調達の方法として、**「エクイティファイナンス」**があげられる。エクイティとは会社の自己資本という意味であり、この方法で集めたお金はすべて会社のものになる。出資者がお金を返してもらうことはない。出資者が受け取るのは、会社が利益を出したときの配当金だけだ。

エクイティは、会社では「株式」と呼ばれ、ゼネラル・パートナーシップやLLCでは「持分」と呼ばれる。エクイティに投資した人は、自分のエクイティを第三者に売ることもできる。また公開会社（株式を一般に公開している会社）の株式であれば、市場で自由に売ることができる。

いずれにせよ、エクイティを発行した会社は、最初の投資額をそのまま持っていることができる。公開会社であれば、個人の投資家や、投資銀行、ヘッジファンド、年金基金、

Debt Finance
デットファイナンス
BANK
CHECK!
債券
貸出
返済

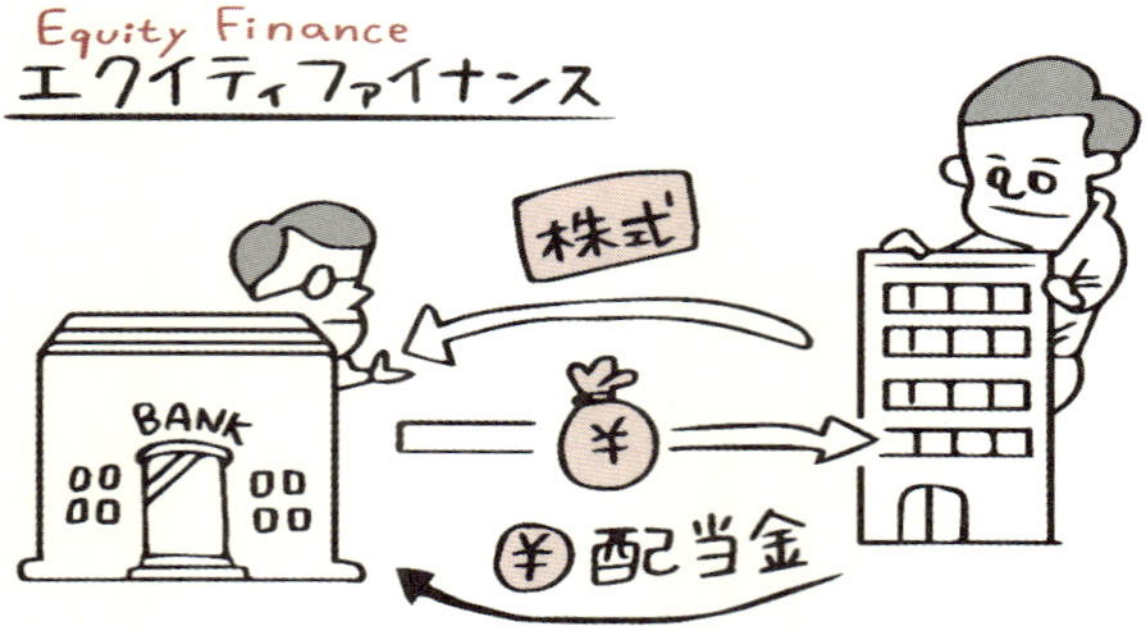
Equity Finance
エクイティファイナンス
株式
BANK
配当金

保険会社といった金融機関が、その会社の株式を購入する。非公開企業（株式を公開していない企業）も同じような投資家や金融機関から資金を調達するが、株式市場は通さない。それに加えて、非公開企業のエクイティを専門に扱うプライベートエクイティ・ファンドや投資銀行から資金を調達することもある。

たいていのスタートアップ企業は、開業資金を自己資金でまかなっている。具体的には、自分の貯金や、家族や友人からの個人的な借金だ。**エンジェル投資家とは一般的に、スタートアップ企業に投資する裕福な個人だ。**最近では、インターネットを使ったクラウドファンディングで資金を集める人も増えている。

エンジェル投資家が開業初期の投資を主に行うのに対して、ベンチャーキャピタル（VC）は会社の発展を通じて投資を行う。VCの出資を受ける企業の平均年齢は4歳だ。VCはまた、お金だけでなく人材やコンサルティングも提供して、小さな企業を大きく育てる働きもする。

その他の資金調達方法は、機関投資家を対象にした「私募」や、さらに会社が大きく成長したときは新規株式公開（IPO）も選択肢になる。

景気はどうすれば読めるのか

世の中の景気や経済情勢はビジネスに大きな影響を与える。**一般的に「経済」とは、お金、ビジネス、雇用、支出、貯蓄、投資、生産に関わるすべてのことが、どういう状態になっているのかということだ。**

いちばん単純な経済は、人々が生きていくために生産したり消費したりするシステムのことをさしている。このシステムが機能するには、まず商品やサービスを提供する組織が必要だ。そしてその組織が、この章の主役であるビジネスということになる。

ビジネスが製品を売るには、その製品を作る労働者が必要だ。つまりビジネスは、労働者を雇うことで雇用を創出していることにもなる。そして人々は、労働者として働くことで給料をもらい、そのお金でものを買って「消費者」になる。賢い人は給料をすべて消費せず、余った分を貯蓄に回す。人々の貯蓄が銀行からビジネスに貸し出され、ビジネスはそのお金で将来に向けた投資を行う。

良好な経済とは、生産、消費、貯蓄、投資のすべてが活発に行われることだ。これらの

活動は「経済活動」と呼ばれている。経済活動が活発になれば、雇用が増え、給料が上がり、ビジネスの利益も増える。反対に悪い経済の特徴は、経済活動が停滞することだ。ビジネスは儲からなくなり、倒産するところも出てくる。その結果、雇用が減り、失業者が増え、人々は生活に困るようになる。

経済活動を州ごと、地域ごと、国ごとに分析することによって、政府が問題を早期に発見して対策を打つことが可能になる。国の経済活動を示すもっとも一般的な数字が「国内総生産（GDP）」だ。

GDPとは、その国の中で1年に生産されたすべての財（製品）とサービスの総額だ。専門家によっては、GDPだけではその国の本当の生産力はわからないという意見もある。環境の質や、住人の気分など、人間的な価値が考慮されていないからだ。たとえばブータンは、GDPの代わりに「国民総幸福量（GNH）」という数字を重視している。

どんなビジネスであっても、外国の経済情勢の影響を避けることはできない。資材の調達、顧客、金融システムなどで外国との関わりがあるからだ。**「グローバルエコノミー」とは、すべての国の経済の全体像や、それぞれの経済の関わり方を意味している。**ある大きな経済の国で何かが起こると、他の大きな経済の国も影響を受ける。なぜなら、彼らは貿易、投資、ビジネスを通じてつながっているからだ。

アメリカは世界最大の経済大国だ。第二位が中国で、そして日本、ドイツと続く。（注2）ヨーロッパ連合（ＥＵ）は加盟28カ国のほぼすべてで同じ通貨を使い、経済統合もしているので、ＥＵ全体でひとつの経済とみなされることもあり、その場合はアメリカと同じくらいの経済規模だ。

アメリカは経済規模が大きいので、多くのビジネスは国内だけで成り立つことができる。小規模ビジネスの多くは、海外市場のことまで考える必要はない。とはいえ、世界の経済のつながりは年々強くなる一方なので、どんな国であっても外国の影響をまったく受けずにいるのは難しい。

「景気がいい」「景気が悪い」とはどういうことか

アメリカは1年間で約18兆ドルの財とサービスを生産している。この18兆ドルという数字がアメリカのＧＤＰだ。（注3）これはかなりの大金だ。

経済にまったく動きがなければ、ＧＤＰはずっと18兆ドルのままだ。成長もしていなけ

注2. World Bank, "GDP (current US$)," 2014 data, country tables accessed November 26, 2015.

注3. U.S. Department of Commerce, Bureau of Economic Analysis, "National Income and Product Accounts," November 24, 2015.

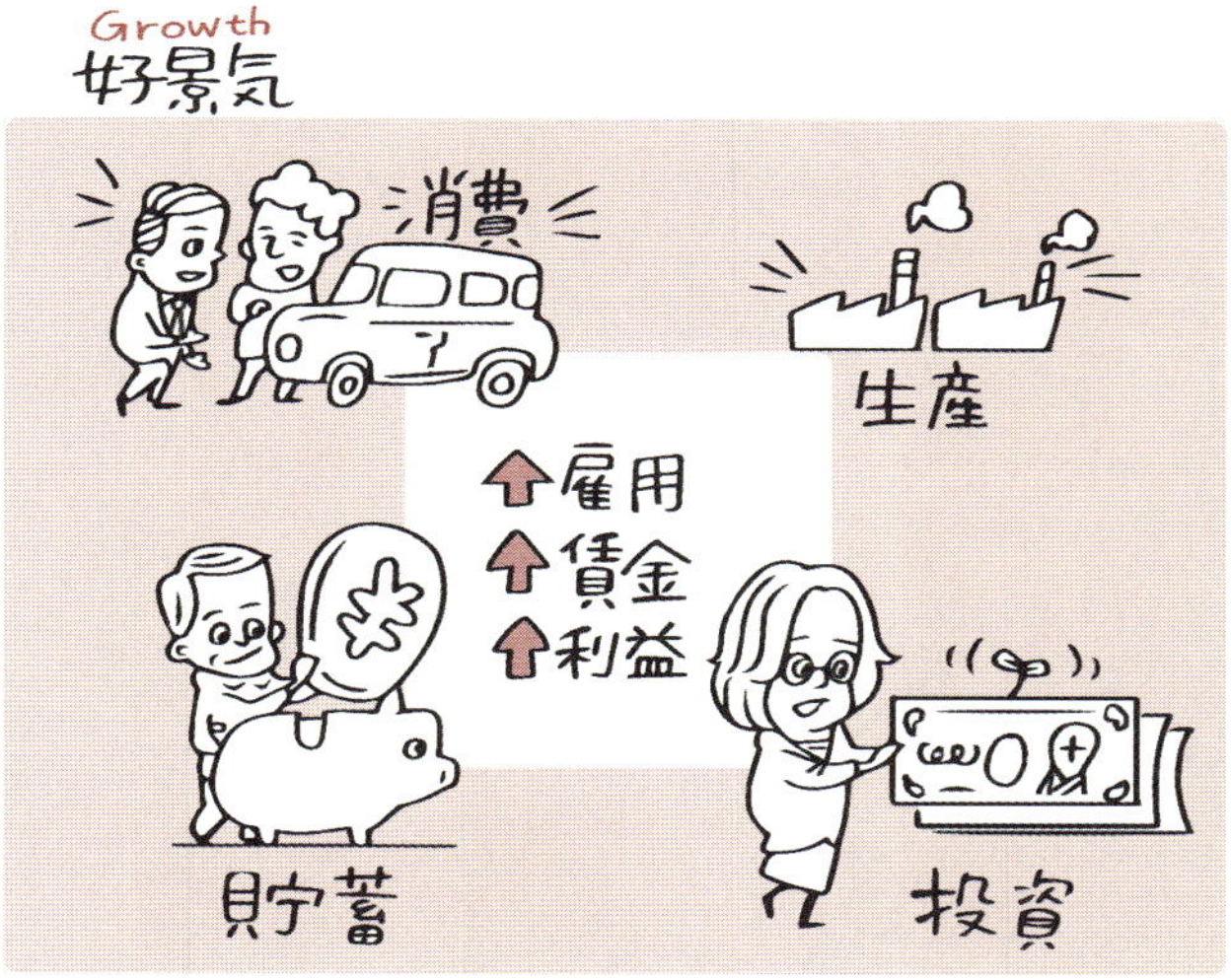
Growth
好景気
消費
生産
雇用
賃金
利益
貯蓄
投資

Recession
不景気
…

れば、縮小もしていない。しかし、ずっと同じという状態で満足できる人はいないだろう。そこで政府は、毎年3%かそれ以上の成長を目指している。アメリカ経済で考えるなら、毎年5400億ドルずつGDPが増えていく計算だ。

ちなみに5400億ドルという数字は、ポーランドや台湾のGDPと同じくらいになる。一般的に、経済が成長すると、雇用が増え、給料が上がり、人々の将来の見通しも明るくなる。反対に成長がマイナスになると、経済は縮小する。この状態は「景気後退」と呼ばれる。たとえばアメリカのGDPは、2008年の14兆7000億ドルから2009年の14兆4000億ドルに減少している。3000億ドル分の経済活動が失われたということだ。(注4)

経済の縮小で困るのはビジネスだけではない。人々も大きな影響を受ける。**景気後退はたいていの場合、失業、給料が上がらない、あるいは下がる、政府と家計の借金が増える、党派の対立が激しくなるといった痛みを伴うことになる。**

経済専門家の中には、景気後退も景気循環の一部であり、たしかに痛みを伴うが、期間は短いのでそれほど大きな問題にはならないと考える人もいる。それに景気が悪くなると、企業は生産性を上げる努力をするので、長い目で見れば経済にとっていいことだという。

経済を成長させるひとつの方法は、生産性を上げることだ。生産性とは、ある一定のイ

注4. U.S. Department of Commerce, Bureau of Economic Analysis, National Economic Accounts, "Gross Domestic Product," current dollar and real GDP tables, November 24, 2015.

ンプットに対して、どれくらいのアウトプットがあるかということを意味する。

たとえば、あなたがマクドナルドで働くことになったとしよう。最初のうちは、1時間で作れるハンバーガーの数は15個だ。この1時間で15個という数字が、あなたの生産性ということになる。そして経験を積むうちに、やがて1時間に20個作れるようになり、さらに25個作れるようになった。これは、あなたの生産性が向上したという意味になる。生産性が向上すれば、給料の上昇にもつながるかもしれない。

生産性が高いとは、資源をより効率的に使って財やサービスを生産できるということだ。だから、生産性が上がると、経済全体が成長し、私たちの生活水準も向上する。

経済には「低成長」という状態もある。まったく成長していないわけではないが、成長率が年に1~2%しかないような状態だ。アメリカの場合、人口が増えているので、低成長は大きな問題だ。アメリカの人口は、2014年には3億1870万人だったが、2020年には3億3450万人になると見込まれている。つまり、年に1%弱のペースで人口が増えているということになる。(注5)

人口の増加を考えれば、年に1%の経済成長で現状維持だ。それ以下では、国民ひとりひとりの取り分が少なくなることを意味する。経済が低成長に陥ると、ほとんどの人は生活を切り詰めなければならなくなる。

注5. U.S. Census Bureau, "Projections of the Size and Composition of the U.S. Population: 2014-2060," March 2015.

国境を越えたビジネス

近年、国家間の貿易に関してはふたつの考え方があるようだ。ひとつは「**保護主義**」と呼ばれる考え方で、政府が国内で生産されたものを優先し、外国の製品やサービスの輸入を難しくすることだ。もうひとつの考え方である「**自由貿易**」とは、政府の規制をなくし、製品やサービスの輸出入が自由にできる制度という意味になる。

もしあなたが国際市場を相手にするビジネスをしているのであれば、国が保護主義をとるか、それとも自由貿易をとるかで大きな違いが生まれる。各国の方針を個別に分析することが求められるだろう。

保護主義か自由貿易かという議論は、近代を通してつねに行われてきたが、専門家の間では自由貿易のほうが全世界の利益になるという結論になっている。自由に貿易ができれば、それぞれの国が自分にとって「比較優位」になる製品やサービスの生産だけに集中できるからだ。

比較優位とは、簡単に言えば、「自分がいちばん得意なこと」だ。農地になるような土地がほとんどないのなら、農業セクターを確立しても意味がない。工場の設備が整っていないのなら、ハイテク産業を推進しても意味がない。苦手分野をムリに克服するのではなく、すでにできることに力を注いだほうが、その国だけでなく、世界経済全体が豊かになる。これが比較優位の考え方だ。

とはいえ、自国の製品を守るために保護主義をとるべきだと主張する勢力は世界中に存在して、彼らの中には目的を達成している例もある。自国の製品を守る方法は、輸入品に関税をかけるというものだ。輸入品の値段を上げることで、国内で売れにくくするのだ。その一方で、国同士で自由貿易の協定を結ぶと、関税が引き下げられたり、撤廃されたりする。

通貨は国によって違う。そのため、ある国から他の国にサービスを売る場合、通貨も一方の国の通貨からもう一方の国の通貨に交換する必要がある。

どんなビジネスでも、国境を越えて製品やサービスの売買をするなら、必ずこの外国為替の取引が必要になる。一般の消費者が外国の通貨を手に入れるには、たいてい銀行に行って自国の通貨と交換することになる。その際、だいたい3％ほどの手数料がかかる。銀行以外の両替では、手数料が10％になることもある。ビジネスの取引であれば手数料はもっと安い。

誰もが同じ通貨を使って取引すれば、国際貿易のコストを下げることができる。たとえば、世界で事業を展開するビジネスの多くは、本拠地に関係なくアメリカのドルを取引に使っている。そしてEUでは、加盟28カ国のうち19カ国でユーロという統一通貨が使われている。

ビジネスが貿易で同じ通貨を使うのは、「為替リスク」を避けるためだ。為替リスクとは、持っている外国の通貨を自国の通貨に両替したときに、価値が下がってしまうことを意味する。たとえば、アメリカのビジネスがメキシコに製品を売り、代金をペソで受け取ったとしよう。この代金を帳簿に記入するときは、アメリカの通貨であるドルに換算しなければならない。その際、ペソの価値が下がっていると、少しのドルにしか交換できないので、ドルにしたときの利益が減ってしまう。これが為替リスクだ。

そこで多くのビジネスは、「為替ヘッジ」と呼ばれる方法で、為替リスクを減らしたり、またはまったくなくそうとしたりしている。とはいえ、国際市場で取引をするのであれば、どんなビジネスであってもコストやリスクを完全に避けることはできない。

第4章

Financial Literacy
for
Millennials

貯金と銀行の基本

この本を読んでいる人の中に、おそらく使い道に困るほどお金があるという人はいないだろう。若いうちはまだ収入が少なく、生活費を払っていくだけで精一杯だ。そんな状況では、お金なんて余るわけがない。しかし、若くて収入が少なくても、貯金をすることは可能だ。そして貯金を始めるのは、早ければ早いほどいい。

子どもの頃、親からお小遣いをもらっていたという人はたくさんいるだろう。親が子どもにお小遣いを渡すのは、子どもが欲しいものを買ったり、友達との遊びで使ったりするためだけでなく、小さい頃からお金の使い方を学ばせるという目的もある。また、高校生ぐらいの頃からアルバイトでお金を稼いでいたという人もいるだろう。

お小遣いやバイト代は子どもにとって貴重な収入であり、貯金の習慣をつけるよい機会になる。たとえば、あなたが高校生で、家のお手伝いをする見返りに週に10ドルのお小遣いをもらっているとしたら、1年で520ドルもらえることになる。これならうまくやりくりすれば、年に100ドルの貯金は可能になるだろう。

学生のアルバイトもかなりの収入になる。アメリカの多くの州では、最低賃金が時給9ドルと決められているので、週に16時間働けば、たとえ最低賃金でも1年に手取りで6000ドル稼ぐことができる。

貯め方より使い方が重要？

貯金とは、単純に言えば「お金を使わないこと」だ。そして、**今日お金を使わないということは、明日お金を使う能力が手に入るということを意味する（この場合、「明日」は「来月」でもいいし、「来年」でも「10年後」でもいい）。**つまり貯金とは、支出を先延ばしするということでもある。今使わずにいれば、将来お金が必要になったときに使えるということだ。

先のことは誰にもわからない。もしかしたら、今の収入ではとても追いつかないようなお金が必要になるかもしれない。または収入が大きく下がって、貯金がなければ生活できなくなるかもしれない。つまり、貯金をする第一の理由は、将来の支出に備えることだ。

そして貯金をする第二の理由は、人生の大きな目標を達成するためだ。高校生や大学生、社会人になりたての若い人であれば、大学、車、家、結婚と子育て、起業といったあたりが大きな目標になるだろう。そのすべてにお金が必要だということを考えれば、貯金の大切さがよくわかるはずだ。

そして、貯金をする第三の理由は、まさかのときに備えることだ。ノートパソコンが壊れたら、新しいものを買うのにお金が必要だ。車の故障でも修理にお金が必要だ。遠くに住む友達がつらい出来事で落ち込んでいたら、すぐに駆けつけて力になってあげたいが、それにもお金が必要だ。

空き巣にあい、十分な保険にも入っていなかったら、盗まれたものを買いそろえるお金が必要だ。事故で入院したときもお金がかかる。どんなに立派な人であっても、いつ不運に見舞われるかわからない。そんなとき手元にまとまったお金があれば、ダメージを最小限に抑えることができる。

そして貯金をする最後の理由は、人生における自立を実現することだ。貯金はひとつの習慣であり、貯金ができるということは人格の一部になる。人生をきちんと考え、計画を実行する粘り強さと自制心がある証拠だ。

貯金ができる人は、目の前に欲しいものがあっても、将来の大きな目標を達成するためにぐっとがまんする。今日に「ノー」と言い、未来に「イエス」と言う力を備えている。計画的にお金を使い、貯金を続ける習慣を身につけることができたら、人生のどんな場面でも正しい自制心を発揮することができるだろう。

どんな人でも貯まる貯金の仕方

多くの人が自分なりの貯金のコツを確立している。なかなかユニークなものもあるが、基本的な考え方はみな同じだ。**お金が入ったら、貯金する分だけすぐに切り離し、どこか別の場所に置いてすぐに使えないようにする――これが、貯金の方法だ。**貯金に回す金額については特に決まりはないが、年金で天引きされる分と合わせて、収入の20％ぐらいが目安になるだろう。

貯金の第一のルールは、お金が入ったらすぐに貯金分を別にすること。天引きや自動積み立てなどのシステムを活用し、最初から入ってこないようにするのが望ましい。年金や社会保険料が最初から引かれているのも、それがもっとも確実にお金を貯める方法だからだ。

貯金の第二のルールは「切り離し」だ。会社に給料天引き貯蓄のプランがあるのなら、ぜひそれを活用する。もしないのなら、銀行が提供している同じようなプランを活用する。ここで大切なのは、生活費のための口座と、貯蓄のための口座を切り離すことだ。難しいことは考えずに、貯めるお金は貯蓄用の口座に入れてしまえばいい。すべて自動化できるならそれにこしたことはない。

貯金の第三のルールは、お金を使うのを難しくすることだ。豚の貯金箱が昔から愛用されているのは、割らなければお金を出せないからだ。お金を使うのを難しくするというシステムが備えられている。

銀行にすぐには引き出せない貯蓄用の口座があるなら、それを活用しよう。年金が勝手に引き出せないようになっているのもそのためだ。人間というものは、お金があったら使いたくなるようにできている。だから、貯金は目に見えないようにしておくのがいちばんいい。ただし目には見えなくても、頭の中にはとどめておこう。

銀行は何のためにあるのか

2015年の時点で、アメリカには1万2500の銀行が存在した。（注1）地方の小さな信用組合から、地方銀行、大手銀行、住宅金融組合、プライベートバンクまで含めた数

注1. National Credit Union Administration, "Industry at a Glance," June 30, 2015 (6,159 credit unions); Federal Deposit Insurance Corporation, "Statistics at a Glance," September 30, 2015 (6,270 commercial banks and savings institutions).

字だ。銀行の運営には州か連邦政府の許可が必要になる。過去には銀行の形態によって、適用される法律も違い、果たすべき役割も違っていたが、現在は一般の消費者が違いを意識する必要は特にない。

すべての銀行に共通するのは、個人やビジネスからお金を預かり、個人やビジネスにお金を貸すという機能だ。銀行に預けたお金は預金と呼ぶ。銀行の顧客は、コンピューターを使った電子取引で自分の預金を使ってもいいし、小切手を書いてもいい。または、銀行の窓口やATMを使って預金を現金として引き出すこともできる。

銀行のもうひとつの機能である「貸し出し」は、個人やビジネスに銀行が期限を決めてお金を貸すことだ。わかりやすい例では、住宅ローンや自動車ローンが貸し出しになる。クレジットカードの利用も貸し出しだ。これらの取引には、あなたが銀行からお金を受け取り、約束の期日までに返すと約束するという共通点がある。

もちろん銀行も、ただでお金を貸してくれるわけではない。ローンの料金には2種類ある。ひとつは取引手数料で、ローンの契約をするときだけ払えばいい。そしてもうひとつは利息で、こちらはローンが続くかぎり払うことになる。

たいていの銀行には支店がある。それぞれの支店では、口座の開設、預金、ローン、現金の引き出しをはじめ、お金に関するさまざまな手続きや取引ができるようになっている。

Banking Basics
銀行の基本
BANK
Lending
貸す
Deposit
預かる
ローン
クレジットカード
ATM
引き出し

支店は現金を扱うので、頑丈な金庫が備えられている。さらに顧客用の貸金庫を備えている支店もある。

とはいえ、支店は実際の店舗でなくてもかまわない。現に最近はオンラインだけで業務を行う銀行も増えてきた。それに加えて、物理的な支店がある銀行にお金を預けている人でも、支店に行かずにたいていの用はすんでしまう。**ATMの誕生によって支店はいらないという流れが生まれ、スマートフォンの登場によってその流れが決定的になった。**ATMもスマートフォンのアプリもどんどん高機能になり、すでに窓口での取引を凌駕する存在になっている。

銀行口座

銀行口座は、銀行と顧客の契約関係だ。顧客が銀行にお金を預けるのは、そのほうが安全だからであり、また支払いなどに便利だからだ。そして銀行のほうは、預金はいつでも引き出すことができると顧客に約束し、またお金に関するさまざまなサービスを提供する。

たとえば、自分のお金を世界中のあらゆる場所に瞬時に送るようなサービスだ。これを行うには、かなり高度なテクノロジーとセキュリティ・システムが必要になる。また、銀行に預けたお金には利息がつく。

ATM

銀行ATMは、銀行の窓口で行うようなことを自動でできる機械だ。キャッシュカードを使って現金を引き出したり、口座の残高を確認したり、他の銀行口座にお金を振り込んだりできる。ATMの設置場所は、コンビニやスーパーマーケット、娯楽施設、空港、バス乗り場や鉄道駅などだ。そしてもちろん、銀行の支店にも設置されている。

アメリカだけで40万ものATMがあり、たいていの場合、1枚のキャッシュカードであらゆる銀行のATMを使うことができる。最近では携帯決済やネットバンキングがどんどん拡大しているので、いずれはATMも街中から消えてしまうかもしれない。とはいえ今のところは、ATMは銀行システムに欠かせない存在だ。

消費者である私たちが気をつけたいのは、ATMを使うときの手数料だ。たいていの場合、キャッシュカードと同じ銀行のATMであれば手数料はかからないが、使う時間によっては「時間外手数料」を取られることがある。また、コンビニなどに置いてある特定の銀行のものではないATMでも手数料がかかることがある。自分が口座を持っていない銀行のATMを使うときも、手数料がかかるのが一般的だ。**手数料のルールをきちんと調べ、無駄なお金を払わないように気をつけよう。**

デビットカード

たいていの銀行キャッシュカードにはデビットカードの機能もついている。デビットカードを使って買い物をすると、その瞬間に自分の口座から代金が引き落とされるという仕組みだ。また、カードの支払いでは「プリペイドカード」という選択肢もある。これはあらかじめカードにお金がチャージされているので、カードを使っても口座から引き落とされることはない。**プリペイドカードはチャージされた金額までしか使えないが、デビットカー**

ドは口座に入っている金額まで使うことができる。

近年、各種プリペイドカードの利用が急速に拡大している。現金と同じように使えてとても便利だからだ。しかし、これらのカードは発行費用や年会費がかかる場合もあるので注意しなければならない。それに加えて、たしかに使い勝手は銀行のデビットカードと同じだが、カードをなくしたときや、身に覚えのない買い物があったときなどの補償は、銀行ほどきちんとしていない場合が多い。

さらに、一部のデビットカードやプリペイドカードでは、残高不足でも買い物ができる機能までついている。これではクレジットカードとあまり変わらないと言えるだろう。残高を気にしないで買い物をしていると、ついつい買いすぎてしまうので注意が必要だ。それにこの種のカードは、手数料もかなりの高額になることが多い。

銀行以外の金融機関

経済の中心はやはり銀行だが、銀行以外にも金融機関は存在する。その他の金融機関にはそれぞれ専門分野があり、生きていくうえで必要になる金融商品を扱っている。

保険会社 保険とは、災害や不幸な出来事に備えるための金融商品だ。住宅保険、自動車保険、家財保険、医療保険、死亡保険などの商品が存在する。保険会社は、消費者に金融商品を販売するとともに、保険金の支払いに備えてかなりの資産を保有している。

証券会社 一般の私たちが株の売買をするときは、たいてい証券会社を通すことになる。証券会社の主な仕事は、株、債券、投資信託、国債などの証券の売買と、顧客や自分たちのための投資だ。また、銀行と同じように、証券会社で口座を作ったり、証券会社からお金を借りたりすることもできる。

クレジットカード発行会社 平均的な消費者は、財布の中につねに3枚以上のクレジットカードが入っているという。クレジットカードを発行できるのは、銀行、小売店、石油会社、信販会社などだ。発行会社は、個人やビジネスに多額の与信をしている。

投資銀行 大きなビジネスや企業は、社債や株の発行、企業買収、金融工学などで特別な金融サービスを必要としている。その役割を担うのが投資銀行だ。現在はひとつの金融機関で銀行と投資銀行の役割を兼務することができるが、すべてがそうしているわけではない。

〓プライベートエクイティ・ファンド〓富裕層、年金基金、基金、保険会社など、資金も知識も豊富な投資家からお金を預かり、運用する会社。公開されていない株を運用するのでこの名で呼ばれる。

〓ヘッジファンド〓プライベートエクイティ・ファンドと同じような顧客から資金を集めて運用するが、デリバティブや商品取引を駆使したより複雑で高度な運用を行う。市場が下落したときに利益が出るようなポジションを取るのでこう呼ばれる。

〓商工ローン〓企業は事業資金を銀行から借りることができる。また大企業であれば、社債や株式の発行で資金を集めることもできる。商工ローンも、事業資金を貸し出すビジネスだ。事業への融資という点では銀行と同じような働きをするが、銀行と違って支店を持たず、預金口座もない。

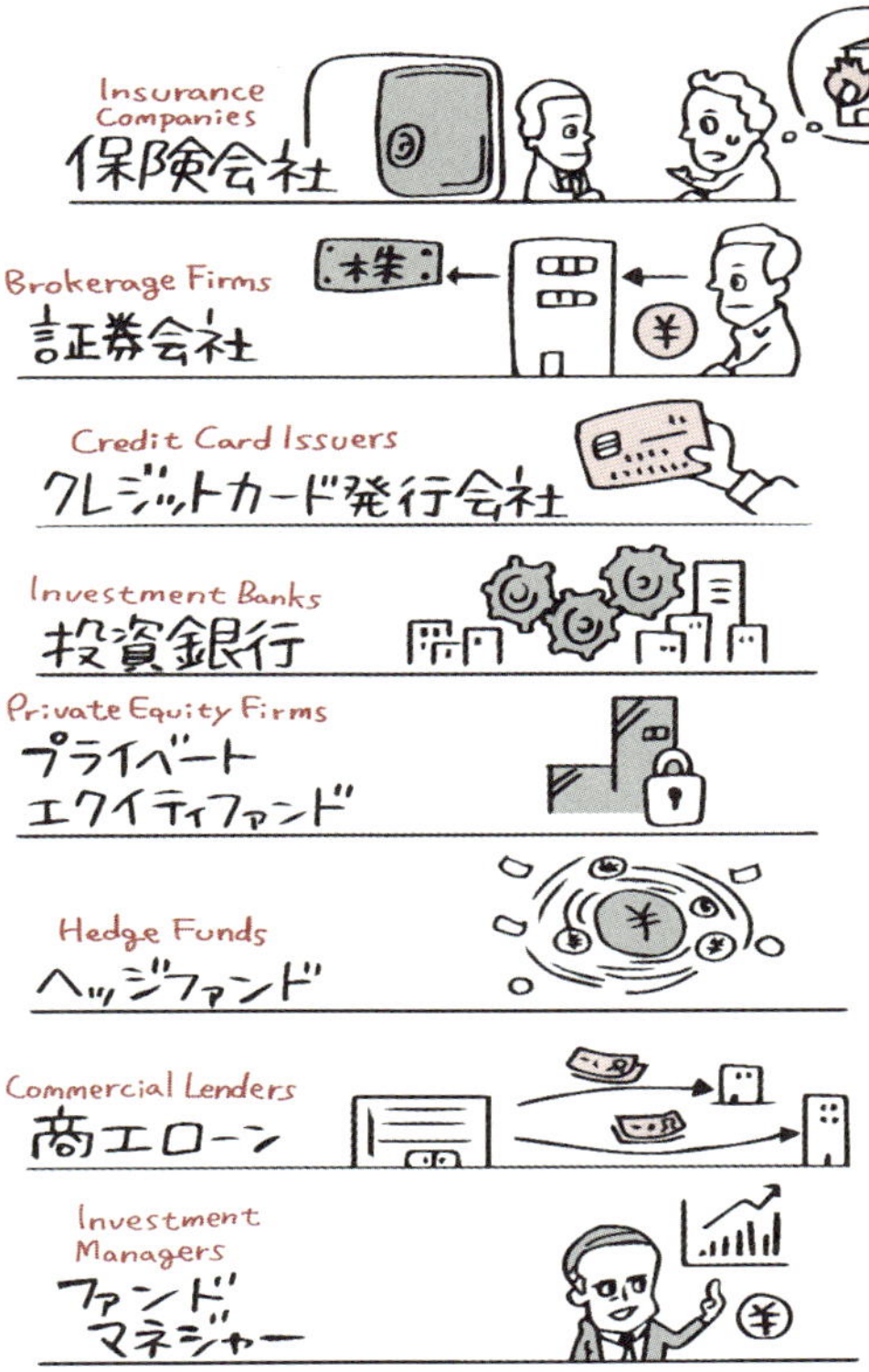
Insurance Companies
保険会社
Brokerage Firms
証券会社
株
¥
Credit Card Issuers
クレジットカード発行会社
Investment Banks
投資銀行
Private Equity Firms
プライベートエクイティファンド
Hedge Funds
ヘッジファンド
¥
Commercial Lenders
商工ローン
Investment Managers
ファンドマネジャー
¥

ファンドマネジャー 金融資産を運用する専門家。金融機関に所属して働くこともあれば、投資会社として独立して働くこともある。

サービスと手数料

銀行もビジネスなので、サービスを提供して料金を受け取っている。とはいえ、もし銀行の収入源が手数料だけだったら、儲かるビジネスモデルとは言えないだろう。**銀行は、顧客から預かったお金で主にふたつのことを行っている。ひとつは、顧客のお金を管理するということ。顧客が現金を必要になったら引き出しに応じ、また口座引落などの支払いサービスも行う。**

そして**もうひとつは、顧客から預かったお金を事業に貸し出すという仕事だ。**この貸し出したお金の利息も銀行の収入源になっている。そして、この貸し出し事業に必要なのが、顧客が預けるお金だ。たいていの人は、一度どこかの銀行に口座を開くと、ずっとその銀行を使い続けることになる。だから銀行側は、忠実な顧客の預金をあてにして貸し出しを行っているのだ。

とはいえ、手数料も銀行にとって貴重な収入源になっている。消費者であるあなたは、銀行の思惑をきちんと理解して、手数料を払いすぎないように注意しなければならない。

モバイル決済

最近のスマートフォンは、コミュニケーションだけでなく、買い物や各種の支払いでも主要なツールになってきている。スマートフォンでの支払いに使われるシステムがモバイル決済だ。アップルペイやおサイフケータイといったサービスの名前のほうがなじみ深いかもしれない。

店頭に置いてあるモバイル決済に対応した端末にスマートフォンをかざすと、オンラインで安全に支払いができるようになっている。こういった「電子のお財布」ともいうべきシステムはまだ新しく、急速に進化している。

モバイル決済の共通点は、店頭ではスマホで決済しても、最終的にはクレジットカード

やデビットカードでの支払いになるということだ。クレジットカードの入ったお財布が、スマホに置き換わったと考えるとわかりやすいかもしれない。スマホの中には、あなたのカード情報がすべて入っているのだ。

オンラインの決済システムとして有名なＰａｙＰａｌも、最近はスマホでも使えるようになった。スマホで使うには専用にアプリをダウンロードする必要がある。ＰａｙＰａｌも他のモバイル決済と同じように、使ったお金は最終的にクレジットカードや銀行口座から引き落とされる。また、買い物だけでなく送金にも利用できる。

エレクトロニックバンキング

あらゆる銀行の業務は、コンピューターを使ったシステムで管理されている。クレジットカードやデビットカードの支払いを処理するのも、顧客がインターネットで口座の残高を確認するのも、別の銀行の口座にお金を振り込むのも、モバイル決済を処理するのも、ＡＴＭで現金を引き出すのも、すべてコンピューターのシステムがあるからできることだ。

このようなコンピューターを使った銀行のシステムを、「エレクトロニックバンキング」と呼ぶ。

預金保険

大恐慌のただ中にあった1933年、連邦預金保険公社（FDIC）の設立が議会で可決された。FDICの役割は、銀行が破綻しても顧客の預金を守ることだ。現在も預金保険は健在で、私たち顧客の預金は、ひとつの銀行につき25万ドル（日本の場合は1000万円）まで保証されることになっている。FDICに保険料を支払っているのは、加盟している各銀行だ。この預金保険があるおかげで、顧客である私たちは安心して銀行にお金を預けることができる。

ただし、**FDICが保護するのは銀行の預金だけだ。**銀行は預金以外の金融サービスも提供しているので、預金保険ではカバーされないお金を銀行に預けている可能性もある。たとえば、銀行で購入した投資信託や債券などがそうだ。国の規制により、銀行は預金とそれ以外の違いを顧客にきちんと説明することが義務づけられている。

連邦準備制度（FED）はアメリカにおける中央銀行だ。ワシントンD.C.にある連邦準備制度理事会（FRB）が、全国の主要都市に拠点を置く12の連邦準備銀行を統括している。FEDが誕生したのは1913年で、アメリカの銀行システムを統括する大きな権限を議会から与えられている。FEDには次のような役割がある。

中央銀行　FEDはアメリカの中央銀行だ。連邦政府に関わる銀行取引、および市中銀行と中央銀行の間の銀行取引を司る。

マネーサプライ　市場に出回っているお金の量のこと。FEDは連邦公開市場委員会（FOMC）を通してマネーサプライをコントロールする。その方法は、それぞれの銀行が保有する準備金の額を決める、FEDが貸し出すお金の利率を決める、国債を購入する、などがある。

最後の貸し手　流動性の問題を抱えた銀行やその他の金融機関にお金を貸すという役割。金融機関の破綻を避けることで、金融システム全体の崩壊を防ぐことができる。

監督 FEDには銀行セクター全体が法令を守るように監督する役割もある。監査や調査専門の多くのスタッフを擁する。

FEDの他にも、連邦政府や州政府の機関が銀行セクターの監督業務を行っている。銀行規制では、損失に備えた準備金の額や、不正や違法取引を防止するシステムを確立すること、融資先が少数に集中するというリスクを避けるための制限、融資での差別禁止といったことが定められている。

専門家の中には、現代の高度に複雑化したバンキングシステムに対応するために、規制と監視をさらに強めるべきだと考える人もいる。その一方で、経済で問題があると何でも銀行のせいにするのは不公平であり、銀行規制をこれ以上厳しくすると経済成長が妨げられるという意見もある。銀行が国家の経済で大きな役割を果たしていること、銀行に関する規制や法律がすでにたくさん存在することを考えると、銀行規制はこれからも重要な問題として議論がくり返されることになるだろう。

銀行にお金を預ければ安全か

かつてアメリカで発生した大恐慌の主なきっかけのひとつは、いわゆる「取り付け騒ぎ」だ。取り付け騒ぎとは、銀行が危ないという噂が広がり、あわてた預金者が銀行に殺到して預金を引き出そうとすることをいう。

銀行はすべての預金の引き出しに対応するだけの現金を持っていないので、いずれ引き出しに応じられなくなる。そこで銀行は、現金を手に入れるために、お金を貸している相手に返済を迫るのだが、たいていの場合、相手は返すことができない。この悪循環で社会に不安が広がり、経済が縮小し、銀行セクターが大混乱に陥ることになる。

アメリカで取り付け騒ぎが起こったのは大恐慌のときが最初ではないが、おそらく史上最悪のレベルではあっただろう。金融システムへの信用が失墜すると、金融恐慌と呼ばれる状態になる。

金融恐慌が起こるのは、銀行がすべての引き出しに耐えうるだけの現金を普段から保有していないからだ。実際、銀行が持っている現金（これを「準備金」と呼ぶ）は、預金全額のほんの一部でしかない。銀行は顧客から預かったお金の大半を、事業への融資や住宅ローンの貸し出しに使っている。

クリスマスの時期になるとよく放送される名作映画『素晴らしき哉、人生！』でも、ジェームズ・ステュアート演じるジョージ・ベイリーが、預金を引き出そうと銀行に殺到した人々に向かって、預かったお金は地域の人たちのための住宅ローンや事業のために貸し出したのでここにはないと説明するシーンがある。

現在でも状況は大恐慌の時代と同じで、銀行はすべての預金の引き出しにすぐに応じることはできない。しかし、あの時代と違い、**今の銀行には預金保険がある。だから顧客は、たとえ銀行が危なくなっても、あわてて預金を引き出す必要がない。**

もちろん、これで金融システムへの信用が盤石になったというわけではないが、少なくとも取り付け騒ぎのリスクは完全に消えたと言っていい。

第5章

Financial Literacy for Millennials

予算と支出の基本

予算とは、入ってくるお金の予定や、お金を使う計画のことをいう。予算を決める目的は、出ていくお金が入ってくるお金よりも少なくなるようにすることだ。そうすれば、もしものときのためのお金を確保しておくことができる。

とはいえ、すべてのことが事前にわかるわけではない。たとえば、お友達へのプレゼントの予算を25ドルと決めたとしても、完璧なプレゼントが35ドルで見つかるかもしれない。あるいは思いがけない事故にあい、保険金の他に医療費がかかるかもしれない。新しいiPhoneがどうしても欲しくなり、お金が貯まるまで待てないということもあるだろう。予算を賢く立てていれば、そういった不意の出費にも十分に対応できる。

予算を決めることの利点は、もしものときに備えられることだけではない。予算があれば、そもそもそういった事態にはならないのだ。

お金がいくら入ってきて、いくら使うかということを事前に把握しておけば、収入と支出のちょうどいいバランスを保つことができる。そして収入と支出のバランスがとれていれば、借金をする必要もない。決めた予算を守っていれば、給料日前になってお金に困ることはない。家賃や水道光熱費が払えなくなることもない。

堅実な予算を立て、予算内で生活する習慣を若いうちに確立できた人は、この先どんなことがあっても健全な財政を保つことができる。

予算設計の第一歩

予算を立てる最初のステップは、すべての収入とすべての支出を把握してリスト化することだ。予算の区切りは1カ月ごとにするのがわかりやすくていいだろう。とはいえ、1年先のことまで見通すのが、より賢い予算の立て方だ。

最初の一歩である収入と支出の把握は過去をふり返ることだが、実際に予算を立てるときは未来を見つめることになる。道具は紙と鉛筆だけでいい。または、パソコンのソフトやスマホのアプリを使ってもいい。

予算計画は、一生続けなければいけないというものではない。専門家の間でも、継続して行うべきなのか（続けるのは難しい）、それとも同じ予算をずっと使うべきなのか（いずれ現状に合わなくなる）、意見が分かれている。いずれにせよ、予算を決める見返りは大きいという点は誰もが認めている。

過去の支出を把握したら、今度は向こう1年間の支出を予測してみよう。収入についても、同じように過去を参考にして未来を予測する。

ここで仮に、あなたが大学を卒業したばかりの社会人1年生だとしよう。学生の頃の収入は、親からのお小遣いかアルバイト代ぐらいで、たいした額にはならなかった。そして社会人になった今は、1カ月の収入が手取りで2650ドルになり、これが1年続くとする。お小遣いとバイト代はもう入ってこないので、この手取り月収2650ドルが、今後1年間のあなたの収入だ。

次は支出のほうを見ていこう。両親の家を出てひとり暮らしを始めるとなると、家賃や食費や水道光熱費も自分で払わなければならなくなる。これは大きな変化だ。健康保険は会社のプランに入ることになるかもしれないが、自分で追加の保険に加入する人もいるだろう。

このように、学生の頃とは違う支出の費目がたくさんできるので、予算を立てるのも一苦労だ。ガス代や携帯料金のだいたいの相場をいちいち調べるのは大変だが、それでもやらなければならない。ここで頑張ってきちんと予算を立てておけば、その後がずっと楽になる。

ファイナンシャルプランナーなどの専門家に聞くと、月収に合ったそれぞれの費目の割合を教えてもらえる。たとえば、家賃は月収の3割までとか、あるいは毎月必ず出て行くお金（家賃とローン返済）は月収の半分までといったルールだ。予算の立て方に関しては、インターネットで無料で教えてくれるサイトを活用したり、図書館で専門の本を借りたりしてもいいだろう。この本でもいくつかのコツを教えよう。

家賃にお金をかけすぎない 家賃はたいていの人にとってもっとも大きな支出だ。特に若いうちは収入が少ないので、多少の住みにくさや狭さはあっても家賃を抑えたほうがいい。家賃を抑える方法は、ルームメイトと一緒に住む、駅から遠いなど条件の悪い場所に住む、狭い部屋に住む、勤め先が都会なら少し離れた郊外に住む、などがある。しかし、こういった我慢が必要なのはおそらく若いうちだけだ。年齢が上がって収入が増えれば、住環境はもっと改善するだろう。

小さな出費に気をつける 自分でも気づいていない出費で、1カ月に数百ドルぐらい使ってしまうのはよくあることだ。スターバックスに毎日通う、夕飯はコンビニ弁当を買って帰る、スポーツジムの会費、iTunesのダウンロードなどなど、小さな出費のタネはいたるところにある。コーヒーが飲みたいなら、職場のタダのコーヒーを飲もう。夕飯はなるべく自炊する。スポーツジムも、自治体のスポーツセンターを活用すれば費用はぐっと安くなる。音楽が聴きたいなら、ラジオなら無料だ。社会人になってまとまった

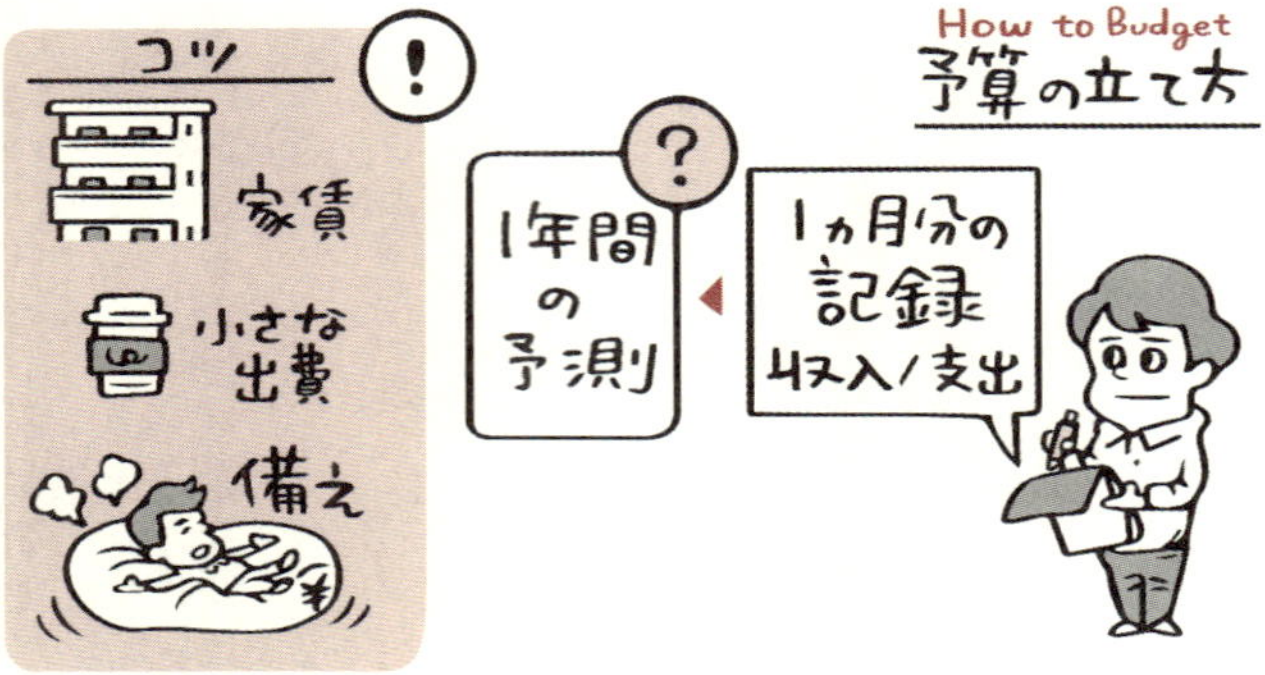

給料をもらうようになると、お金を使いたくてたまらなくなる。しかし、そこはぐっと我慢だ。若いうちに倹約生活を送っていれば、いずれ豊かな生活を楽しめるようになる。

=もしもの備えを万全に= 生きていれば、お金のかかる不測の事態にたくさん遭遇する。不測の事態なので、いつ遭遇するかを予測するのは不可能だ。交通違反で多額の罰金を払うことになるかもしれないし、パソコンが壊れて買い換えることになるかもしれない。1年を通してみれば、不意の出費の分をどこかの節約で補えるかもしれないが、お金が必要になったときにすぐに払えるだけの備えは必要だ。

お金の「出入り」に注目する

今から1カ月、毎日の出費をすべて記録してみよう。1円単位まで厳密に記録すること。1カ月は長いと思うかもしれないが、携帯代、家賃、クレジットカードの支払いなど、決まった支払いはたいてい1カ月単位なので、短期の記録では大事な出費を見落としてしまう心配がある。1カ月以上続けてもいいが、面倒な作業なのでできる人だけでかまわない。

たとえ1カ月だけでも、自分の支出パターンがだいたい見えてくるはずだ。

親元で暮らす大学生なら、食費や住居費は親に出してもらえるが、自分のお金で払わなければならないものもある。映画、コンサート、ゲーム、パーティなどの娯楽費、友達と遊ぶときの外食費、友達への贈り物、ハロウィーンや学校のダンスパーティ用の衣装、化粧品、ガソリン代や交通費、電子機器やスマホのアプリなどだ。

その大学生が社会人になり、アパートを借りてルームメイトと一緒に住むことになったとしよう。親元で暮らしていたときに使っていた娯楽費、交際費、電子機器代は、これから10年ぐらいもずっと使うことになるだろう。しかも、大人バージョンでお金はさらにかかるようになる。

それに加えて、今度は奨学金の返済、家賃と水道光熱費、携帯代やインターネット代、食費、各種保険の支払い、車を持っているなら車関連の費用、部屋の家具、洋服、休暇の旅行や帰省などのお金もかかる。そしてもちろん、将来に備えて貯金もしなければならない。

もしもの備え

予算を立てるときは、支出のほうに「貯金」と「緊急事態」というふたつの項目を入れたほうがいい。「貯金」がなぜ「支出」になるのかと不思議に思うかもしれないが、他の支出と同じように、必要なお金をあらかじめ割り当てておいたほうが無理なく貯めることができる。

このように貯金のお金を先取りする方法は、「pay yourself first（まず自分のためにお金を使う）」と表現されることもある。貯金は自分のためだということを思い出させてくれる言葉だ。**貯金のお金は最初からないものと考えれば、使いたい誘惑に打ち勝つのも**

簡単になるだろう。多くの会社は、財形貯蓄など、給与天引きで貯金できる制度を社員のために用意している。

「緊急事態」は、毎月決まって出ていくお金ではなく、失業、けがや病気で働けなくなる、家族の病気や事故といった本当の緊急事態でかかるお金だ。この点について専門家にアドバイスを求めると、半年分の支出を緊急事態費として貯めておくという答えが返ってくることが多い。

半年分もなんて貯められないと思う人がほとんどだろうが、少しずつでも貯めていけば、いつか必ず目標を達成できる。数年かかってしまってもかまわない。実際に緊急事態になったら、支出を減らすだけでは追いつかない。もしもの備えは絶対に必要だ。

実際に予算を立ててみよう

先ほど出てきた社会人1年生の予算を実際に立ててみると、表5・1のようになる。

自動車を買う

日常的な出費を把握したら、今度は大きな出費について考えていこう。大きな出費のひとつは自動車だ。都市部に暮らしている人であれば、歩いて行ける場所にお店などがたくさんあり、公共の交通機関も発達しているので、普段の移動で自動車を使うことはまずないだろう。都会に暮らしていても、週末の遠出などのために車を持ちたいという人もいるかもしれないが、それは完全な贅沢なのでやめること。**車を持つのは、どんな場所であってもお金がかかるが、都市部では特にそうだ。**

地方に住んでいるのであれば、車を持つのは現実的な選択になるかもしれない。ここで大切なのは、本当に必要なのかよく考えることだ。他の交通手段があるのであれば、それを使うようにする。車を所有するのは最後の手段だ。車がなくても何とかなる方法は、思っているよりもたくさんある。

自動車を所有するなら、まず国に登録しなければならない。登録するのにもお金がかかる。それに加えて、税金、保険料、車検代、修理代、ガソリン代、駐車場代、有料道路代

表5・1 社会人1年生の予算

収入		支出	
		家賃、ガス代、電気代、家財保険	650ドル
		食費（外食込み）	600ドル
		奨学金の返済	350ドル
月収	3,200ドル	携帯代、ケーブルテレビ代、娯楽費、交通費	200ドル
		消耗品費（化粧品、医薬品、日用品など）	200ドル
控除（税金、健康保険、年金）	550ドル	耐久消費財費（衣類、家具、贈り物など）	150ドル
		修繕費、買換費のための積立	100ドル
		緊急事態費のための積立	100ドル
		貯金	100ドル
		旅費積立	100ドル
		寄付	50ドル
		予備費	50ドル
手取り	2,650ドル	支出合計	2,650ドル

出典：著者の分析

などのお金も必ず出ていく。諸々の費用を合計すると、年間で最低でも５００ドル、平均して１０００ドル前後（日本では40万円ぐらい）は出ていくと考えたほうがいいだろう。

車をもらえるという人もいるだろうが、そうでないなら自分で調達しなければならない。そこで決めなければならないことがいろいろ出てくる。買うのか、それとも借りるのか。新車にするのか、中古車にするのか。現金一括か、ローンを組むのか。

車を買うと決めた人に、ひとつアドバイスがある。それは、ローンではなく現金一括で買うことだ。もしお金がないというのなら、貯まるまで待つ。カーリースという手段もあるが、あれは毎月の料金が高めに設定されているので、ローンの利息を払うのと同じことになる。カーリースは使わないこと。

5年以内の中古車にすれば、新しいモデルが新車よりもずっと安く手に入る。それに、まだそれほど走っていないので、耐用年数も長いだろう（道路を走っている車の平均使用年数は11年だ）。インターネットを介して、中古車を個人から直接買うという方法もある。販売店で買うより安上がりだが、リスクも高い。販売店はたしかに利益を上げるために商売をしているが、お客に粗悪品を売りつけて評判を落とすようなことはまずしない。ネットで販売店の評判を調べたり、家族や友人の意見を参考にしたりするといいだろう。

自立した生活

社会人になったら親元を離れて部屋を借りるという人も多いだろう。最初のうちはルームメイトと一緒に暮らす選択をする人もいるかもしれない。ルームメイトがいることの利点は、家賃が安くなることや、所持品をシェアできることなどがあげられる。ルームメイトの誰かが車を持っているかもしれない。もちろん、プライバシーが侵害される、生活習慣が合わないといった問題もあるが、他人との共同生活はいい経験になる。将来一緒に暮らすパートナーができたときに役に立つだろう。

部屋を借りるには、毎月の家賃を払わなければならない。これは大きな責任だ。ルームメイトと暮らす場合、たとえ家賃は折半するという約束になっていても、法律上は契約書類に署名した人が支払う義務がある。契約時に全員が署名することもできるが、後から入ってきた人については、簡単な書面を交わしておくといいだろう。

最初の家賃は契約時に支払い、さらに敷金（部屋を汚したり傷つけたりしたときの掃除費用や修繕費用になる）を要求されることもある。つまり、引っ越しには最初にまとまったお金が必要になるということだ。

また、**家賃に含まれる費用もきちんと確認しておくこと。**水道光熱費、冷暖房費、インターネット代が家賃に含まれていることもあれば、自分で契約して支払わなければならないこともある。ルームメイト間で折半しなければならないのは、家賃だけではなく、こういった諸費用も含まれる。それをきちんと最初に確認しておくこと。

共同生活でもめやすいのが、食費と日用品費の分担だ。これも事前にきちんとルールを決めておくといいだろう。また、洗濯機を置く場所がない物件なら、近くにコインランドリーがあるととても便利だ。

部屋の家電や家具をそろえるのもお金がかかる。ベッド、ダイニングテーブル、机、椅子、テレビ、冷蔵庫、エアコン、棚、台所用品、電灯、カーテンなどなど、たくさんのものが必要だ。家族や友達から中古を譲ってもらえることもあるだろう。

ルームメイトがいるのなら、実際に引っ越す前に各自の分担を決めておいたほうがいい。冷蔵庫やエアコンなどの高いものが、ひとりに集中しないように気をつけること。また、いずれ同居を解消することになる関係なので、所有権もはっきりさせておかなければならない。最近では、賃貸でもリノベーションが自由にできる物件もあるが、退去するときに元の状態に戻す必要があるかどうか確認しておいたほうがいい。

ルームメイトではなく恋人と同棲する場合は、お金以外にもさまざまな特有の問題があるが、基本的な確認事項はルームメイトとの同居とだいたい同じだ。賃貸契約や水道光熱費の契約はどちらがするのか。家具、本、ＤＶＤなどはどちらの所有物なのか。どの費用を共同で支払い、どの費用を各自で支払うのか。

晴れて同棲を始めても、残念ながらお別れがやってくることもある。お互いに舞い上がっているときに考えたくはないだろうが、別れと同居解消の可能性は事前にきちんと考慮しておいたほうがいい。そうすれば、たとえ心は痛んでも、お財布は痛まずにすむだろう。

失敗しないローン返済計画

自分の家を持つことは、昔からアメリカンドリームのひとつだった。家を買うことの利点は、安心して住めること、地域社会の一員になったと感じられること、そして誇らしい気持ちだ。しかし、家を持つことはすべての人の目標だと思われがちだが、必ずしもそうではない。

政府の調査によると、2010〜2012年にかけて、アメリカの住宅価格の中央値は約17万5000ドルだったが、この数字は州や地域によって大きく異なる。たとえばカリフォルニア州の中央値は36万ドルなのに対し、ミシガン州は12万ドル以下だ。（注1）しかも、調査したのはだいぶ前なので、現在の価格はもっと上がっているだろう。

このように住宅はとても高い買い物なので、たいていの人はローンを組んで買うことになる。**貸し手によっては全額ローンにできないこともあり、その場合は「頭金」と呼ばれるお金を現金で最初に払わなければならない。**一般的に、家の値段の25％ほど貯金があれば、頭金とその他の費用を払うことができる。

注1. U.S. Census Bureau, "Home Value and Home Ownership Rates: Recession and Post-Recession Comparisons from 2007-2009 to 2010-2012," Table 1 (data from 2010-2012), November 2013.

家を買ったらそこで終わりではなく、修繕費も忘れてはいけない。新築や、築10年以内の新しい物件ならそれほど修理は必要ないが、築10年を越えているなら、修繕費に毎年家の値段の1%ぐらいかかると見ておいたほうがいい。それに加えて、火災保険や地震保険に加入し、さらに固定資産税を払う必要もある。保険料はだいたい年間500〜1000ドルくらいで、固定資産税は年に資産価格の0・5〜2%ぐらいだ。

引っ越し費用に加えて、家財道具を一式そろえる費用も必要だ。場所によっては、一戸建てより分譲マンションが好まれることもある。マンションの場合は、ローンの返済に加えて、管理費や修繕積立金を毎月払うことになる。

家を買うのは投資のひとつだと考える人もいる。たしかに家も、株などの金融資産と同じように値段が上がったり下がったりするが、大切な点をひとつ見逃している。それは、持ち家に住んでいる場合、配当金や利息が入ってこないということだ。

しかしその一方で、持ち家なら毎月の家賃を節約できるので、家賃の節約が家に投資したお金のリターンだと考えることもできる。自分の家を自分に貸しているのと同じことだ。

しかし、**持ち家か賃貸かという問題は、お金だけでは語れないところがある。**

賃貸と持ち家、どちらが得？

家を買うには、物件の代金の他にもさまざまな手数料や税金がかかる。手数料もローンに組み込むとしても、いずれ払うことに変わりはない。買った後で家の価値が上昇すればそういった諸費用の分を取り返せるが、上がるにしても何年かはかかるだろう。むしろ価値が下がることも多い。

賃貸と持ち家を比較する場合は、同等の住環境、物件の質、大きさ、設備の物件を選び、冷静に考えなければならない。特に、将来的な物件の価値については現実的になること。不動産価格が上がっていると、永遠に上がり続けるような気分になってしまうが、そんなことはない。楽観的になってしまいそうになったら、2008～2009年にかけて起こった不動産価格の暴落を思い出そう。

表5・2は、賃貸と持ち家をそれぞれ5年続けた場合の比較だ。4万ドルの貯金がある状態を出発点としている。この貯金は、家を買うなら頭金になり、賃貸なら運用して運用益を上げることになる。家を買う場合の手数料は販売価格の1％とし、ローンの額に含ま

れる。あとは不動産業者に仲介料を支払い、それ以外の手数料は発生しない。また、住宅ローンを組んだことによる減税の効果は考慮していない。多くの人は、住宅ローン減税は家を買うことの後押しになると考えているが、実際はローンの利息が少し安くなるぐらいの効果しかないからだ。

この表を見ればわかるように、5年にわたって家を所有することのコストは、5年にわたって家賃を払い続けるコストを、年に1115ドルずつ上回っている。**この家に5年以上住むか、あるいは家が急速に値上がりすれば、持ち家のほうが魅力的な選択肢になる。**

表5・2 賃貸vs持ち家の分析

出発点の貯金額／ 40,000 ドル		
賃 貸		**年間コスト**
1年目の月額家賃	1,000ドル	12,000ドル
年間の家賃値上がり率	3%(単利)	
2年目の月額家賃	1,030ドル	12,360ドル
3年目の月額家賃	1,060ドル	12,720ドル
4年目の月額家賃	1,090ドル	13,080ドル
5年目の月額家賃	1,120ドル	13,440ドル
水道光熱費	200ドル／月	2,400ドル
管理費・家賃込み		
税 金	家賃込み	
保 険		500ドル
5年間のコスト	78,100ドル	
貯金の運用利回り	年 2%	
貯金利息	4,163ドル	
5年後の貯金総額	44,163ドル	
賃貸の5年間のコスト	73,937ドル	14,787ドル
持ち家		**年間コスト**
物件価格	200,000ドル	
物件の年間値上がり率	2%(単利)	
頭 金	40,000ドル(物件価格の 20%)	
購入諸費用	2,000ドル(ローンに組み込む)	
住宅ローン	162,000ドル	
30 年ローンの金利	年間 6%	
毎月の返済額	971ドル	11,652ドル
水道光熱費	200ドル／月	2,400ドル
管理費		2,000ドル
税 金		2,500ドル
保 険		1,000ドル
5年間のコスト	97,760ドル	
売却価格	220,000ドル	
売却手数料	5%	
売却手取り価格	209,000ドル	
ローン残高	150,750ドル	
売却益	58,250ドル	
住宅の運用益	18,250ドル	
持ち家の5年間のコスト	79,510ドル	15,902ドル

出典:著者の分析

大学にかかるお金

大学進学を考えている人、すでに大学に通っている人、あるいは卒業してからまだ数年の人が忘れてはいけないのは、大学はとにかくお金がかかるということだ。自分で払うという人は、大学資金を貯めるために働き、残りは奨学金でまかなおうと考えているかもしれない。まだ中高生なら、両親が大学資金の心配をしているのを見聞きしている人もいるだろう。または、幸運にも貯金と給付型の奨学金があるので、お金の心配はまったくないという人もいるかもしれない。

あなたがどんな状況でも、大学にかかるお金を把握し、そのお金をどうやって工面するか考えておくのは重要なことだ。大学費用は、長年にわたって家計に大きな影響を与える可能性が高い。

大学にもいろいろな種類があり（営利目的か非営利か、短大か四年制か、私立か公立か）、種類や学部によって学費も大きく変わる。大学の費用でいちばん大きいのは学費だが、それ以外にも、教科書代や交際費、親元を離れるなら家賃や生活費もかかる。

返す必要のない給付型の奨学金をもらえれば、大学費用を大幅に減らすことができるだろう。たいていの学生（とその家族）は、政府の援助を受けた奨学金を申請することができる。これは返済しなければならないので、大学費用を減らすという効果はないが、それでも奨学金がなければあきらめていたような大学に通うチャンスではある。

アメリカで四年制の私立大学に通う場合、学費や生活費を含めた1年間のトータルの平均費用はおよそ4万5000ドルであり、だいたい3万〜6万5000ドルの間に入る。政府や学校からの援助の平均額が2万ドルなので、これをもらうことができれば年間総額を平均2万5000ドルに抑えることができる。

四年制の公立大学の場合は、年間のトータル費用が平均2万ドルで、援助が平均6000ドルなので、1万4000ドルに抑えることが可能だ。以上の数字は、親元から通えばさらに少なくすることができる。（注2）

四年制の大学を卒業するまでにかかる費用は、トータルで5万〜10万ドルになる。この数字を見れば、大学卒業の時点で、平均して3万5000ドルの借金を背負うことになるというのもうなずけるだろう。（注3）

3万5000ドルも借金しなければならないなら、むしろ大学は行かないほうが得なの

注2. The College Board, "Trends in College Pricing 2015," Table 7, October 2015.

注3. Jeffrey Sparshott, The Wall Street Journal, "Congratulations, Class of 2015. You're the Most Indebted Ever (For Now),"May 8, 2015.

だろうか？　実はそんなことはない。大学に行くことは、人生でいちばん価値のある投資のひとつといっていいだろう。

大学へ行くことの金銭的なメリットについては、今まで数多くの研究が行われてきた。それらの研究を総合すると、**大卒とそれ以外の人の収入は1年でほぼ2倍の開きがあり、生涯収入で考えると、大卒がそれ以外よりも多く稼ぐ額は50万ドルを越えるという結果になっている。**（注4）

つまり、ほとんどの人にとって、大学費用という投資は何倍にもなって返ってくるということだ。しかし、お金よりも大切なのは、大学で学ぶことによって、知的好奇心があり、責任感の強い大人なれるということだろう。どちらも社会に出て成功するのに欠かせない資質だ。

とはいえ、たしかに大学はリターンの大きい投資ではあるが、すべての人にとって正しい選択というわけではない。大学教育が必要ない人もいるし、大学を出たからといって高収入が約束されるわけでもない。自分の才能と興味を見きわめ、それに合った教育を選ぶことが大切だ。

大学に行って一般教養を身につけるよりも、専門学校や職業訓練校などで特定の分野を

注4. See Pew Research Center, “The Rising Cost of ***Not*** Going to College,” February 11, 2014.

学んだほうがいい人はたくさんいる。四年制大学に行くことだけが、立派な社会人になる道ではない。仕事に必要なスキルや知識を身につける方法は他にもたくさんある。

溶接の専門学校を選んだ人も、大学で哲学を学ぶと決めた人も、学費の計画を立てるのは大切なことだ。たとえば、学資保険に加入すると税金が控除になる。成績優秀の学生には返済不要の奨学金もある。返済は必要だが、利息のつかない奨学金もある。卒業後に指定された仕事に就いて一定期間働けば、奨学金の返済が免除されるという制度もある。

大学が提供する奨学金は複雑で、内容もよく変わるので、学校のカウンセラーに相談したり、インターネットでよく調べたりしたほうがいい。いずれにせよ、お金の計画をきちんと立てれば、大学の費用もそれほど心配はいらないということだ。

教育費は全部でいくらかかるのか

大人になると、子どもを持つかどうかという選択について考えるようになる。子どもを持つ理由はたくさんあるが、理由がお金だけでなくなったのはつい最近のことだ。ほんの

100年ほど前までは、子どもを持つ理由は単純に一家の労働力を増やすことであり、親が年を取ってからの面倒を見させることだった。現在、ほとんどの児童労働は違法であり、社会保障制度によって、老人や病人の世話が家族だけにのしかかることもなくなっている。

子育てのコストだけを考えたら、誰も子どもを持とうなどと思わないだろう。自分たちだけでなく、子どもの分もお金を出さなければならないのだ。食事、住む場所、交通、衣類、教育、娯楽、習い事、医療などなど、子育てには莫大なお金がかかる。

政府の試算によると、アメリカでひとりの子どもを18歳まで育てる費用は平均して25万ドルであり、住む場所や家庭の経済力によって15万ドルから45万ドルの開きがある。（注5）しかも、この額に大学費用は含まれていない！

子どもはまだまだ先の話だというのなら、今から子育ての資金計画を立てる必要はない。しかし、子育てはお金がかかるということ、そしてまだまだ先だと思っていた未来は意外と早くやってくるということは、今から覚悟しておこう。**お金の心配のない人生を送るには、慎重に予算を決め、無駄づかいせず、精力的に貯金をして、賢く投資することがカギになる。**

注5. U.S. Department of Agriculture, “Expenditures on Children by Families, 2013,” August 2014.

ものの値段はどう決まるか

たいていの人は、毎月さまざまなものにお金を払っている。そのため、どんなものがいくらかというだいたいの目安はわかっているはずだ。安いスーパー、安いガソリンスタンド、安い美容院なども見つけてあるだろう。

反対に、めったに買わないものに関しては、妥当な値段がよくわからない。そして払う値段が大きくなるほど、買う前に真剣に下調べをする。一般的に、大きな買い物をするときは、3つぐらいの候補から選んだほうがいいと言われている。

「価値」を構成する要素はふたつある。それは、「値段」と「質」だ。値段というものは、思っているほど単純ではない。値段と言われてまず思いつくのはものの値段だ。最近では、インターネットで店ごとの値段を簡単に比較することができる。

しかし、払うお金はそれで終わりではない。消費税や配送料もある。大きな家電や家具なら設置料も必要だろう。廃棄費用やリサイクル費用も必要かもしれない。それに加えて、

「もの」そのものを保有することにもコストがかかる場合もある。プリンターならインク代が必要であり、電動歯ブラシなら替えのブラシが必要だ。何かを買うと決めるときは、そういった見えない費用も考慮しなければならない。そして最後に、ものは必ず壊れる。修理代や、修理のしやすさも考えておく必要があるだろう。

ものやサービスの「質」を決める要素は、たとえば買ったものに満足できないとか、思ったような働きをしないという結果になる可能性だ。ものやサービスの質は、事前にはわからないこともある。そんなときは、ネットや友達の口コミ、消費者向け雑誌の情報などが頼りになるだろう。

値段がそんなに変わらないのであれば、質の違いが決め手になるかもしれない。いくら安くてもすぐに壊れるのであれば、少しぐらい高くても丈夫なほうを選ぶという人も多いだろう。ここで決断するのは、今たくさん払うか、それとも後になってからたくさん払うのかということだ。

賢い消費者になるために

携帯電話、スポーツジムなど、長く使うサービスの契約で気をつけたいのは、解約料金があるかどうか、あるならいくらかということと、契約の自動更新はするのかということだ。こういった契約の中には、一定期間より短い期間で解約したら、高額の解約金が請求されるものもある。

契約書はたいてい文章がわかりにくく、しかも何ページもあるので、読まずに契約してしまう人が多い。それにそもそも、相手が大手であれば、契約書を読んだところで交渉の余地はほとんどない。契約するか、イヤならしないかの違いだけだ。

ここではとにかく、**解約の決まりだけはきちんと確認しておくこと。そうすれば高額の解約金を払わずにすむ。**

家電などを買うと、お店に保証をつけることをすすめられる。しかし、家電や製品の保証はまったく必要ないというのが、専門家の間で一致した意見だ。

たいていの製品は、1年のメーカー保証がついている。それに小売店の多くも、不具合があれば返品を受け付けている。たいていの製品、特に電子機器で問題が起こるのは、初期不良か、使ってすぐに壊れるかのどちらかだ。それをすぎればほぼ問題なく使うことができる。つまり、小売店への返品とメーカー保証ですべての問題をカバーできるということだ。

店頭でつける延長保証は、店にとっては簡単に儲かる「商品」なのだ。そして、店にとって簡単に儲かるものは、たいてい消費者にとって損である。

第 6 章

Financial Literacy for Millennials

信用と借金の基本

何千年もの間、人類はほとんど進歩してこなかった。芸術、科学、文学、テクノロジーが爆発的に進歩することはあったが、たいていの人は、歴史の大部分で、生きるのがやっとという生活を送っていた。

それを大きく変えたのが、民主的な資本主義と産業革命だ。ここ2世紀ほどの間で、数十億もの人々が、貧困を脱して物質的な豊かさを手に入れた。人類史において、人類がここまで急激に豊かになったことはない。それを可能にしたのが市場経済であり、そして市場経済の基本はお金の貸し借りだ。

市場経済を支えているものは「資本」と呼ばれる。資本とは、当面必要になる以上に貯めた富のことだ。たいていの場合、ひとりの個人が資本を手に入れるまでには長い年月がかかる。運に恵まれた人、能力がある人、野心家、地位がある人などは、普通の人よりも早く資本を手に入れることができるかもしれない。この資本が、自由市場の経済を成長させる燃料になる。

現代の自由市場では、たいてい金融機関が「資本を使う人」と「資本を持っている人」を結びつける役割を果たす。資本を使う人は、ビジネスに投資したいのかもしれないし、車や家など高額な買い物をしたいのかもしれないし、あるいは生活費の足しにしたいのかもしれない。

そして資本を持っている人は、ビジネスを所有するという形で投資することもできるし、お金を貸すこと（ローン）もできる。所有は恒久的であり、ローンは一時的だ。この章では、もっとも一般的なローンを通して、「資本を提供する」ということについて見ていこう。

借金と返済計画

ローンとは、お金を持っている人が、お金が欲しい人に対して、ある一定の条件の下でお金を貸すことだ。ローンは必ず返さなければならない。返さなくてもいいのなら、それはローンではなく贈与だ。お姉さんが弟に映画代の10ドルを貸すという場合もたしかにローンだが、書類などを取り交わしたわけではないので、正式なローンではない。

それに対して個人が銀行からお金を借りる場合は正式なローンであり、山のような書類が必要になる。返済期間が1カ月と短いローンもあれば、数年から数十年という長いローンもある。分割で返すローンもあれば、一括で返すローンもある。このようなローンの柔軟性が、お金を持っている人とお金が必要な人をさまざまな形で結びつけてきた。

お金を借りると、借りた金額の他に「利息」も払わなければならない。利息とは、お金を借りるコストのようなものだ。貸し手が利息を要求する理由は3つある。第一に、貸したお金が返ってこないかもしれないから。損失のリスクに対する保障が必要だ(お金が返ってこないリスクを「信用リスク」と呼ぶ)。

第二に、利息がもらえないなら、お金を持っている人にとってはわざわざお金を貸す意味がない。そして第三に、お金を貸す人は、お金を貸すというビジネスを運営するお金が必要だ。ローン契約によっては、借り手が利息以外にも手数料を払うこともある。こういった手数料は「取引コスト」と呼ばれる。

お金の時間価値

お金は利息を稼ぐことができるので、明日手に入るお金よりも、今日持っているお金のほうが価値はある。これをお金の「時間価値」という。

今日100ドルもらえる場合と、5年後に100ドルもらえる場合を比べてみよう。インフレによってものの値段は上がるので、今日100ドルで買えるものでも、5年後には100ドルで買えなくなっているだろう。それに加えて、今日の100ドルは5年の間に利息を稼ぐこともできる。

あるいは、「メガ・ミリオンズ」という宝くじの例もわかりやすいかもしれない。この宝くじは高額当選すると、一括で受け取るか、それとも分割で受け取れるか選べるのだが、一括で受け取ったほうがもらえる額が少なくなる。たとえば、1500万ドル当たったのなら、一括なら900万ドル、30年の分割払いならトータルで1500万ドルだ。つまり、今日のお金は、明日のお金よりも価値があるということだ。

お金に時間価値があるのは、お金が利息を稼ぐことができるからだ。そして利息は、お金を借りている期間が長くなるほど高くなる。

たとえば、あなたが今日100ドル借りたとしよう。金利が年に10%だとすると、1年後に返す額は110ドル、2年後は121ドル、3年後は133ドルになる。これがお金の時間価値だ。そして金利10%の世界では、今日の100ドルと、1年後の110ドルの間にまったく違いはないということになる。このふたつの選択肢の間に差異がない状態を「無差別」と表現する。

担保と返済

貸したお金が返ってこないリスクが大きい場合は、利息を高くするという方法があるが、あまり利息を上げすぎると誰も借りられないという事態になる。そこで、**返済のリスクを小さくするもうひとつの方法が「担保」を取ることだ。**担保は土地などの何か価値のあるもので、もし貸したお金が返ってこなかったら、貸し手は代わりに担保を自分のものにできる。

たとえばローンを組んで車を買う場合、車自体が担保になる。貸し手としてはお金を返してもらえるほうがずっといいのだが、もし何かあって返済できなくなったら、車を受け取って売却し、ローンの穴埋めをすることができる。

車には大きな価値があり、すぐに売って現金化できるので、車を担保に取ることでローンのリスクはかなり軽減される。そのため貸し手は、借り手が手の届く範囲の金利でお金を貸すことができる。

とはいえ、すべてのローンで担保を取るわけではない。**担保のないローンでは、借り手**

信用リスク
取引コスト
Repayment
返済方法
・分割
・一括
BANK
ローン
Loan
変動金利
35年ローン
金利
返済期間
4000万円!
ローン
担保

の「お金を返す能力」がとても重要になる。そこで貸し手は、かなりの手間をかけて、借り手の「お金を返す能力」を調べることになる。この調査を「審査」と呼ぶ。簡単な審査であれば、定職に就いているだけで通ることもある。もっと詳しい審査では、借り手が自分の情報が書かれた書類を提出し、結果が出るまでに数週間かかることもある。

住宅ローン

家を買うときに組むローンを「住宅ローン」と呼ぶ。現在、アメリカでは住宅ローンの残高が約10兆ドルになるという。ローン返済中の住宅は持ち家が5000万戸（持ち家全体で7500万戸）、そして賃貸用が4000万戸だ。（注1）10兆ドルという残高はかなりの数字であり、現に住宅ローンは、アメリカの消費者にとっていちばん大きなローンになっている。

住宅ローンでまず確認したいのは、固定金利か、それとも変動金利かということだ。一般的に、変動金利の場合は最初の金利が低く抑えられ、年数が長くなるにつれて金利が

注1. Board of Governors of the Federal Reserve System, Economic Research & Data, Statistical Release and Historical Data, "Mortgage Debt Outstanding," One - to four-family residences, September 2015; U.S. Census Bureau, "2013 Housing Profile: United States," American Housing Survey Factsheets, owner-occupied units, May 2015.

上がっていく。もうひとつ考えなければならないのは、毎月少しずつ返済するか、それとも返済期日に一括で返すかということ。

また、ローンの「長さ」も大切だ。 5年ほどの短いローンもあるが、最近では数十年単位の住宅ローンが一般的になっている。貸し手によっては、ローンを組むときの手数料も返済額に入れていることもあるので、この点も確認が必要だ。

家を担保にしてお金を借りることを「住宅担保ローン」と呼ぶ。家を買って何年かローンを返済すると、返済した分は純粋に自分の所有物として認められる。その所有物の部分を担保にしてお金を借りるのが、住宅担保ローンだ。このお金で贅沢をする、たとえばボートを買ったり豪華なバカンスに出かけたりするのは賢くない使い方だ。賢い消費者であれば、さらに家の価値を高めるために、修繕やリノベーションに使うだろう。

不動産購入の取引には、不動産仲介業者、司法書士、銀行などさまざまな人が関わるので、彼らに払う手数料はかなりの額になる。そして住宅ローンは住宅を担保としたローンなので、返済ができなくなったら住宅は差し押さえられる。このように住宅ローンはさまざまなコストがかかり、差し押さえというリスクもあるが、たいていの人はローンを組まなければ家を買うことができない。

金利と複利の仕組み

どんなローンであっても、借りたお金の利用料を払わなければならない。この利用料が「金利」だ。金利はたいてい、「年に○○％」という形で表される。借りたお金の全額は「元本」と呼ばれ、元本に利率をかけた額が利息だ。

例をあげよう。利率が年に12％で、元本が１０００ドル、返済期間が1年の場合、１年間の利息は１２０ドルになる。つまり1年後に返す金額は１１２０ドルだ。

ちなみに、この例は「単利」で計算している。そして残念ながら、単利で計算してくれる貸し手は、家族か友達くらいしかいないだろう。

相手が金融機関となると、事態は少し複雑になる。まずは「複利」という概念から考えていこう。複利とは、利息が上乗せされた金額に、さらに利息がつくということだ。自分が貸している立場であれば、複利ほどありがたいものはない（たとえば銀行の預金は複利だ）。しかし借りる立場としては、払うべき利息の総額が多くなり、しかも計算が複雑になる。それでは、先ほどと同じ例を使って複利の計算をしてみよう。

表6・1 複利の計算

借入期間	月初残高	1カ月の利息	月末残高
1カ月目	1,000.00ドル	10.00ドル	1,010.00ドル
2カ月目	1,010.00ドル	10.10ドル	1,020.10ドル
3カ月目	1,020.10ドル	10.20ドル	1,030.30ドル
4カ月目	1,030.30ドル	10.30ドル	1,040.60ドル
5カ月目	1,040.60ドル	10.41ドル	1,051.01ドル
6カ月目	1,051.01ドル	10.51ドル	1,061.52ドル
7カ月目	1,061.52ドル	10.62ドル	1,072.14ドル
8カ月目	1,072.14ドル	10.72ドル	1,082.86ドル
9カ月目	1,082.86ドル	10.83ドル	1,093.69ドル
10カ月目	1,093.69ドル	10.94ドル	1,104.63ドル
11カ月目	1,104.63ドル	11.05ドル	1,115.68ドル
12カ月目	1,115.68ドル	11.16ドル	1,126.84ドル
金利合計		126.84ドル	

出典:著者の分析

利率が年に12%で、元本が1000ドル、返済期間が1年の場合、単利であれば1年間の利息は120ドルだった。これを1カ月複利で計算するなら、1カ月の金利は1%だ。表6・1は、1カ月に1%ずつ複利で増えていく場合の計算だ。

1カ月目の利息は、元本1000ドルの1%なので10ドルだ。それが2カ月目の利息になると、月初の残高1010ドルの1%なので、10ドル10セントになる。そして最後の12カ月目になると、1000ドルの借金が1126ドル84セントまで増えているのだ。これを単利で計算すると、1120ドルになる。

複利の場合、本当の金利は12%ではなく12.68%だ。この本当の金利を「実効金利」

と呼ぶ。

次に、今度は1日ごとの複利で考えてみよう。年利が12％なら、12を365で割った数字が1日の利率だ。約0.329％になる。1日0.329％の複利で1年（365日）借りたとすると、1年の終わりの残高は1127.47ドルになる。実効金利が12.75％になる計算だ。

ほとんどの金融機関は、1日ごとの金利を使ってローンなどの計算をしている。住宅ローンは1カ月ごとの返済額が決まっているので、月ごとの金利で計算するのが一般的だ。例にあげたローンの年利は12％だが、これに手数料などのコストを加えた実質的な年利をAPRと呼ぶ。APRがわかれば、本当に払う金額もわかるので、ローンの比較がしやすくなるだろう。

償却とは

右の例では、1年間ずっと元本の返済をせず、最後にまとめて返済するという形になっている。このような返済方法は、「一括返済」または「バルーンペイメント」と呼ばれる。

さらにこの例では、元本だけでなく、利息の分も最後にまとめて返済だ。

しかし、ローンの返済の方法はこれだけではない。ほとんどのローンは、返済期間中に利息の返済を求めている。元本についても、最後にまとめてではなく、分割返済を求められることがほとんどだ。返済期間中に元本の一部、あるいは全部の返済が終わることを「償却」という。

住宅ローンは、元本を償却しながら返済するローンの典型だ。毎月同じ額ずつ返済するという方法もあれば、元本を分割して少しずつ返済し、最終の支払いでかなり高額になる残高を一括で返済するという方法もある（これを「バルーンペイメント」と呼ぶ）。バルーンペイメントを選んだ場合は、たいていローンの借り換えを行い、そこで手に入った現金を使って最後の大きな支払いをする。また、ローンの借り換えは金利が大幅に下がったときも行うことが多い。たいていの住宅ローンは、バルーンペイメントではなく、元本を均等に割って返済する。

例をあげよう。10万ドルの住宅ローンを組み、年利が４％だとする。返済期間は30年だ。毎月利息がつく方式で計算すると、最初の月の利息は333.33ドルになる。10万ドルの４％を12で割った数字だ。元本を返済期間で均等に分割して返済するには、10万ドルを３６０で割ればいい（30年は３６０カ月だ）。これで計算すると、１カ月に元本を277.78ドルず

表6・2　住宅ローンの返済

返済額が減っていく住宅ローン					
	月初残高	元本の支払	利息の支払	支払合計	月末残高
1カ月目	100,000.00ドル	277.78ドル	333.33ドル	611.11ドル	99,722.22ドル
2カ月目	99,722.22ドル	277.78ドル	332.41ドル	610.19ドル	99,444.44ドル
3カ月目	99,444.44ドル	277.78ドル	331.48ドル	609.26ドル	99,166.66ドル
など					
返済額が一定の住宅ローン					
	月初残高	元本の支払	利息の支払	支払合計	月末残高
1カ月目	100,000.00ドル	144.09ドル	333.33ドル	477.42ドル	99,855.91ドル
2カ月目	99,855.91ドル	144.57ドル	332.85ドル	477.42ドル	99,711.34ドル
3カ月目	99,711.34ドル	145.05ドル	332.37ドル	477.42ドル	99,566.29ドル
など					

出典：著者の分析

つ返済していけばいいということになる。そこで最初の月の返済は、元本277.78ドルに利息333.33ドルを足して、611.11ドルだ。

次に、2カ月目の返済について考える。最初の月に元本277.78ドルを返済しているので、残りの元本は99722.22ドルになる。そして、元本が減ったので利息も少なくなり、332.41ドルだ。毎月の元本の返済は227.78ドルで変わらないので、2カ月目の返済は610.19ドル。最初の月より0.92ドル少なくなった。この返済パターンをずっと続けると、表6・2のようになる。

毎月一定額の元本を返済するケースでは、元本の額は変わらないが、返済額は月ごとに変化している。貸し手にとっては、毎月計算し直すのはかなり面倒であり、借り手にとっ

表6・3 返済期間と利息の総額の関係

100,000ドルのローン／年利4%			
返済期間	10年	20年	30年
毎月の返済額	1,012.45ドル	605.98ドル	477.42ドル
返済総額	121,494.17ドル	145,435.28ドル	171,869.51ドル
利息総額	21,494.17ドル	45,435.28ドル	71,869.51ドル

出典：著者の分析

ては返済額が変わるので返済計画が立てにくい。そこでたいていの人は、毎月同じ額を返済する方法を選ぶことになる。エクセルなどの表計算ソフトを使えば、元本、返済月数、月利を入力するだけで、毎月の返済額がすぐにわかる。

表6・2の例で考えると、毎月同じ額で返済したほうが、支払額が減っていく返済方法より、最初の月の支払いが約134ドル少なくなる。毎月同じ477.42ドルを返済していくと、30年で元本も利息もすべて返済できる計算だ。

次に表6・3を見てみよう。これは、毎月477.42ドルずつ返済したときの返済総額を計算している。30年ローンなら、返済総額は171869.51ドルで、利息だけで71869.51ドルも支払うことになる。元本の10万ドルとそんなに変わらない額だ。返済期間を10年か20年に短くすると、利息の総額は少なくなるが、月々の支払いは多くなる。

さらに表6・2を見ればわかるように、最初のほうはほぼ利息の支払いで、元本はあまり減っていない。たとえば1カ月目の場合、利息が333.33ドルなのに対し、元本は144.09ドルだけだ。返済が終わりに近づくとこれが逆転し、返済のほとんどが元本になる。これが、返済額が一定の住宅ローンの一般的なパターンだ。

クレジットカードの得する使い方

クレジットカードはプラスチック製のカードで、磁気テープとICチップにさまざまな情報が記録されている。クレジットカードの持ち主は、カードのネットワークに加入している店であれば、現金の代わりにカードで支払うことができる。クレジットカード会社は、月ごとに利用明細を発行し、カードの持ち主に買い物の内容を知らせる。その時点で、持ち主には、**一括払いにするか、それとも分割払いにするかの選択肢がある。ここで分割払いを選ぶと、残高は自動的に借金となり、利息を取られることになる。**クレジットカードを発行する機関は、銀行、その他の大手金融機関、小売店などさまざまだ。

アメリカでもっとも大きなクレジットカードのブランドは、VISA、マスターカード、ディスカバー、アメリカン・エキスプレスだ。それぞれが違うシステムを使っていて、多くの店はこのうちの1種類か2種類しか受けつけていない。自分の店でもクレジットカードを使えるようにするには、カード発行会社に手数料を払わなければならない。手数料の相場は、だいたい買い物額の3％だ。

お客がカードで買い物をすると、まずカード発行会社が店に代金をすぐに振り込む。店側が手数料を払ってでもカードを使えるようにしたいと考えるのは、この即時入金が魅力だからだ。それ以外にも、お客がカードの支払いを好むという理由もある。カードが使えないと、お客を逃してしまうかもしれない。

カード発行会社は、お客が買い物をした時点ですぐに代金を支払うが、お客に利用料を請求するのは月に1回だ。**つまりお客は、クレジットカード会社に短期の借金をしているということになる。**

アメリカではクレジットカード発行数が10億枚を超え、合計の残高はほぼ1兆ドルだ。とはいえ、クレジットカードの買い物で残高を翌月以降まで持ち越し、カード会社に利息を払っている人は、全体の3分の2しかいない。残りの3分の1はすべて一括払いなので、カード会社から無利息の借金をしているのと同じことになる。（注2）

もしあなたが、残高を翌月以降に持ち越す3分の2のひとりであるなら、クレジットカー

注2. Tamara E. Holmes and Yasmin Ghahremani, "Credit Card Debt Statistics," http://www.creditcards.com/credit-card-news/credit-card-debt-statistics-1276.php, accessed November 28, 2015.

ドの買い物で損をしている。まず知っておきたいのは、クレジットカードの金利がとても高いことだ。一般的に、年に12～24％も取られる。しかも買い物をした瞬間から利息がつくので、一括払いの人と違って無利息の期間がまったくない。また、返済が遅れると高額の延滞料金が発生し、その金額が残高に追加されるので、利息がさらに高くなる。

クレジットカードはとても便利であり、現金がなくても欲しいものをすぐに買うことができる。しかし、安易にカードで買い物をして借金を増やしていくと、ある日突然、借金で首が回らなくなってしまうのだ。

これから大切なことを言うので、よく覚えておいてもらいたい。**「クレジットカードはいつも1回払いにすること」。**本当の緊急時であれば仕方がないが、それ以外は絶対に残高を翌月以降に持ち越してはいけない。

クレジットカードでもうひとつ気をつけなければならないのは、自分に合ったカードを賢く選ぶということだ。若い人であれば、年会費が50～１００ドルもするようなカードを持つ必要はない。年会費の高いカードにはさまざまな優待がついているが、利用額が高額になる人でなければあまり意味はない。

利用額に応じてポイントを付与するカードもある。ポイントの還元率がカードを選ぶ基準のひとつになることもあるだろう。

うっかりして返済が遅れたり、緊急時でどうしても一括で払えなかったりする場合に備えて、なるべく金利の低いカードを選ぶことも大切だ。

さらに、「猶予期間」（カードの締めから引き落とし日までの期間）ができるだけ長いカードを選びたい。

自動車ローン、その他の個人ローン

自動車ローンとは、自動車を借金で買うためのローンだ。ディーラーと提携している金融機関から借りる場合と、銀行から借りる場合の2種類ある。自動車ローンも住宅ローンと同じで、購入した自動車が担保になっているので、ローンが返せなくなったら車を差し押さえられる。

自動車ローンの多くは「リコースローン」であり、これは何があっても借りた金額を最後まで支払う義務があるという意味になる。つまり、差し押さえの自動車を売却してもローンの残高がなくならなかったら、残りのローンを払わなければならないということだ。これが「ノンリコースローン」であれば、担保の自動車を差し出すだけで借金返済の義務からは解放される。ディーラー提携のローンはノンリコースローンが多いが、金利は高くなる。自動車ローンはたいていの場合、10〜20%の頭金を要求される。そして残高は、毎月同じ額で返済していくことが多い。バルーンペイメントのローンもあるが、これは毎月の返済額が少ない代わりに、最後に大金を払わなくてはならない。

また、前にも触れたように、カーリースの実態は金利の高いローンだ。リースの貸し手は、契約満了時に自動車を売った場合の値段（これを「残存価値」という）を考慮してリース料を決めている。自動車を売る値段（頭金がある場合をそれを引く）と残存価値の違いは、ローンの元本に当たる金額だ。

リース会社は、内部の利率（消費者に開示することが法律で定められている）を適用して、毎月のリース料金を計算する。たいていの場合、リース料はローンの返済より少なくなる。リース会社は契約満了時に自動車の残存価値を自分のものにできるので、ローンにおける元本に当たる金額が少なくなるからだ。自動車を買う場合は元本が多くなるが、返済が終われば自動車を自分のものにできる。

個人ローンは、複数のクレジットカードの借金をまとめたり、家の修繕をしたりするときに借りるお金だ。たいていの場合、担保は要求されない。銀行や消費者金融などがローンを提供し、返済期間や利率、返済方法は会社によってさまざまだ。

借り手は、自分に安定した収入があることを証明するとともに、担保を出さない代わりに高い利息を払わなければならない。限度額の範囲で自由に借り入れし、借りた分にだけ利息を払うこともできるし、あるいは最初に必要な額をすべて借りて、スケジュールを決めて返済することもできる。

「信用」はどう数値化されるのか

お金の貸し手は、ローン申込者を審査するときに「信用情報」を利用する。信用情報とは、ローン申込者の返済履歴や借り入れ状況といった情報のことをいう。ローンの貸し手はその情報を参照してローン申込者を審査し、お金を貸すか貸さないか、貸すとしたら利率や返済期間はどうするかといったことを決める。

信用情報には4種類の情報が含まれる。まずは、社会保障番号、住所、氏名、誕生日などの本人確認情報。そしてふたつめは**「クレジットヒストリー」。**これは、住宅ローン、自動車ローン、クレジットカードなど、申込者が利用していた、または現在も利用しているローンの返済状況や残高についての情報だ。返済が遅れた場合もクレジットヒストリーに記録が残る。３つめの情報は**「利用記録」**だ。これは、ローンの申請やクレジットカードの申し込みなどがあり、誰かがあなたの信用情報を確認したという情報になる。そして最後の情報は、破産、訴訟、賃金差し押さえ、担保差し押さえなどの公的な記録だ。

信用情報で特に大切な情報は**「クレジットスコア」**と呼ばれるものだ。今からおよそ60年前、フェア・アイザック社（ＦＩＣＯ）が、個人の信用力を数値化するモデルを開発した（フェアとアイザックというふたりの技術者が創設した会社なのでこの名前がついた）。彼らはその数字をクレジットスコアと呼び、現在にいたるまで計算方法を洗練させている。スコアはだいたい３００～８５０点になり、点数が高いほど信用力も高い。

クレジットスコアでもっとも重視される要素は、返済履歴と借金の残高だ。その他にも、信用取引の利用期間、利用した信用取引の種類、新しい信用取引の申請頻度などが考慮される。たいていの人は６００～７５０点の範囲に収まり、７００点以上がよい点数とみなされる。クレジットスコアを出しているのはＦＩＣＯだけではないが、ＦＩＣＯが業界のトップだ。

ローン会社やカード会社だけでなく、雇用主や保険会社もあなたの信用情報をチェックしている。信用情報は個人の人生を左右するほどの重要な情報なので、政府がその利用を規制して、信頼性と公平性が保たれるようにしている。

法律により、個人は自分の信用情報を、毎年1通、無料で受け取ることができる。発行元は、3つの信用情報会社が共同で設立した機関だ。ネットには「あなたの信用情報を無料で教えます」というサイトがたくさんあるが、正式な情報を提供してくれる機関はこのひとつだけだ。

また、**ローンの審査に落ちたときや、会社に採用を拒否されたときなども、信用情報を1通受け取る権利がある。**自分の信用情報は定期的にチェックし、間違いがないか確認したほうがいいだろう。間違いを見つけて申請すれば、信用情報を提供する機関は間違いを訂正する義務がある。

使ってはいけないローン

ペイデイローンとは、一見すると給料を早くもらうだけのようだが、実際は紛れもない「借金」だ。これは給料が出たら返済するという短期のローンで、担保は要求されない。借り手は、毎週の給料を証明できる書類をローン会社に提出する。そしてローン会社は、その場で現金を渡す。プリペイドカードのことも多い。貸せる金額は借り手の給料で決まる。そして給料が入ると、借り手はその場でローンを全額返済することが求められる。とはいえ、すぐには返せず、返済期間を延長することのほうが多い。

ペイデイローンは、短期のローンにしては利息が高い。お金を調達する方法としては、かなり割に合わないといえるだろう。独身女性、マイノリティ、大卒資格を持たない人、低所得の家族は、それ以外の層に比べ、ペイデイローンの利用率が大幅に高くなっている。ペイデイローンには批判も多く、最近は政府の規制が厳しくなってきた。いずれにせよ、この種のローンは高くつくので、できるだけ避けるのが賢明だろう。

債権回収の恐怖

すべてがうまくいけば、ローンは貸し手にとっても借り手にとっても利益になる取引だ。借り手は欲しいものを買うことができ、貸し手は自分のお金でお金を儲けることができる。

しかし、いつもすべてがうまくいくわけではない。返済中に失業するかもしれないし、予想外の医療費が必要になるかもしれないし、インフレが進んで家計が苦しくなるかもしれない。深く考えずに借金と浪費をくり返し、ついに借金で首が回らなくなってしまう人もいる。

貸し手のほうは、借り手の事情を考慮して、返済スケジュールの変更に応じてくれることもある。そもそも貸し手も、少しぐらい遅くなっても全部返してもらえるほうが嬉しいからだ。しかしローンはビジネスであり、あまりにも返済が遅れると、貸し手も我慢の限界を超えるだろう。

貸し手が「この借り手はもう返済できない」と判断すると、貸し手の会社の中で他の部署に回したり、または借金の取り立てを専門とする他の会社に債権（借金を返してもらう権利）を売却したりする。このようにして借金を返してもらうことを、「債権回収」と呼ぶ。

債権回収は、借り手にとってとてもストレスの大きい体験だ。借り手は借金が返せないぐらいなのだから、おそらく人生の他の面でもいろいろな問題を抱えているのだろう。債権回収業者は、たいていしつこくて容赦がない。業者による横暴な取り立てが続いたために、ついに連邦政府も、借り手を保護する法律をいくつか制定したほどだ。

たとえば、現行の法律の下では、債権回収業者は暴言や脅すような言葉を使うことを禁じられている。借り手に直接会う時間と場所にも制限があり、借金についての正確で詳細な情報を借り手に提示する義務がある。そして、借り手が書面で要請すれば、借り手に会うことはできない。だからといって借金の取り立て自体がなくなるわけではないので、もし返済に困ったら、債権が回収業者に売られてしまう前に、貸し手に相談して解決策を見つけることが大切だ。

責任あるお金の使い方

家を現金一括で買おうとしたら、ほとんどの人はかなり年を取るまで待たなくてはならなくなる。自動車も、必要なときに現金一括で買える人は少ないだろう。高校を出た時点で大学費用を全額用意できる人も多くない。それにクレジットカードがなければ、今のような便利な買い物もできなくなる。つまり、ローンやクレジットカードは、私たち消費者にとってありがたい存在でもあるということだ。

Debt Collection
債権回収
ダメだ…
BANK
医療費
インフレ
失業
①
交渉
ローン
貸し手 Lender
借り手 Borrower
②
債権売却
Debt
借り手保護の法律
③
取立て
Debt Collection Agency
債権回収業者

しかし、**簡単にローンを組んだり、カードで買い物をしたりできるために、中には返済能力を超えた借金をしてしまう人もいる。**多くの人は、お金の使い方を考えるときに「まさかの事態」を想定していないので、本当にまさかの事態になったときに、すぐにお金に困ることになる。

お金の問題は、たいていの場合、借金が多すぎることだ。借金は人間関係を悪化させ、本人の幸福感も著しく低下する。もし何らかの借金をしなければならないのなら、慎重に考え、なるべく少額に抑え、返済期間を短くし、そして現実的な返済プランを立てることを心がけよう。

第7章

Financial Literacy
for
Millennials

破産の基本

お金の知識を身につけるのは、なぜ大切なのだろうか。その理由のひとつは、お金の知識があると、人生の目標を達成する助けになることだ。

お金の問題は、夢の実現をはばむ大きな障害になる。たとえきちんとお金の計画を立てていても、思いがけない出来事のせいですべてが崩れてしまうこともある。たとえば、重い病気にかかったり、事故で大けがをしたりすると、仕事ができなくて収入がなくなるだけでなく、高額の医療費も請求される。

問題の原因が何であれ、大切なのは問題があることを自覚し、目をそらさずにきちんと対処することだ。そして、お金の問題があまりにも大きいのなら、「破産」という方法もあるということを覚えておいてほしい。

最後のカードはなぜ「破産」なのか

借金を返せないという問題は、人類の歴史と同じくらい古い。たとえば聖書には、借金は7年ごとに免除せよという記述がある。しかし残念ながら、この教えは古代の世界であまり人気がなかったようだ。現に古代ギリシャでは、借金の免除は禁じられていて、借金を返せない場合は本人だけでなく家族もろとも債権者の奴隷にさせられた。

イギリスは今のアメリカの法律や金融制度の多くが生まれた国だが、それでも昔の状況はギリシャとそれほど変わらなかった。借金を返せないと、牢屋に入れられるのはもちろん、最悪死刑になることもあったのだ。しかし、そういった厳しい罰も時代とともに少なくなり、大恐慌が終わる頃までに、アメリカでは近代的な破産のシステムが確立した。**破産とは、借金が免除される、あるいは大幅に減額されるための法的な手続きだ。**破産という制度があれば、やむにやまれぬ事情で借金が返せなくなった人も、重荷から解放されて新しい人生を始めることができる。

大きな借金を背負っている人は、たいてい資産よりも借金の額のほうが大きく、現金収入もそれほど多くない。つまり、借金問題をすぐには解消できない状況だ。そんなときは、破産制度を使えば、借金を大幅に減らすか、あるいは完全に帳消しにできる。それに加えて資産と収入は維持できるので、すぐに立ち直ってまっとうな生活を送ることができる。

破産によって借金が帳消しになると、損をするのは貸し手だ。たしかに古代ギリシャ人のように、借金を返せない人には厳しい罰を与えるほうが正しいのかもしれない。とはいえ、道義的な問題はあるかもしれないが、破産は借金問題に対する実際的な解決策ではある。まず債務者（お金を借りている人）にあまり大きなダメージを与えなければ、返せる分だけは返してもらえるだろう。それに債務者はすぐに社会復帰して、また生産活動に参加することができる。

債権者（お金を貸している人）はたいてい百戦錬磨の企業なので、債務者の誰かが破産してしても損が出ないように工夫している。それに対して、借金問題で犠牲になるのは、たいてい低収入でお金の知識が乏しい個人だ。破産という制度は、両者の力のアンバランスを是正する働きもある。

最後の打ち手を回避するには？

たしかに破産は、債務者にとってはありがたい制度だ。お金の問題を解決し、新しい人生を始めることができる。とはいえ、だからといって簡単に使っていいというわけではない。破産はやはり最後の手段だと考えるべきだ。

破産は精神的なダメージが大きく、手続きも煩雑でお金がかかる。それに、周囲の印象が悪くなってしまうことも多い。クレジットスコアに傷がつき、将来ローンを組むときに金利が高くなることもあるだろう。資産や将来の収入の一部を失い、そして一度破産したら、あと6年は破産することができない（日本の法律では7年）。

しかし、破産を選ばないのであれば、返せない借金を抱えて生きていくしか道はなく、精神的に大きな負担になる。借金で首が回らなくなったら、破産するしかないのではないだろうか？

一般的に、**お金の問題が起こる原因は、次のふたつのうちのどちらかだ。ひとつはつねに支出が収入を上回っていること。そしてもうひとつは、予想外の出来事で急に大金が必要になること。**

前者の原因でお金に困っているという人は、やるべきことがふたつある。ひとつは、**生活習慣を変えること。**まずカードでの買い物をやめる。有料チャンネルなどのサービスを解約する。しばらく休暇の旅行はおあずけ。外食も控える。副業を始める。あるいは、昇給の交渉をするか、もっと給料のいい仕事に転職する必要もあるかもしれない。行政の援助が受けられるかもしれないので、調べたほうがいいだろう。たしかに、どれもあまり愉快なことではないが、やらなければならない。それがすんだら、今度は借金そのものをどうにかする。高額の医療費や失業で一時的にお金に困っているのであれば、問題は借金だけだ。

借金をどうにかする方法のひとつは、**債権者と交渉することだ。**たくさんのところから借金をしている、借金が高額、生活費を払うと何も残らないという状況なら、交渉をしても意味はないだろう。しかし、生活費を払ってもまだ少しは余裕があるなら、債権者も交渉に応じてくれるかもしれない。債務者が破産して、何も取れなくなるよりはましだからだ。

しかし、交渉すべき債権者がたくさんいるのなら、個人で対処するのは難しいだろう。その場合、専門家に頼んでローンを一本化してもらうという方法もある。医療費であれば、病院の窓口で相談すれば、分割払いや後払いに応じてもらえることもある。住宅ローンや自動車ローンも、交渉すれば金利を下げたり、返済スケジュールを変更したりできることもある。

ときには、何もしないのが最善ということもある。資産が少なく、資産を処分しても借金を返せない、あるいはそもそも処分する義務のない額の資産しかないのであれば、債権者も無理に返済を迫ったりしない。借金取りの電話がかかってくるのはたしかに楽しいものではないが、過激な借金の取り立ては法律で禁じられている。

債権者が確実にお金を手に入れるには、まず債務者を訴え、判決をもらい、債務者の資

Bankruptcy
破産

破産を避けるには？

① 債権者と交渉

② ローンの一本化

③ 何もしない（資産＜借金）

産を見つけ、正式な法手続きを経たうえでそれらの資産を差し押さえる。あなたが会社勤めであれば、債権者から訴えられるのはできれば避けたいだろう。給料が差し押さえられ、訴訟費用に回されるからだ。しかし、あなたがまだ学生で、収入がないという立場なら、債権者は取り立てても無駄だとあきらめるかもしれない。そうこうするうちに時効が成立し、借金が消滅することもある。ほとんどの州で時効は3～6年だが、中には10年の州もある（日本は5年）。（注1）

破産すると、人生はこうなる

すべての破産手続きが終了すると、債務者はもう債務者ではなくなり、「普通の生活」を送れるようになる。普通の生活とは、具体的にどのような生活なのだろうか？　まず、借金の取り立てがなくなる。給料が差し押さえられる心配もない。車や家が取られることもない（まだ残っていれば）。しかしここで大切なのは、同じ間違いをしないことだ。

破産してしばらくの間は、信用取引が難しくなる。最低でも8～10年（日本は5～10年）

注1. Ken LaMance, "Statute of Limitations for Breach of Contract Actions," http://www.legalmatch.com/law-library/article/statute-of-limitations-for-breach-of-contract-actions.html, updated August 2, 2012.

は、破産の記録が残される。まだ住宅ローンが残っている人は、きちんと期日通りに返済を続けていれば、信用情報を回復する助けになるだろう。破産手続きのときにすでに会社勤めをしていたのであれば、破産を理由に従業員を解雇できないということを覚えておこう。破産のことは会社には内緒にしておきたいだろうが、遅かれ早かれ知られることになるはずだ。最初から正直に話したほうが、長い目で見ていい結果になる。

しかし、**破産してから新しい仕事を見つける場合は、破産が足かせになる可能性が高い。**公共セクターであれば、求職者が破産しているという理由で採用を拒否してはいけないという決まりがあるが、民間企業にそのような決まりはない。お金を扱う金融業などは特にそういった情報に敏感であり、過去にお金で問題を起こした人を雇いたがらない。

雇用主は、採用のプロセスで応募者の信用情報を調べ、その結果によって採用を拒否することが法律で認められている。だから、破産については正直に話すのが賢明だろう。破産の話になったら、言い訳をするのではなく、もう二度と同じ失敗をしないために自分が心がけていることを話したほうがいい。

浪費癖を改め、身の丈に合った生活を送り、借金はしない。そうやって健全な金銭感覚を身につければ、破産が与えてくれたチャンスを生かして、充実した新しい人生を送ることができるだろう。

第8章

Financial Literacy
for
Millennials

投資の基本

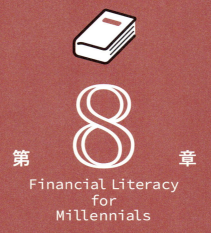

貯金がある程度の額になったら、今度はお金を育てることを考えよう。そこで登場するのが「投資」だ。投資とは、価値のあるものをある一定期間持っていて、後になってそこから金銭的な利益を得ることをいう。つまり投資をしたら、リターン（見返り）があるということだ。

リターンにはふたつの形がある。ひとつは投資したものそのものの価値が上がること。そしてもうひとつは、投資したものが生み出す利息や配当だ。

お金をただ金庫に入れておくのは、何のリターンも期待できないので投資ではない。ただ将来のために保管しているだけだ。それにテレビを買うのも投資ではない。テレビの価値は時間とともに減少し、それにテレビは買ってすぐに使うからだ。対して、銀行に預けるのは投資になる。将来のために保管して、なおかつ利息がつくからだ。

投資の対象になるものの代表は「金融資産」だ。金融資産とは、二者かそれ以上の当事者間の取り決めにより、価値があると判断された所有物のことだ。たいていの金融資産は値段がついていて、すぐに市場で現金化できる。

ここで大切なのは、金融資産を保有する口座と、金融資産そのものを区別することだ。株や債券に投資するには、金融機関に口座を開き、そこに資産を保有することになる。たいていの人は、銀行や証券会社に口座を開くことになるだろう。

この口座は、あなたと金融機関の間で交わされた契約だ。金融機関は、あなたの指示に従ってお金の移動を行い、あなたが保有する金融資産を安全に預かり、あなたの投資に関する情報を定期的に提供する。

こういった口座には、預金、譲渡性預金証書、個別株、インデックスファンド、国債、社債、金貨など、あらゆる種類の金融資産を保管できる。つまり口座は、金融資産を入れておく袋のようなものだ。もちろん袋も必要だが、いちばん大切なのはその中身だということを忘れないようにしよう。

投資でお金を育てる

投資のリターンがいくらになるかは誰にもわからない。この先ずっと、年にたった0・5％のリターンが続くように見えても、絶望するのはまだ早い。たとえば、銀行の定期預金の金利を見てみると、過去50年間の平均は6％だ。（注1）そして20世紀全体を通したア

注1. Board of Governors of the Federal Reserve System, Economic Research & Data, Statistical Releases and Historical Data, "Selected Interest Rates (Daily)-H.15," December 19, 2013; Author's analysis.

メリカ株式市場の動きを見てみると、平均して年に10％のリターンがある。今後の長期予測では、だいたい7％ぐらいが見込まれている。（注2）金利や投資の利回りはつねに変化するので、今のリターンに魅力がなくても、ずっとその状態でいるわけではない。

投資を長期で考えるのが大切なのは、「複利効果」があるからだ。前にも見たように、元本に利息がつくだけでなく、元本に利息をプラスした額にも利息がつくことを複利効果という。長期間にわたって複利で運用を続けていると、その利益はかなり大きくなるのだ。

ここではシンプルな銀行預金を例に考えてみよう。

お金を借りると、借りた額だけでなく、利息もつけて返さなければならない。銀行預金の場合は、あなたが銀行にお金を貸したのと同じことになる。銀行に預けたお金が「元本」だ。そしてあらかじめ決まっているリターンが「金利」になる。

借りたお金の利用料をいくら払うかを決めるのが金利であり、パーセンテージで表される。元本が100ドルで、金利が3％なら、1年間のリターンは3ドルだ。そして次の年は元本が103ドルになるので、同じ金利でもリターンは1年目より多くなる。

銀行預金の場合、リターンは「金利」と呼ばれる。他の金融資産であれば、「利益」「収益」「キャピタルゲイン」「配当」「値上がり」などの表現が使われる。しかし、呼び方は違っても、どれも「資産の運用で得られる利益」という意味だ。**金利以外のリターンもすべて**

注2. Aswath Damodaran, "Annual Returns on Stock, T. Bonds, and T. Bills: 1928-Current," data for S&P 500 geometric average 1928-2014, New York University, January 5, 2015; Rick Ferri, "30-Year Market Forecast for Investment Planning, 2014 Edition," U.S. large-cap stocks with 2% inflation, *Forbes*, January 9, 2014.

表8・1 1,000ドル貯金したときの単利と複利の違い

単利のトータルリターン				
	2%	4%	6%	8%
10年	1,200ドル	1,400ドル	1,600ドル	1,800ドル
20年	1,400ドル	1,800ドル	2,200ドル	2,600ドル
30年	1,600ドル	2,200ドル	2,800ドル	3,400ドル
40年	1,800ドル	2,600ドル	3,400ドル	4,200ドル
50年	2,000ドル	3,000ドル	4,000ドル	5,000ドル
複利のトータルリターン				
	2%	4%	6%	8%
10年	1,219ドル	1,480ドル	1,791ドル	2,159ドル
20年	1,486ドル	2,191ドル	3,207ドル	4,661ドル
30年	1,811ドル	3,243ドル	5,743ドル	10,063ドル
40年	2,208ドル	4,801ドル	10,286ドル	21,725ドル
50年	2,536ドル	6,318ドル	18,420ドル	46,902ドル

出典:著者の分析

年間のパーセンテージで表され、そして金利と同じように複利効果がある。

例をあげて説明しよう。銀行に1000ドル預け、金利は2％だとする。この口座にはこれ以上お金は足さず、利息の分は毎年小切手で受け取ることになる。この口座に1000ドルを20年預けるとすると、あなたの取り分は、毎年送られてくる20ドルの小切手が20年分と元本の1000ドルで、合わせて1400ドルだ。

しかし、利息の小切手を受け取るのではなく、そのまま口座に振り込むようにすると、毎年元本が増えていくので、最終的に受け取るお金は1486ドルになる。複利効果で86ドル得したということだ。

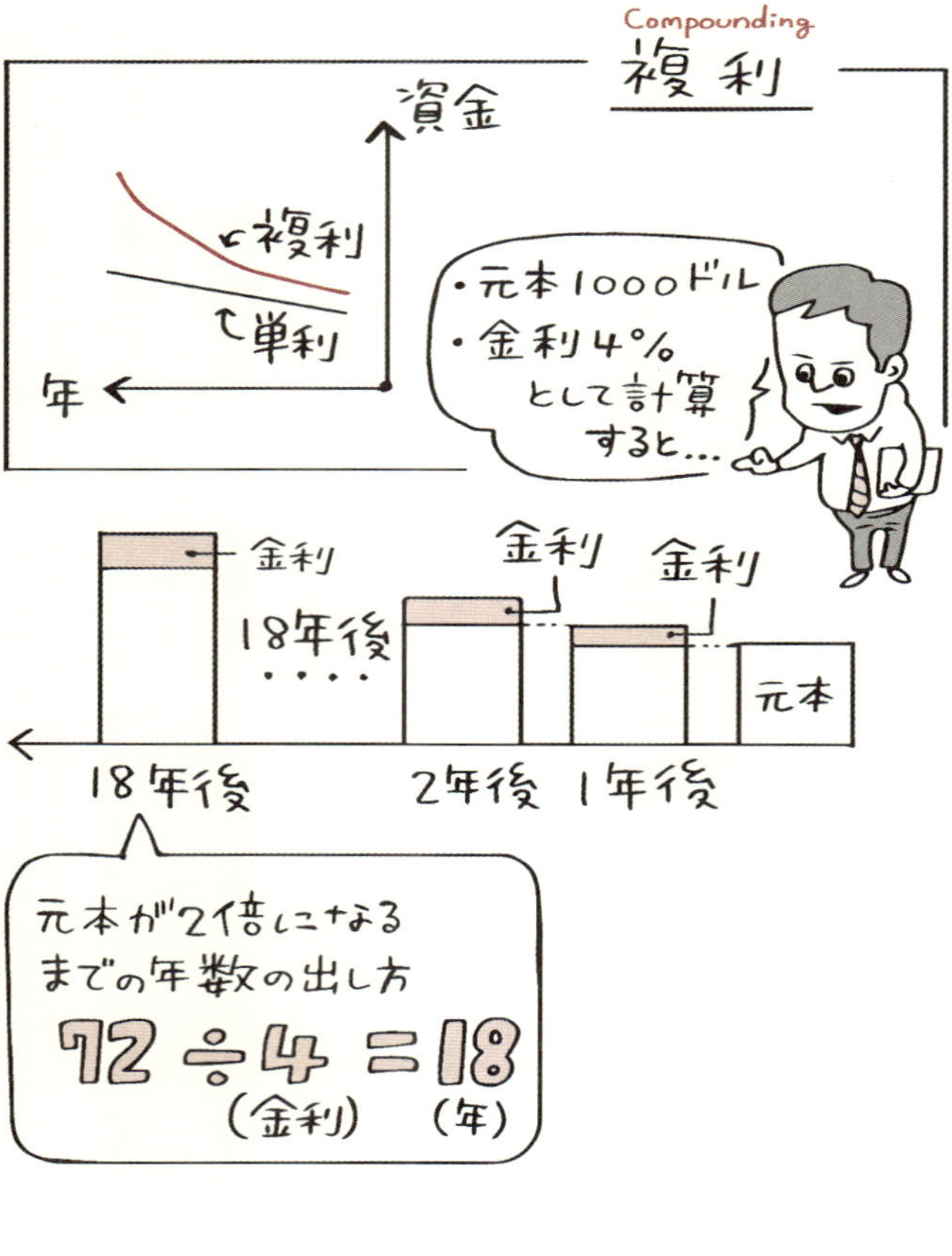
Compounding
複利
資金
複利
単利
年
・元本1000ドル
・金利4%
として計算
すると…
金利
金利
金利
18年後
元本
18年後
2年後
1年後
元本が2倍になる
までの年数の出し方
72÷4＝18
(金利) (年)

複利のすごさは、実際に投資をしてみなければわからない。**利回りが上がるほど、複利効果も大きくなる。**たとえば、1000ドルというお金を、年に8%で20年間運用したとしよう(ちなみに年に8%という数字は、株式を長期運用したときの利回りと同じくらいだ)。20年後に手に入るお金は、複利のほうが単利より2061ドルも多くなる。

表8・1を見れば、複利効果の力がよくわかるだろう。1000ドルを金利8%で50年運用すると、なんとほぼ4万7000ドルまでふくれあがるのだ。

元本が2倍に増えるまでにどれくらいかかるか知りたければ、「72の法則」と呼ばれる計算方法が便利だ。72を金利で割った数字が、元本が2倍になるまでの年数になる。たとえば金利が4%なら、72÷4=18で、元本が倍になるまでの年数は18年ということだ。そして、株式投資で一般的に期待できる利回りである8%だとすると、元本はおよそ9年で2倍になる。金利が3%以上であれば、72の法則で、ほぼ正確に元本が倍になるまでの年数を計算することができる。

リスクとリターンの考え方

おそらくあなたも、投資で一攫千金という話を聞いたことがあるだろう。たしかに、投資の種類によっては、信じられないほどの利益が出ることもある。しかし考えてみれば、その逆の話、つまり投資で大損をしたという話は、なぜかあまり聞こえてこない。

大儲けできる投資もあれば、その性質上、あまり儲けられない投資もある。たとえば銀行預金は、損をすることはないが、利益も大きくない。ここまで読んで、もうパターンがわかった人もいるだろう。**安全な投資はリターンが少なく、危険な投資はリターンが大きいということだ。**

しかし、そもそも「危険な投資」とはどういうものなのだろうか。

学者や投資のプロたちが、さまざまなリスクを計算する方法を編み出してきた。そのうちのひとつが「ボラティリティ」だ。ボラティリティとは、ある金融商品の値動きが激しいことを指している。他にも、損失だけを厳密に考えるというリスク計算法もある。元本の一部、または全部を失う可能性はどれくらいあるのだろうか？

投資のリスクというと、たいていの人は「投資はお金を失うこともある」という意味だと考えるだろう。その解釈でまったく問題はないのだが、もっと専門的にリスクを計算する方法もある。

まず、リスクとリターンの基本的な関係を確認しておこう。**リスクが高くなるほどリターンも高くなり、リスクが低くなるほどリターンも低くなる。ここで大切なのは、リターンを長期的にとらえることだ。**長期にわたって運用したときに期待できるリターンを考える。そしてリスクとは、運用のある時点で損が出る可能性のことをいう。また、期待したリターンを達成できないのもリスクだ。

たとえば、銀行にお金を預ける場合のリスクは、銀行がつぶれて預金が引き出せなくなることだ。このリスクは「信用リスク」と呼ばれ、銀行の預金は国が保証してくれるのでリスクはゼロということになる（日本の場合は一金融機関につき元本1000万円までとその利息が保証される）。信用リスクは、たとえばスタートアップの製薬会社の株を買うといった投資にも存在する。会社がつぶれたら、投資した金額を丸ごと失うからだ。

他にも、**保有している資産をすぐに現金化できないというのもリスクの一種だ。**たとえば、あなたが投資目的で空き地を買ったとしよう。その土地を売って現金を手に入れるまでに、何カ月も、もしかしたら何年もかかるかもしれない。この種のリスクは「流動性

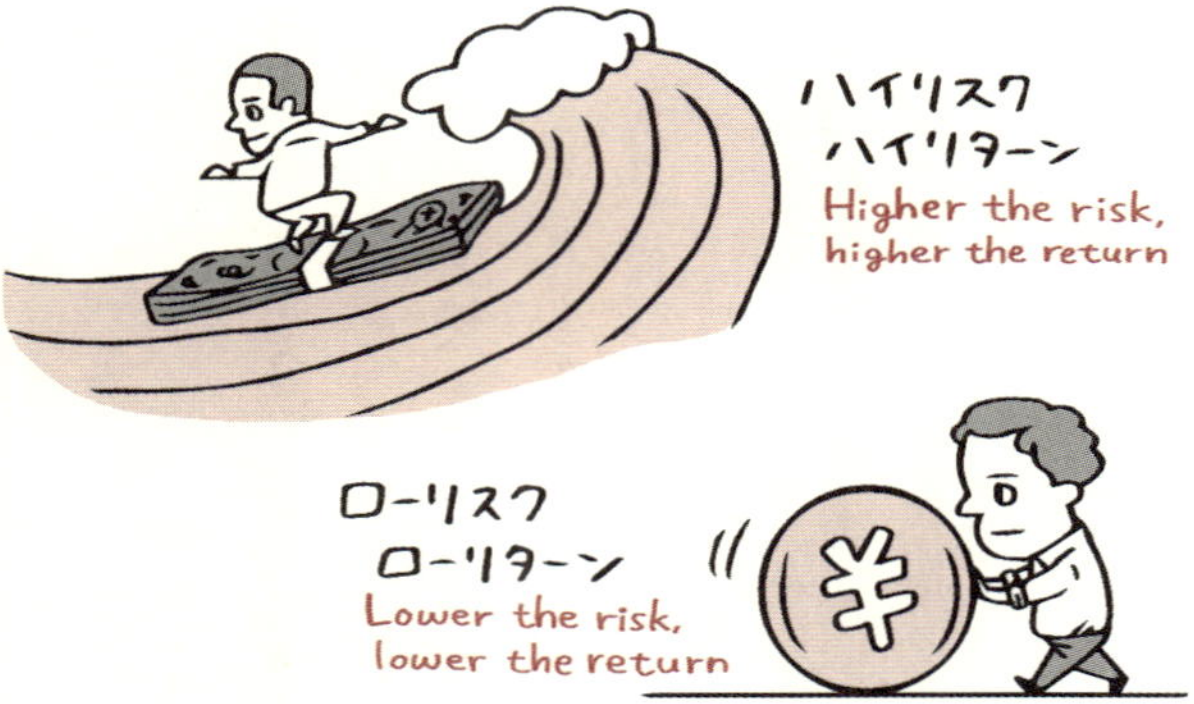

リスク」と呼ばれる。

また、**金利や投資家心理の変化といったマクロ経済的な要素も投資に影響を与える。**このリスクは「市場リスク」だ。種類の違いはあっても、どのリスクもリターンの予測を難しくし、損失につながる可能性がある。

投資のリスクに対する態度は、人によってさまざまだ。リスクをどれくらい受け入れられるかということを「リスク耐性」と表現する。リスク耐性が高い人は、大きな儲けを求めてリスクの高い投資をする傾向がある。そういう人が注意しなければならないのは、大きな儲けの裏には必ず大きな損のリスクが潜んでいるということだ。

反対にリスク耐性の低い人は、リスクを嫌って安全な投資を好む傾向がある。値動きに一喜一憂せず、堅実な投資を続けていれば、たとえば金融危機などで市場が暴落しても、夜はぐっすり眠ることができるのだ。この投資のマイナス点をあげるとすれば、リターンが低いことだ。安全の代わりに、儲けが少なくなることを受け入れなければならない。

つまり、おいしい話はないということだ。**大儲けしたいならリスクが高くなり、リスクが嫌なら低いリターンで我慢しなければならない。**

株式市場はどういうところか

SNSを見ていても、テレビを見ていても、ラジオを聞いていても、必ずどこかで「株式市場」という言葉を見たり聞いたりすることになる。株式市場は経済のバロメーターであり、そしてひとつではなくたくさんの種類がある。株式市場で起きていることを分析する方法もさまざまだ。

しかし、株式市場について理解する前に、まず「株」が何であるかということ、そしてなぜ株の「市場」があるのかということについて見ていこう。

会社を始めるにはお金が必要だ。開業資金は、自分の貯金を使うこともあれば、友達、家族、投資家からお金を出してもらうこともある。お金を出してもらった会社は、その代わりに「株」を渡す。**株は「出資した金額の分だけその会社を所有している」という証拠だ。**すべての株を集めるとその会社全体の所有権になるが、株の一部しか持っていないのなら、会社の所有権も一部ということになる。

例をあげよう。資本金が10万ドルの会社があるとする。この資本金は、１００人の投資家から１０００ドルずつ集めた。１００人の投資家は、それぞれが会社を１％ずつ所有している。つまり会社が利益を上げたらその１％は彼らのものであり、会社を売却したら売却益の１％は彼らのものだ。この会社の「持分」を「株式資本」、またはただ単に「株」と呼ぶ。

あるいは、会社の資本金10万ドルはひとりの人間が出すこともできる。その場合、出資者は会社を１００％所有し、会社の利益も売却益もすべて自分のものにすることができる。

会社が発行する株にはさまざまな「クラス」がある。たとえば「普通株」なら基本的な会社の所有権が手に入り、「優先株」なら普通株より優先して会社の利益を受け取る権利がある。友人、家族、知り合いなど、私的なネットワークで資金を集めている会社は「非公開会社」と呼ばれる。これは、株が市場で取引されない会社という意味だ。

一般の投資家からお金を集めたい会社や、多額の資金を集めたい会社は、「株式市場」を活用することになる。 株式市場は一般の投資家も参加して取引をするので、政府の規制があり、情報の公開が求められ、売買の手順がきちんと決められている。

会社が初めて株式市場を使って資金を集めることを「新規株式公開（ＩＰＯ）」という。そして、ＩＰＯで発行した株を二度目に売り出すことを「セカンダリー・オファリング」と呼ぶ。いずれのケースでも、株が売れたお金はすべて会社のものになり、会社はこの資金を使って事業を行うことになる。

会社の株が市場に「上場」されると、株の持ち主は市場を通して株を売り、一般の投資家は市場を通して株を購入することができるようになる。たいていの人は、市場に直接参加するのではなく、証券会社を通して株の売買を行っている。

世界にはさまざまな株式市場がある。どの市場も「証券取引」を行う場所だ。株の売り手と買い手がそれぞれ希望の値段を出し、合意できたら売買が成立する。

たとえばアメリカでは、代表的な証券取引所はニューヨーク証券取引所（ＮＹＳＥ）とナスダック（ＮＡＳＤＡＱ）だ。アメリカ以外では、ロンドン、東京、香港などに大きな証券取引所がある。それぞれの取引所に独自のルールがあり、そのルールに従って上場する企業を決めている。

株の取引が成立するには、売り手と買い手の両方が存在し、両者が価格で合意する必要がある。最近では電子取引が一般的になり、そのおかげで取引できる数も大幅に増加した。たとえばNYSEで1営業日に取引される株の平均は、数にして10億株、金額にして400億ドルにもなる。（注3）

会社の株価を決める要素はたくさんある。中でもいちばん大切なのは、会社そのものだ。利益を上げているか、成長しているか、経営チームは優秀か、業界に魅力があるか、忠実な顧客がついているか、といったことが評価の基準になる。

こういった会社の分析は、「アナリスト」と呼ばれる高度な知識を持った専門家が行っている。アナリストは分析の結果をレポートにまとめ、投資家に向けて「売ったほうがいい」「買ったほうがいい」「そのまま持っていたほうがいい」といったアドバイスをする。

他には、「市場心理」も株価を決める大きな要素のひとつだ。経済は成長しているか？財政赤字の状況はどうか？失業率は上がっているか？インフレ懸念はあるか？金融システムは危なくないか？

それだけでなく、**投資家の感情や心理も市場心理に影響を与え、ひいては株価にも影響を与える。**特に短期の影響は大きい。投資を行うのは人であり、人はときに予想外の行動を取ったり、過剰反応をしたり、パニックに陥ったりするものだ。そういった人間の行動

注3. New York Stock Exchange, Transactions, Statistics and Data Library, "Daily NYSE Group Volume in NYSE Listed, 2015," January 1, 2015-October 30, 2015.

も、すべて株価に反映される。

低リスクではじめられる投資信託

お金持ちでなくても株に投資することはできるが、かといっていきなり証券取引所へ行けば株が買えるわけではない。**株を買いたいなら、まず証券会社に口座を開く必要がある。**取引にかかる手数料は証券会社によって違うので、なるべく手数料の安い会社を選びたい。口座の開設は電話やインターネットでもできる。

そして口座ができたら、自分の銀行口座などから資金を移し、株の売買を始める。証券会社の口座を使えば、ほぼすべての種類の投資をすることができる。会社の業績を調べ、株の売買をすることに興奮を感じる人は多い。しかし、ここで気をつけたいのは、個別株の売買はほぼ間違いなく損をするということだ。

株式市場を長年にわたって研究している学者やアナリストたちによると、**リスクを最小限に抑える方法は「分散投資」だ。**好きな会社ひとつかふたつの株だけを買うのではなく、

10か20社ぐらいの株を買う。業界やビジネスの形態もばらばらにしたほうがいい。こうすれば、たとえどこかの会社の株価が下がっても、まったく違う形態の他の会社の株価が上がったりして、全体としては大きな損失を出すことがないからだ。

景気が悪いときに業績を上げるビジネスもあれば、好景気で業績を上げるビジネスもある。業績に浮き沈みが激しいビジネスもあれば、安定しているビジネスもある。それらをうまく組み合わせれば、多様化された「ポートフォリオ」（保有している株や債券の組み合わせ）を作ることができるだろう。

20社の株を買っても、すべて小売店の株だったら、それは分散投資ではない。ただし、小売店1社だけの株を持つよりは、リスクは低くなるだろう。

さまざまな業種から20社の株を買って多様化されたポートフォリオを作っても、そこで終わりではない。それぞれの会社の状態をつねにチェックする必要がある。状況は一瞬で変わることもある。ポートフォリオに20社の株があるなら、つねにそのうちの1社か2社で問題が起こってもおかしくない。それに加えて、20社もの株を持っていると、売買手数料もばかにならない。そもそも管理が大変だ。

アナリストの中には、**「バイ・アンド・ホールド」**という投資方法を推奨する人もいる。これは、頻繁に売買せず、買った（バイ）株をずっと持って（ホールド）、配当や値上がりを待つという方法だ。とはいえ、売買したい誘惑に負けずにバイ・アンド・ホールドを実践できる人であっても、多様性のあるポートフォリオを管理するのはかなり大変だ。

しかし、この問題を解決するいい方法がある。それは、「投資信託」を買うことだ。

投資信託とは、投資家から集めたお金を使って、プロが株式投資を行う金融商品のことをいう。投資家の立場から見れば、ただお金を出すだけで、プロが選んだ多様化されたポートフォリオを保有できるということだ。

たいていの投資信託は、ネット証券を使えば売買手数料はかからない。ただし、プロが行う株の売買や運用には手数料を払うことになる（これを「信託報酬」と呼ぶ）。その他の手数料がかかることもあるので、「目論見書」と呼ばれる書類を読んでよく確認しておこう。とはいえ、すべての手数料を足しても、自分で個別株を買って分散投資するよりは安上がりになることが多い。

最近では、ETFと呼ばれる金融商品も人気が上がってきた。ETFは基本的には投資信託と同じものなのだが、投資信託との違いは株式と同じように取引所に上場されていることだ。**投資信託は金融機関から買うことになるが、ETFは株と同じように市場で売買できる。市場での売買には、瞬時に取引できる、取引の方法がいろいろあるなどの利点がある。**

投資信託には、「アクティブファンド」と「インデックスファンド」の2種類がある。

アクティブファンドは、プロが独自に選んだ銘柄で構成されていて、市場の平均よりも上の運用成績を目指している。対してインデックスファンドは、市場平均と同じような値動きになるように銘柄が構成されている。

専門家の間では、アクティブとインデックスのどちらがいいのかという議論が昔からくり広げられてきた。アクティブファンドの中には、長期にわたってめざましい成績を上げているものもたしかにある。しかしたいていのアクティブファンドは成績が悪く、市場平均を上回ることができない。

マゼラン・ファンドでアクティブファンドを運用していた伝説の投資家ピーター・リンチは、1990年に引退するまでの23年間で、年平均リターンがほぼ30％という驚異の成績を残している。(注4) しかしこれは、本当に彼の腕がよかったからなのだろうか？ もしかしたら、ただ単に運がよかっただけかもしれない。

いずれにせよ、ここでいちばん難しいのは、ピーター・リンチのような結果になるファンドを、結果が出る前に見つけることだ。それに対して、多くの専門家がすすめるインデックスファンドは、投資信託（ファンド）やETFに積立投資するだけなので簡単にできる。

注4. Eleanor Laise, "Can Anyone Steer This Ship," *The Wall Street Journal*, April 23, 2011.

「株価指数」の読み方

インデックスとは「株価指数」のことで、さまざまな業種からなる多くの銘柄を集め、全体の値動きを表した数字だ。たとえば「S&P500」は、アメリカの取引所に上場している大企業を500社集めた株価指数になる。スタンダード&プアーズ（S&P）という代表的な投資情報会社が算出しているので、この名前がついた。

ここで大切なのは、実際の指数よりも、その指数がどういう動きをしているかということだ。 上がっているのか、それとも下がっているのか。それとも変化がほとんど見られないのか。このように、株価指数は市場の動向を知るために活用される。

アメリカでは、全部で約5000社の株が市場で取引されている。S&P500はそのうちの10%をカバーしていて、アメリカの市場で取引される株の総額の80%を占めている。（注5）そのためアメリカでは、S&P500の動きを見れば、株式市場全体の動きがわかるとされている。

ダウ・ジョーンズ工業株価平均（ダウ平均）も、よく知られている株価指数だ。アメリ

注5. Dan Strumpf, "U.S. Public Companies Rise Again," *The Wall Street Journal*, February 5, 2014; S&P Dow Jones Indices, "S&P 500 Fact Sheet," McGraw-Hill Financial, as of October 20, 2015.

カの株式市場で取引されている企業のうち、もっとも大きい30社の株価を指数にしたものだ。「工業株価平均」という名前ではあるが、現在では工業株はほとんど含まれていない。アメリカの産業界が、工業中心からテクノロジーとサービス業中心へと進化したからだ。

現在のダウ平均に含まれる30社は、P&G（日用品）、ディズニー（エンターテインメント）、ファイザー（薬品）、マクドナルド（食品）、ボーイング（航空機）、IBM（コンピューター）、JPモルガン・チェース（銀行）など、どれもアメリカを代表する大企業であり、業種も多岐にわたっている。

ダウ平均は構成する銘柄が少ないために、市場全体を反映しているとは言いがたいが、歴史が古く、ニュースでもよく引用されているので、今でも高い影響力を維持している。

こういった株価指数を管理するのは大変な作業だ。さまざまな取引所からリアルタイムで各銘柄の株価を集め、状況に応じて新しく会社を加えたり、つぶれた会社、買収された会社は除外したりといった作業もある。より正確な数字を出すために、配当や株式分割などにも気を配らなければならない。

多くの投資会社や、高速取引を行うトレーダーは、株価指数を頼りに仕事をしているので、指数を扱うオペレーターにお金を払い、リアルタイムで情報を届けてもらっている。それに対して一般の私たちは、「S&Pの終わり値は○○ドルで22ドル50セント上昇しました」

などの形で事後の数字しか知ることができない。

しかも、実際のところその数字だけではあまり役に立たない。そこで相場に詳しいジャーナリストなどは、「○○%上昇」という情報もつけ加え、一般の人に相場の動きがより詳しく伝わるように工夫している。

このインデックスの値動きを反映するように作られた投資信託がインデックスファンドだ。たとえばS&P500であれば、アメリカの株式市場全体の時価総額の80%をカバーしているので、S&P500に連動したインデックスファンドは、アメリカの株式市場全体に投資しているのと同じことになる。

他にも、アメリカで上場されているすべての企業をカバーする「ウィルシャー5000」や、特定の業界や業種だけをカバーする株価指数もある。つまりインデックスファンドを買うと、連動する株価指数に含まれるすべての企業の株を少しずつ保有できるということだ。

インデックスファンドは、「アクティブファンド」に対して「パッシブファンド」と呼ばれる。プロの投資マネジャーが自らの分析にもとづいて銘柄を選ぶのではなく、単純に株価指数と同じ構成になるようにしているからだ。そして手間がかからない分、手数料は安くなる。

インデックスファンドを買って株式市場全体に投資するほうが、個別株やアクティブファンドを買うよりもリスクが低く、長い目で見た運用成績もいちばんよくなる。インンデックスファンドも個別株と同じくらいの種類が売られているが、「市場全体」をカバーする株価指数と連動するインデックスファンドは一握りしかない。投資に時間や労力をかけたくないなら、この市場全体をカバーするインデックスファンドを買って、後は放っておくのがいちばんだ。

次に、インデックスファンドはいつ買ったらいいのだろうか。**着実に資産形成したいのであれば、毎月決まった額を購入する「積立投資」がいちばんいい方法だ。**たとえば毎月100ドルずつ同じインデックスファンドを買って積み立てていく。積立投資であなたがすることはそれだけだ。

この投資法は、「ドルコスト平均法」とも呼ばれている。毎月の購入額を一定にすると、株価が下がっているときはたくさん買い、株価が上がっているときは少なく買うことができるので、購入価格を抑えられるというのがドルコスト平均法の利点だ。それに、毎月同じ額を積み立てるので、貯金の習慣をつけるという意味でも役に立つ。株価の動きに一喜一憂する必要もないので、精神的にも落ち着いていられるだろう。

インデックスファンドを買うことで、ポートフォリオが理想的な形で多様化しているので、バイ・アンド・ホールドの戦略にもぴったりだ。投資信託を売却するのは、お金が必要になったときだけだ。

投資家たち
¥
投資信託
多様化された
ポートフォリオ
インデックスファンド
市場平均と
近い値動き
をする銘柄
で構成
←日経
225

債券——株より安全な投資

資金が必要になった会社は、「有価証券」を発行して投資家からお金を集める。株も有価証券の一種であり、株を買った投資家は会社の所有者になるとともに、利益から配当を受け取る権利も手に入れる。

会社が借金で資金を集めたい場合は、株ではなく「債券」と呼ばれる有価証券を発行する。 債券は借金なので、会社は投資家に定期的に利息を払い、最終的に元本を返済することになる。債券は投資家から見て、もらえる利息が決まっているために、「確定利付証券」と呼ばれることもある。発行された債券は、証券取引所で自由に売買できる。債券に投資する場合も、他の投資と同じで証券会社を通すことになる。

株と債券の違いを簡単に説明するなら、株を買った人は会社の所有者で、債券を買った人は会社にお金を貸している人だ。 債券を買った人は決まった利息を受け取り、株を買った人は配当があれば受け取り、なければ受け取らない。そして配当の額はそのときによって変わる。債券は「満期」が決まっていて、満期が来たら元本が全額返済されることになる。株は会社が存続するかぎり永遠に持っていてかまわない（株は他の人に売られることもあれば、発行した会社が買い戻すこともある）。

会社が倒産したら、債券を持っている人は株主よりも優先して資金を回収できる。株主が資金を回収できるのはいちばん最後だ。そして株の値段は、債券の値段よりも値動きが大きい。以上のような理由から、債券は株よりも安全な投資だと考えられている。

株式を発行するのは企業だけだが、債券は国や自治体も発行することができる。国や自治体が債券を発行するのは、税収だけではお金が足りないときだ。国が発行した債券（国債）を買うのは、個人にとっていちばん安全な投資だとされている。

債券が安全であるほど、利息は安くなる。そのため、スタートアップ企業が発行する債券は、歴史の長い大企業が発行する債券よりも利息が高い。一般的に、満期までの期間が長いほど、利息は高くなる。

もちろん、他のすべての投資と同じように、債券にもリスクはある。株よりも安全ではあるが、債券を発行した会社が借金を返せなくなるかもしれない（この状態を「デフォルト」「債務不履行」と呼ぶ）。国や自治体が発行する債券ならデフォルトのリスクは低いが、ゼロではない。現にデトロイト市は、２０１３年の財政破綻で、債券保有者に借金を返すことができないことがあった。

債券にはまた、「金利リスク」と呼ばれるリスクもある。債券の金利は、債券が発行されたときの金利で決まる。その後で金利が上昇した場合、債券の価値は下落する。逆に発行後に金利が下落したら、債券の価値は上昇する。債券を満期の前に売ろうと考えている人は、金利の変動によって損をするかもしれないし、得をするかもしれない。

マネー・マーケット・ファンドの仕組み

投資家の中には、流動性が高く（すぐに現金化できる）、リスクがほとんどない投資を求めている人もいる。そんな人が投資対象に選ぶのが、アメリカ政府が発行するアメリカ国債だ。アメリカ国債には2種類あり、それぞれ「T―Notes」と「T―Bills」と呼ばれている。

T―Notesは満期が2～10年で、利払いは半年ごとだ。アメリカ国債の市場はとても大きいので、好きなときに売却して現金化することができる。しかし満期前に売却する場合は、金利の変動によって損をすることもあるので注意が必要だ。他の債券と同じで、

T―Notesも満期が短いほど金利の変動は小さくなる。

T―Billsは満期が4週間から1年で、額面より安い金額で発行される割引債だ。満期が来ると額面通りに償還されるため、その差額が利息になる（この場合の金利は「イールド」と呼ばれる）。

たとえば、半年満期で、額面が1000ドルのT―Billsを999.27ドルで買う場合、この債券のイールドは年0.145％だ。アメリカ国債には、他にも30年満期のものもあるが、30年という長期間では金利リスクがかなり高くなるだろう。

アメリカ国債は世界でもっとも安全な投資と考えられているので、金利は比較的低く抑えられている。アメリカ国債は、国から直接買うこともできるし、ほとんどの銀行や証券会社もアメリカ国債を販売している（日本の証券会社もアメリカ国債を販売している）。

「マネー・マーケット・ファンド」も、アメリカ国債と同じように、流動性が高くて安全な投資だ。「マネー・マーケット」は「短期金融市場」とも呼ばれ、企業が銀行からお金を借りる市場を指している。借金の期間は短く、ときには数日しかないこともある。

マネー・マーケットでお金を借りるのは世界でも有数の大企業ばかりなので、この短期の投資は安全であるとみなされている。銀行、投資信託会社、証券会社が、大企業による借金の債権をマネー・マーケット・ファンドという形で証券化し、投資家に販売もしている。アメリカ国債だけを集めたマネー・マーケット・ファンドも存在する。アメリカ政府の借金は大企業の借金よりも安全だと考えられているので、利回りはさらに低くなる。昨今の低金利で、マネー・マーケット・ファンドの金利もほぼゼロに抑えられている。

デリバティブ（金融派生商品）

銀行や投資会社は、数学者や物理学者、コンピューター科学者を積極的に雇い、金融工学を駆使した複雑怪奇な投資戦略を開発させている。彼らの仕事に社会的な意義があるのかというのは、至極まっとうな疑問だろう。擁護派に言わせると、こういった取引で市場の効率化が進み、経済の働きも向上するとのことだ。

こういった複雑な取引の一部は、デリバティブと呼ばれている。これから貯金や投資を始めようという若い人であれば、デリバティブは自分にまったく関係ないと思っていてかまわない。とはいえ、その仕組みぐらいは知っておいてもいいだろう。詳しく知るほど、やってはいけない理由もよくわかるはずだ。

デリバティブとは、資産運用のリスクを低下させたり、またはリスク覚悟で高い収益を狙ったりするために開発された金融商品だ。デリバティブの価値は、他の資産の価値によって決まる（この価値を決めている資産を「原資産」と呼ぶ）。金利のデリバティブ、株や債券のデリバティブ、株価指数のデリバティブ、金や銀の貴金属のデリバティブ、通貨のデリバティブなどがある。デリバティブに投資する人は、原資産が値上がりするか、それとも値下がりするかに賭けることになる。

しかし、それなら原資産そのものを買うのと何が違うのだろう？　デリバティブは通常、高いレバレッジがかけられている。レバレッジをかけるとは、借りたお金で投資するということだ。借金によって投資の元本を増やすと、運用が成功したときに手に入る額が大きくなる。つまり、原資産が2％値上がりすると、デリバティブの利益は20％にもなるかもしれないということだ。

多くのデリバティブは、リスクが大幅に軽減されている。原資産が値上がりしたときは大きな利益が出るが、値下がりしたときは何も失わないように設計されているからだ。

デリバティブの一種に、**「コールオプション」**と呼ばれる商品がある。コールオプションを買うと、ある株を決まった値段で購入する権利が手に入る。購入できる期間はたいてい数カ月だ。その期間に指定の株が値上がりしたら、コールオプションを買った人はあらかじめ決まった値段で株を買い、すぐにもっと高い値段で売却して売却益を稼ぐ（実際には、値上がりしたオプションを売るという形になる）。もし期間中に指定の株が値上がりしなかったら、オプションを行使しなければいいだけだ。このとき失う金額は、オプションを買った値段であり、それ以上の損は出ない。

「プットオプション」も似たような商品だが、こちらはある決まった値段で株を売る権利だ。期間中に株が値下がりしたら、あらかじめ決まった値段で売って儲けを出す。つまりプットオプションは、株価が値下がりすることに賭ける取引といえるだろう。株価指数を対象にしたオプション取引もある。

コールオプションとプットオプションは、デリバティブの中では単純な仕組みだ。専門の取引所ではもっと複雑な商品も扱われている。代表的な取引所は、シカゴ・マーカンタイル取引所だ。世界中の大手銀行や投資銀行も、独自に開発したデリバティブを取引している。

デリバティブは高度に洗練された投資方法であり、ときには開発者さえ完全に理解できないこともある。世界規模の金融危機のいくつかは、デリバティブ市場の悪化が引き金になって発生した。世界各国の政府もデリバティブの規制に乗り出しているが、次から次へと新しい商品が誕生するので、規制が追いついていない状態だ。何十年ものキャリアがあ

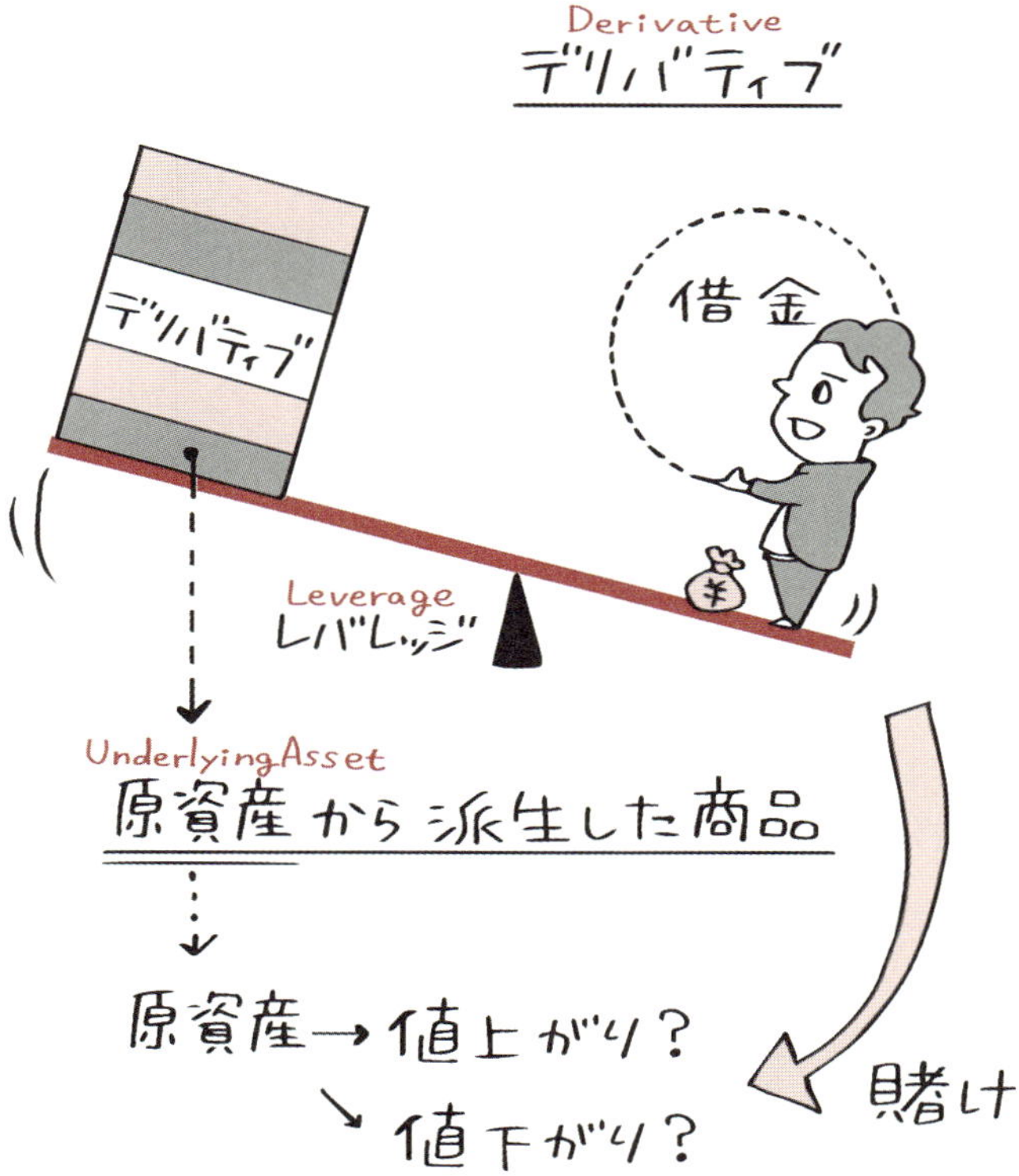
Derivative
デリバティブ
デリバティブ
借金
¥
Leverage
レバレッジ
Underlying Asset
原資産から派生した商品
原資産→値上がり？
↘値下がり？
賭け

るプロの投資家でなければ、デリバティブには手を出さないほうがいいだろう。

商品と通貨

1983年、エディ・マーフィとダン・エイクロイドが共演した『大逆転』という映画が公開された。映画の舞台は伝統的な商品先物取引の会社で、会社のオーナーふたりがしかけたいたずらが、悲しくも笑える結末につながるというコメディだ。映画が公開されてから30年以上になるが、あの映画で描かれた商品先物取引の仕組みは、今でも基本的に変わっていない。

映画の中で、登場人物が商品先物取引について説明する。コーヒー、オレンジジュース、ゴールドといった「商品」を買いたい顧客がいて、取引会社がその買い物の手伝いをするのだ。しかし、なぜわざわざそんな面倒なことを?

たとえば、あなたがスターバックスでコーヒー豆を買う仕事をしているとしよう。「コーヒー豆を買うという契約」を買うことで、将来のコーヒー豆の購入価格が保証され、仕入れ値を一定に保つことができるのだ。この契約があれば、スターバックスは商品の値上げをしなくてすむ。少なくともしばらくの間は。

商品先物取引もデリバティブの一種であり、素人が手を出していいものではない。**商品先物の売買は、公の取引所で行われることもあれば、大きな金融機関同士で私的に行うこともある。**扱われる商品は、石油、エネルギー、農作物、貴金属などが一般的だ。

まず買い手が商品を決まった値段で買い、商品が実際に手に入るのは先のことになる（たとえば半年後）。その間に商品の値段が上がっても、買い手は最初の契約通りの値段で商品を買うことができる。反対に商品が値下がりしたら、買い手は先物取引の契約を行使しないで、下がった値段で買えばいい。このとき買い手が損をするのは、先物取引を買った値段だけだ。

商品先物取引を行う目的は、「リスクヘッジ」と「投機」のふたつがある。スターバックスのバイヤーなど、実際にその商品を買う人は、商品の値段が高騰するというリスクに備えて先物取引を行うので「リスクヘッジ」だ。「投機」目的の人は、その商品を本当に買うわけではなく、ただ取引で利益を出すことだけを目指している。他のデリバティブと同じように、商品先物取引もかなりレバレッジがかかっているので、少ない自己資金で大金を動かすことができる。

円やドルなどの世界の通貨も、先物取引の対象になっている。通貨先物の市場は昔からあり、投資家にはおなじみの存在だ。通貨先物の目的は、通貨の価格変動というリスクを軽減することだ。

たとえば、ゼネラル・エレクトリック社（ＧＥ）が、20億ドルの発電用タービンをインドの電力会社に売ったとしよう。購入したインドの会社はインドルピーで支払い、ドルとルピーの為替レートは商品が納入される日で決まる。納入日から支払日までの間にルピーがたとえ２％でも下落したら、ＧＥはこの取引で４０００万ドルも失うことになるのだ。

しかし、ここでＧＥが通貨先物を購入しておくと、為替の変動に影響を受けずにタービンを売った利益を守ることができる。**商品先物も通貨先物もデリバティブであり、投資のプロしか手を出してはいけない。**

その他の投資

何かを集めるのが趣味という人はたくさんいる。コレクションの対象は、陶器の人形、鉄道模型、ベースボールカード、時計、切手、コイン、芸術作品、希少な自動車、宝石などだ。これらのコレクター商品も投資といえるのだろうか?

コレクター商品と投資にはあるひとつの共通点がある。それは、価値が上がるかもしれないし、下がるかもしれないということだ。ただし、投資は収入を生むが、コレクター商品は収入を生まないという違いがある。コレクター商品が持ち主に与えてくれるのは、それを持っているという純粋な喜びだ。コレクター商品の売買も盛んに行われているが、その市場の流動性は低く、値段に一貫性もない。やはりコレクションは趣味であり、投資とは考えないほうがいいだろう。

不動産は魅力的な投資対象になる。定期的な収入源になり、さらに値上がりも期待できるからだ。 さらに不動産を購入するときは、ローンを組むのも簡単だ。投資の対象は、オフィスビル、倉庫、ホテル、ショッピングセンター、更地、農地、集合住宅などがある。

資金がたくさんあるなら不動産そのものを買うこともできるが、**たいていの投資家は、金融商品になっている不動産の小さな持分を買うという形で投資する。** あるいは、不動産デベロッパーや不動産管理会社の株を買うという形で、不動産に投資するという方法もあるだろう。不動産投資が向いているのは、ベテランの投資家か、投資した物件に積極的に関わりたいと思っている人だ。一般の投資家であれば、不動産会社の株を集めた投資信託を買うのが賢い方法だろう。

ヘッジファンドとは、言ってみれば「何でもあり」の投資会社だ。株も債券も商品も扱うことができる。お金を借りることもできるし、通貨取引もできる。市場が下落したときに儲けが出るようなポジション（ショートポジション）を取ったりもする。

プライベートエクイティ・ファンドも一種の投資会社であり、投資家から資金を集めて企業の未公開株を購入する。借入金で投資する（レバレッジをかける）こともある。購入した株は3〜10年保有し、その間に優良企業に育て上げ、高値で売却することを目指している。ヘッジファンドもプライベートエクイティ・ファンドも、一般の投資家向きではない。

「変額年金保険」とは、投資型の年金保険のことだ。投資信託などで運用するので、将来もらえる年金額が運用成績によって変動するという特徴がある。運用成績がよければ将来のインフレに対応できる可能性があり、それに税制面での優遇もある。しかし、手数料が高く、それに中身が複雑だ。変額年金保険も、投資に慣れた人が特定の目的のために買う商品であり、若い人は手を出さないほうがいいだろう。

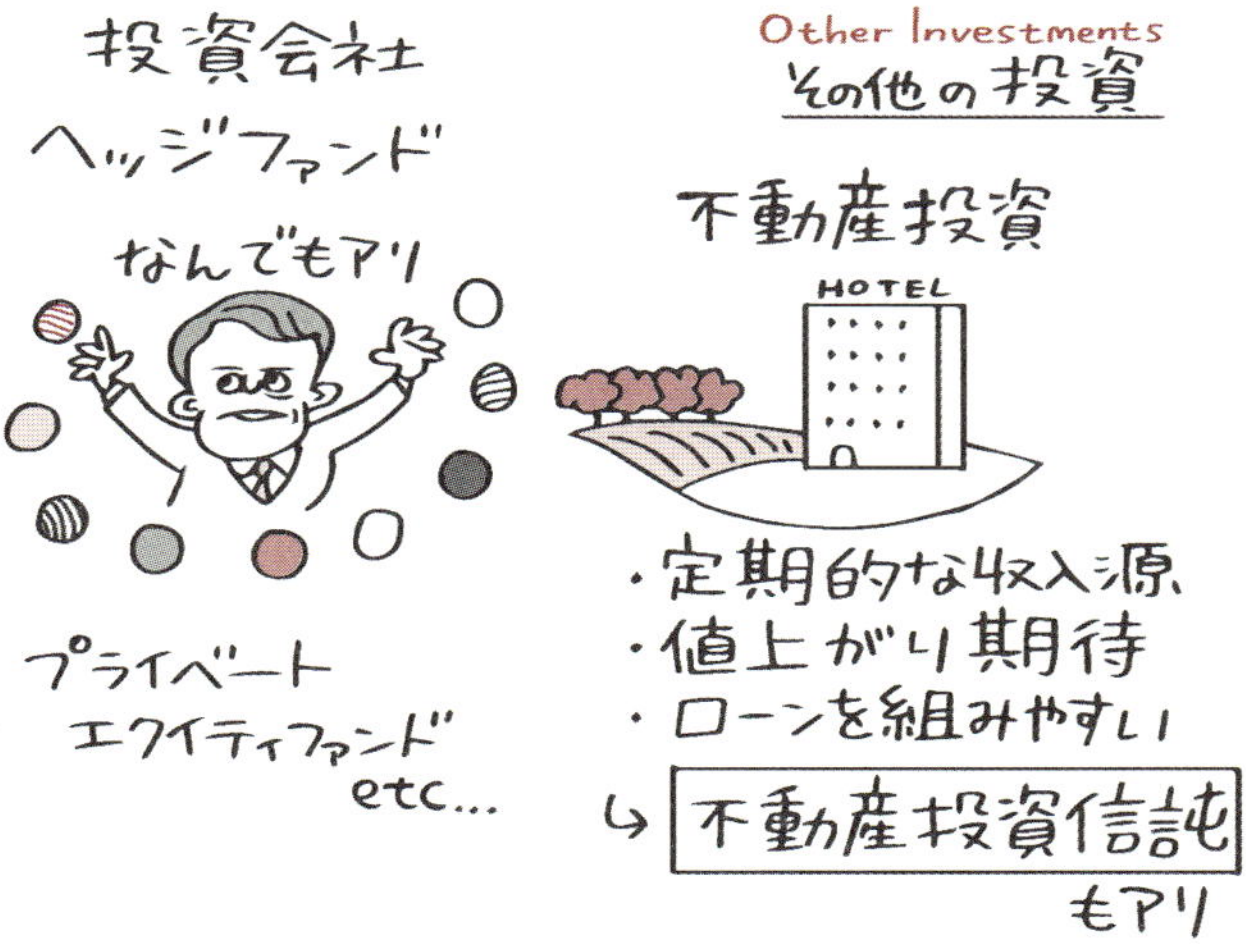
投資会社
ヘッジファンド
なんでもアリ
プライベート
エクイティファンド
etc...
Other Investments
その他の投資
不動産投資
HOTEL
・定期的な収入源
・値上がり期待
・ローンを組みやすい
↳ 不動産投資信託
もアリ

Collection
コレクション
収入を
生まない
!

グラフ8・1　S&P 500年間リターン(%)

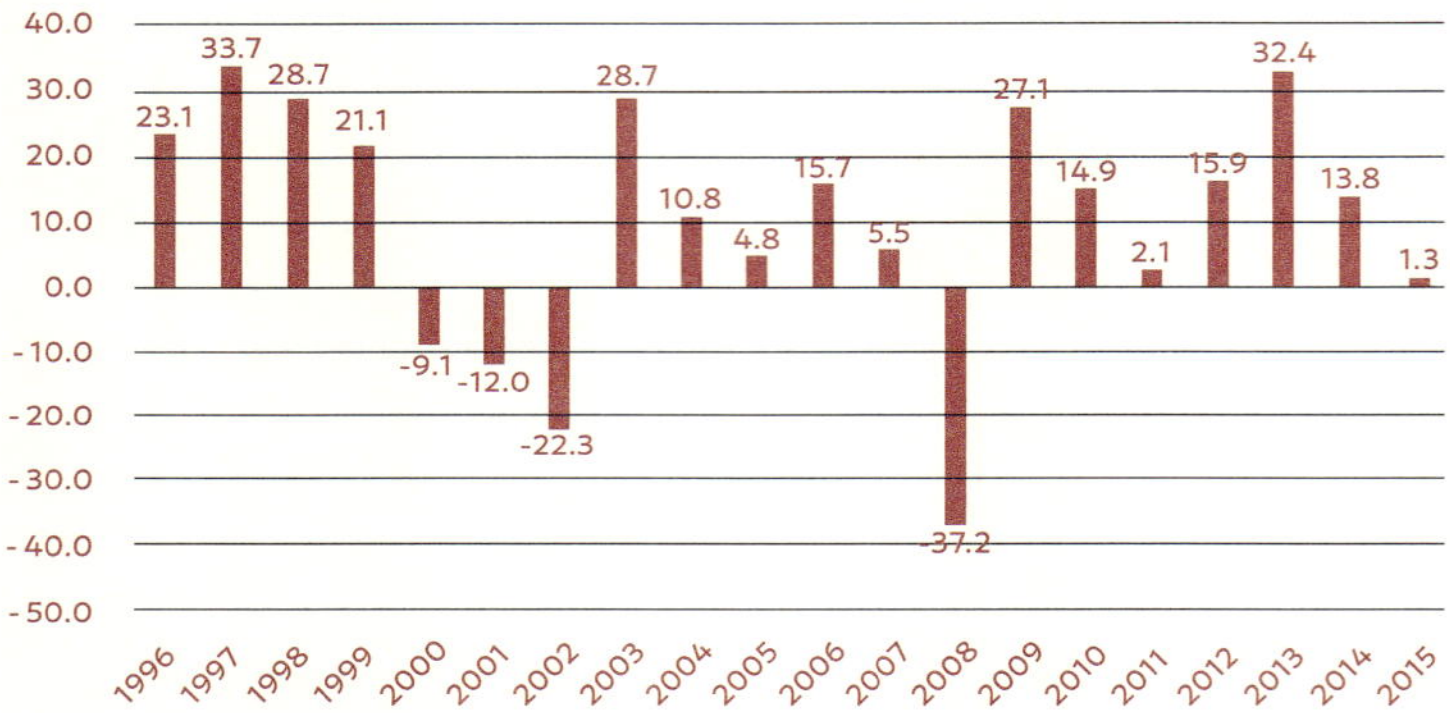

出典：Moneychimp.com、著者の分析

損失の考え方

投資の判断には、さまざまな心理的要素がからんでくる。そしてすべての意思決定がそうであるように、**投資の判断も、客観的な事実をもとに慎重に考えたほうがいい結果につながる。**

この態度が特に大切になるのは、判断が間違っていたことを認めて損切りをするときだろう。インデックスファンドを積み立てている人であれば、損切りの心配をする必要はない。ポートフォリオの中に「腐ったリンゴ」はないからだ。とはいえ、たとえこの堅実な投資戦略であっても、投資であるかぎりは損失を避けることはできない。

投資は値上がりすることもあれば、値下がりすることもある。それが投資の本質だ。グラフ8・1を見てみよう。1997年か2013年にS&P500のインデックスファンドを持っていた人は、大幅な値上がりでホクホク顔だったに違いない。利回りは実に30%を超えている。しかし、2000~2002年を見てみると、利回りは3年続けてマイナスだ。金融危機の起こった2008年はさらに悲惨なことになっている。

自分の人生設計や目標をよく考え、それに合った投資商品をきちんと選んだのであれば、たとえ値下がりすることはあってもそれはいい投資だ。

金融市場の安全性

大恐慌が始まったきっかけは、1929年10月の株価大暴落だ。それから10年も立ち直れなかったのにはさまざまな要因があるが、中でも大きな要因は、市場の崩壊で人々が経済を信用できなくなったことだろう。

1934年、連邦政府は、投資環境を改善する目的で証券取引委員会（SEC）を設立した。その後にさまざまな法律が制定され、市場の透明性を高める、市場操作をなくす、投資を勧誘する会社や人間の行動を規制するといった市場の改革が行われてきた。

SECは現在も大きな影響力を保ち、金融市場、投資会社、証券会社、投資アドバイザーの監督を行っている。SECのおかげで、一般の投資家は株式市場を信用することができるのだ。SECと同種の組織である商品先物取引委員会は、商品、通貨の先物取引をはじめ、各種のデリバティブ取引を監督している。

このふたつの組織は、金融機関の間違った行動から一般の投資家を守る役割を果たしている。そして証券投資者保護公社（SIPC）は、連邦預金保険公社（FDIC）が預金口座を守っているのと同じように、一般投資家の証券口座を守る役割を果たしている。

ここで大切なのは、SIPCは市場の値動きによる損失を埋めてくれるわけではないということだ。 彼らの役割は、証券会社が倒産したときに顧客の口座を守ることであり、一口座につき最高で50万ドルまでが保護される。

第9章

Financial Literacy for Millennials

金融詐欺の基本

いつでも誰かが、あなたのお金を自分のものにしようとしている。しかしたいていの場合、それは犯罪ではない。何かを売る店はすべてあなたのお金を自分のものにしようとしているが、買うかどうかはあなたが決めることができる。あなたがお金を払って商品やサービスを買うのは、その金額よりも商品やサービスのほうが価値はあると考えたからだ。これで売り手と買い手の双方がハッピーになれる。

しかし残念ながら、中にはこのルールを守らない人たちもいる。彼らは嘘をつき、あなたを陥れ、あなたからお金を盗む。これを意図的、かつ組織的に行うのがいわゆる「詐欺」だ。詐欺の手口は巧妙で、詐欺と気づかないものも多い。あなたを信頼させてだまし取ることもあれば、脅し取ることもある。しかも、犯罪者たちはテクノロジーの進歩も味方につけ、詐欺の手口をつねに洗練させているのだ。

詐欺の被害を確実に避けられる方法は存在しない。とはいえ、よくある詐欺の手口を知っておけば、いざというときに自分を守ることができるだろう。

「必ず儲かる投資」のウソ——ピラミッドスキーム

「ピラミッドスキーム」とは、いわゆるネズミ講のようなものだ。「絶対に儲かる投資がある」と言って会員を集め、会員の出資金をさらに古い会員に支払うことで、あたかも投資の利益が上がっているように見せるが、実際の投資は行っていない。最初の少数の会員がピラミッドの頂点になり、新しい会員がピラミッドの底辺のような構造をしているのでこの名前がついた。

この詐欺が発覚するきっかけは、リターンが異常に高いことだ。誰かがおかしいと思い、調査すると、詐欺の実態が明らかになる。できれば犯人が儲けをすべて持って逃走する前に発覚することが望ましい。

1900年代の初め、ある銀行で働いていたチャールズ・ポンジは、自分の銀行が他の銀行より2倍も多い利息を払うため、顧客がどんどん増えていることに気がついた。しかし銀行の融資の儲けだけでは、約束した利息を顧客に払うことができない。その結果、銀行のオーナーは残りのお金をすべて持ってどこかに逃走してしまった。

これを見たポンジは、あるアイデアを思いつく。投資家を集めると、国際返信切手と為替レートの違いを活用すれば大儲けできるというもっともらしい話をでっちあげ、３カ月で資金を倍にすると約束したのだ。

ピラミッドスキームではよくあることだが、ポンジの投資戦略はそれなりに理にかなっている。しかし、たとえもっともらしくても、そんなにうまい話は転がっていないということを忘れてはいけない。

ポンジの場合も、切手の取引ではそれほど儲けが出なかったので、大儲けしているふりをして新しい投資家を呼び込み、そこから初期の投資家へのリターンを支払っていた（リターンを受け取った人のほとんどがそのお金を再投資に回した）。

投資家の中から疑問の声が出てくると、ポンジはそれを黙らせるために広報係を雇った。しかしその広報係が詐欺に気づき、ポンジはついに投獄されることになる。これはとても有名な事件なので、ピラミッドスキームは「ポンジ・スキーム」とも呼ばれている。

最近では、バーナード・マドフのピラミッドスキームが有名だ。マドフはニューヨークの投資家で、30年にわたって合法の投資会社を経営していた。そして副業として、チャリティ財団や富裕層の顧客から預かった資金を運用するという仕事もしていた。この副業がとんでもない詐欺だったのだ。

ポンジと違って法外に高いリターンは約束しなかった。マドフが顧客に約束したのは、市場よりわずかに高いリターンを毎年継続することだ。そして、マドフは約束を守った。市場がどんなに下がっても、反対にどんなに上がっても、彼は好調な運用成績を維持している。しかし、それは好調すぎた。

マドフの評判が広がり、顧客はどんどん増えていった。新しい顧客からの資金が入るために、古い顧客が投資を現金に換えたいと言ってきてもすぐに応じることができる。マドフのピラミッドスキームに気づく人はいなかった。しかし2008年に新しい顧客が途絶えると、マドフもついにこの詐欺を続けることができなくなったのだ。

これは史上最大の詐欺犯罪であり、被害額は少なく見積もっても170億ドルにのぼる。ピラミッドスキームのターゲットは富裕層だけではない。たとえばポンジにだまされた大きなチャリティ財団を含む顧客の財産が、すべて消えてしまったのだ。（注1）人々の多くは貧しかった。**詐欺を見分ける手がかりはふたつある。ひとつはリターンが高すぎること、そしてもうひとつは運用成績が安定しすぎていることだ。**

他にも、出資したお金をなかなか返してくれない、投資の内容を秘密にしている、または複雑すぎて理解できない、運用の情報を開示しない、といった特徴がある。いずれにせよ、「絶対に儲かる」という話はすべてウソだと思ったほうがいい。

注1. Jordan Maglich, "Madoff Ponzi Scheme, Five Years Later," *Forbes*, December 9, 2013.

Pyramid Schemes
ピラミッドスキーム
絶対に
儲かる
投資が
ある！
異常に
高いリターン
¥

その他の投資詐欺

ある特定の会社を盛んに宣伝して、株価をつり上げようとする人がいる。彼らが宣伝によく活用するのが、投資関連のSNS、ニューズレター、掲示板、ウェブサイト、ブログなどだ。宣伝の内容がウソであれば、これはもちろん犯罪になる。彼らの狙いは、まずその会社の株を保有し、短期間で株価をつり上げて、上がったところで売り逃げすることだ。彼らは得をするが、ウソの宣伝を信じて株を買った投資家のほとんどは損をする。この手法は「風説の流布」と呼ばれている。

その他には、「オフショア」「海外投資」という言葉にも注意が必要だ。急速に成長している新興国が絡んでいることが多い。それに加えて、「特別な投資家としか取引しない海外の銀行」などが登場することもある。もちろん、海外投資のすべてが違法というわけではない。しかし、**ライセンスのないブローカーが「今だけのチャンス」などと言ってきたら、それは間違いなく詐欺だ。海外投資がしたいのであれば、証券会社を通じて合法的に行うことができる。**

投資関連のニューズレター、掲示板、ウェブサイト、SNSの投稿、投資セミナーで教える「絶対に儲かる方法」も信じてはいけない。優秀な投資のプロであれば、入念な企業研究を重ねて、人よりも早く優良株を見抜くことができるだろう。しかしまっとうなプロであれば、「今だけのチャンス」などといって投資家を急かしたりはしない。すぐにお金を出させようとするのも、大きすぎるリターンを約束するのも詐欺だ。

幻の超優良株は、時代とともに変化する。ここ10年で世間を騒がせた詐欺には、クリーンエネルギー、石油とガス、SNS、中国株などがよく登場した。詐欺を見抜くのが難しいこともあるが、怪しい話には近づかないようにして自分のお金を守らなければならない。

誰かがあなたになりすます

マイナンバー、銀行口座番号、クレジットカード番号など、誰かがあなたの個人情報を盗んで、あなたになりすます。なぜそんなことをするかというと、あなたの資産を盗んだり、あなたの名前を使って借金をしたりするためだ。

この詐欺の被害者は、たいてい不正に気づかず、そして気づいたときはすでに手遅れだ。他にも、盗んだ個人情報を利用して罰金を請求する、借金をでっち上げて返済を迫る、生命保険を買わせるといった手口もある。そして被害者は、ウソの請求におびえて言われた通りに払ってしまうのだ。

個人情報を盗む犯罪でよく標的になるのが、クレジットカード番号だ。カードで買い物をしたときのレシートから番号が盗まれることもあれば、カード番号を伝えた電話が盗聴される、お店のカード読み取り機に仕掛けがあり、そこから盗まれる、カード情報を保存したデータベースがハッキングを受けるといったこともある。今使っているカードを破棄し、新しいカードに切り替えるのはたしかに面倒だが、たいていの場合、不正利用であることをカード会社に訴えれば自分で負担する額はゼロになるので安心だ。

クレジットカードよりも心配なのは、銀行口座からお金を盗まれてしまうことだろう。キャッシュカードと暗証番号が盗まれたり、ネットバンキングのIDやパスワードが盗まれたりすると、口座に残っているお金がすべて盗まれる危険がある。詐欺の犯人は、街中のATMに特別な装置を設置して、カード情報を盗んでいるのだ。基本的に、こういった詐欺被害では銀行が被害額を負担してくれるのだが、それでも被害に遭ったときのショックは計り知れない。

こういったなりすまし詐欺に遭わないようにするには、普段から個人情報の管理をしっかりしておくことが大切だ。気をつける点をいくつか紹介しよう。

〓個人情報〓住所、氏名、生年月日、クレジットカード番号といった個人情報を安易に他人に教えない。こちらが何も申し込んでいないのに、手紙、電話、インターネットなどで個人情報を尋ねられることがあるが、教えてはいけない。パスワードや暗証番号はどんな状況でも教えてはいけない。

〓キャッシュカードの暗証番号〓キャッシュカードに暗証番号を書いたり、暗証番号を書いた紙を財布に入れたりしている人がいるが、それは絶対にやめるように。ATMで操作するときは、他の人に暗証番号を入力するところを見られないようにする。重要な個人情報は、すべて自宅の安全な場所に保管すること。ここではローテクが威力を発揮する。パソコンに保存したデータはハッキングにあったら終わりなので、紙とペンがいちばんだ。

〓郵便物〓あなた宛の郵便物を、別の住所に転送する人がいるかもしれない。しばらく郵便物が届いていないというときは、すぐに郵便局に問い合わせる。また、郵便物を外の郵便箱に入れっぱなしにしておくと、誰かに盗まれる危険がある。郵便物にはあなたの個人情報が書かれているので盗まれたら大変だ。しばらく家を留守にするときは、郵便局に頼んで保管してもらう。

〓クレジットカードなどの明細〓銀行口座の取引履歴、クレジットカードの利用明細をできるだけ頻繁にチェックし、不審な取引がないか確認する。ここが詐欺に対抗する最初の防衛線だ。身に覚えのない取引があれば、たとえどんなに少額でも電話で確認すること。毎月の支払いのサイクルを把握し、何か遅れていたら当該の会社に連絡する。

〓ゴミ〓住所や名前などの個人情報、クレジットカードの明細などは、シュレッダーにかけてから捨てるように。手で破るだけでは不十分だ。古いキャッシュカードやクレジットカードははさみで切る。お金関連の書類は、必要なくなったらシュレッダーにかける。誰かがあなたのゴミをあさり、お金の情報を探しているかもしれない。

〓信用情報〓年に一度、自分の信用情報を確認しよう。最近ではインターネットやスマートフォンでも確認できる。身に覚えのないローン申請、借金の残高などがあったら、個人情報が盗まれている可能性が高い。

パソコンやスマホを安全に使う

パソコン、スマートフォン、タブレットには、あなたの個人情報が詰まっている。誰かに不正にアクセスされたら大変なことだ。**電子機器に保存された個人情報を守る手段は決まっているので、それをすべて実行すること。**

最初に行うのはデータのバックアップだ。機器が故障することもあれば、ウイルスに感染してデータが消えてしまうこともある。バックアップがすんだら、次は、セキュリティソフトのインストールだ。これでウイルス、スパイウェア、マルウェアといった悪意ある攻撃から、あなたのパソコンやスマホを守ることができる。ログインＩＤ、パスワード、ネットバンキングの情報などが盗まれたら、大きな詐欺の被害に遭う危険性が高い。

無線のインターネット接続（Ｗｉ－Ｆｉ）はとても便利だが、セキュリティの面では危険がいっぱいだ。無線の電波は簡単な機械で傍受できるので、悪用する人が後を絶たない。ケーブルでつないでいる場合は電波を使わないので、情報を盗むのは難しくなる。

無線を使うときは、パスワードで守られているネットワークであることを確認すること。たとえパスワードで守られていても、お金に関する情報は無線で送らないほうが無難だ。ケーブルでネットにつないでいる会社のパソコンなどを使うようにしよう。街中でWi－Fiに接続するときは、信頼できるネットワークか確認すること。VPNも通信の安全性を高めてくれる。

スマートフォンは実質的に持ち歩けるコンピューターなので、セキュリティもパソコンと同じように考えなければならない。パスワードでロックするのは大前提だ。信頼できない作者のアプリにも注意すること。iPhoneのアプリはチェックが厳しいので心配ないが、アンドロイドを使っている人は気をつけなければならない。それからデータのバックアップも忘れないように。スマホが盗まれたり、壊れたりしたら、貴重な情報にアクセスできなくなってしまう。スマホ用のセキュリティアプリはまだ生まれたばかりだが、それでも入れたほうがかなり安全になる。

あらゆる電子機器、ウェブサイト、オンラインマガジン、アカウントはパスワードが必要だ。セキュリティの専門家によると、パスワードが他人にばれないようにする秘訣は、複雑にすること、定期的に変更すること、そして紙に書かないことだ。

安全なパスワードの条件は、最低でも12文字以上で、大文字、小文字、数字、記号を組み合わせ、意味のない言葉の羅列にすることだ。たとえば「yT9q%hm71M$b」のようになる。たしかに安全性は高いかもしれないが、使いにくいという大きな欠点がある。実用性は低いと言わざるを得ない。

多少の安全性を犠牲にしても、もう少し実用的にするなら、自分にしかわからないような言葉をいくつか組み合わせるという方法がある。誕生日、住所の番地、電話番号などはすぐにばれてしまうが、会社で使っているロッカーの番号、インチ単位の身長、1マイル走のベストタイムを知っているのは、おそらく本人であるあなたしかいない。

その数字に、好きな作家、好きなテレビ番組、好きな外国など、自分にとって意味のある言葉を組み合わせ、アルファベットと数字も加えれば、他人から連想されにくく、しかも覚えやすいパスワードを作ることができる。

パスワードの変更頻度は年に1回がおすすめだ。ネットバンキングなどお金を扱うアカウントの場合は、もっと複雑なパスワードにして、忘れたときのためにどこかに書いて安全な場所にしまっておく。パスワード管理用のソフトウェアもあるが、完全に信頼できると証明されたわけではない。

最近の若い人たちの間では、SNSがコミュニケーションの中心になっている。娯楽、仲間、使えるアイデアなどはたいていSNS経由だ。しかしSNSに投稿した個人情報は、あなたに害を与えることもある。誕生日、旅行の予定、住所、家族の名前といった個人情報は、信頼できる人以外に教えてはいけない。犯罪者は賢く、巧妙な手口で近づいてくるので注意が必要だ。

ワンクリックの罠――ネット詐欺

ウェブサイト、SNS、メールは便利なツールだ。仕事の生産性が上がり、友達と簡単にやりとりができ、調べ物にも使える。上手に使えば、人生をより豊かにしてくれるメリットがある。

一方で犯罪者は、この同じツールを使って、「フィッシング」と呼ばれる手法でパスワードやお金を盗む。メールの受け取り手が得をするような情報を載せた嘘のメールを送り、個人情報を聞き出すという手法もある。マルウェア、スパイウェア、ウイルスなど悪意のあるソフトウェアをあなたのパソコンに送りつけ、データを破壊したり、情報を盗んだりすることもある。

代表的なスパイウェアは、たとえば「キーロガー」というものだ。あなたがパソコンのキーボードで打ち込んだ情報をすべて記録し、犯人の元に送信する働きをする。どんなに安全性の高いパスワードであっても、入力するところをすべて見られていたら簡単に破られてしまう。

フィッシング、ネット詐欺、悪意のあるソフトウェアの被害に遭わないために、次のことに気をつけよう。

☑知らない人からのメールの添付ファイルは開かない。メール本文のＵＲＬもクリックしない。または、たとえ知っている人からのメールであっても、本文がない場合、あるいは「気に入ると思って送りました」「あなたへのドキュメントです」など、曖昧な説明しかない場合も信用してはいけない。とにかく、少しでも怪しいところがあったら信用しないこと。もしよくわからなければ、そのまま返信して、「本当にあなたが送ったのか」と尋ねる。メールではなく電話で確認できればなおいいだろう。

☑外国で有り金をすべて失い、どうしてもあなたに助けてもらわないと困る人は、あなたの知り合いの中に絶対にいない。

☑あなたから何かを買いたい外国人は存在しない。何かの取引をするために、クレジットカード番号や銀行口座を教える必要のある外国人も存在しない。

☑予約していないホテル、飛行機、電車、バスなどの予約確認メールも詐欺だ。相手はメールのＵＲＬをクリックさせて、あなたから何かを盗もうとしている。

☑あなたは宝くじに当たっていない。特に外国の宝くじに当たるはずがない。そんなことは絶対に起こらない。買ってもいない宝くじの当選通知がメールで来ることはない。もし本当に当たったのなら、当たりくじがあなたの手の中にあるはずだ。

☑あなたが広大な土地や莫大な財産を相続することはない。申請もしていないのに、慈善家から大金を受け取ることもない。少なくとも、そういったお知らせがメール、フェイスブック、ツイッターで来ることは絶対にない。本当の話であれば、まず弁護士から正式な手紙が来る。それでもまだ疑ってかかるのが賢明な態度だ。

☑アマゾンなどのネットショップや小売店からのメールも詐欺の可能性がある。「アンケートに答えれば現金を送ります」「クーポンを送ったのでURLをクリックして有効化してください」といった文言を安易に信じてはいけない。アマゾンからクーポンが送られてくることはたしかにある。詐欺と本物を見分けるコツは、本文の下に内容とは関係のない文字が書かれていること（スパムフィルターよけだ）、送り手のメールアドレスが本家のドメインと微妙に違うこと、くれるという金額が多すぎることなどだ。

☑信頼できる会社が、あなたのパスワードを直接尋ねてくることは絶対にない。メールでも電話でもあり得ない。もしあなたが自分のパスワードを忘れたのであれば、手順に従って自分でリセットすることができる。

見えるお金はなくなるのか——仮想通貨、ビットコイン

今から10年ほど前、「ビットコイン」と呼ばれる新しい通貨が誕生した。基本的に、通貨は国家が法律に基づいて発行することになっているのだが、ビットコインはどこかの国が発行した通貨ではない。コンピューターを使った複雑なアルゴリズムから生まれた通貨だ。

理論上は、そのアルゴリズムによって供給量の上限が決まっていて、その希少性ゆえに価値があるとみなされる。所有するビットコインに価値を持たせるには、アクセスキーと呼ばれるものが必要だ。アクセスキーを失うと、ビットコインの価値もなくなる。

ビットコインが伝統的なお金と大きく違うのは、価値が激しく変動することだ。普通の通貨も価値の変動はあるが、そのペースはもっと穏やかだ。価値の変動が激しいことから、ビットコインは通貨ではなく商品であると考える専門家も多い。投機の対象として売買される「もの」だということだ。

ビットコインそれ自体に犯罪性はない。とはいえ、匿名性が高いために、詐欺、武器や

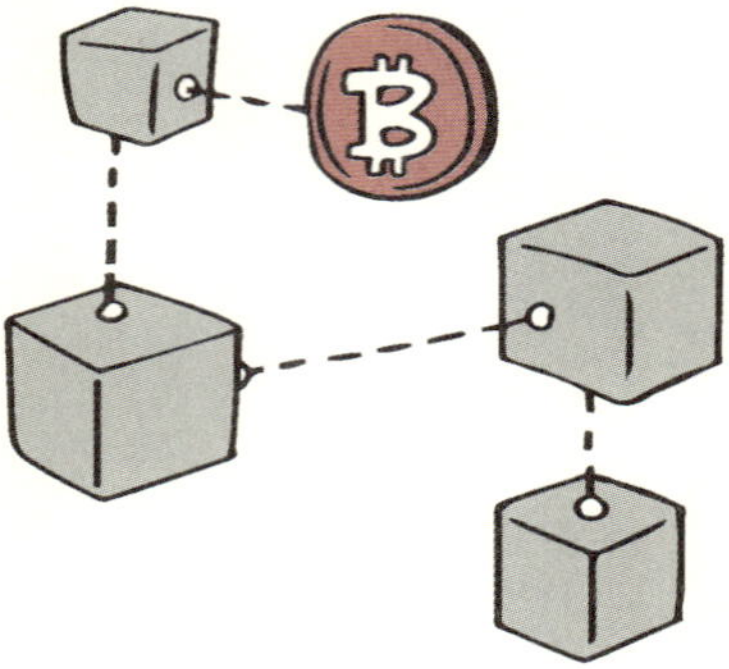

麻薬の違法取引などの犯罪に使われやすいという側面はある。それに、たとえ合法ではあっても、投資の対象としてはリスクが高い。ビットコインを実際にお金として使うときは、たいてい他の通貨に両替する必要がある。ビットコインが使える店はまだ少ないからだ。

金融機関もビットコインのテクノロジーに興味を持っている。具体的には「ブロックチェーン」と呼ばれるテクノロジーで、ビットコインの取引を記録した情報がすべてチェーンのようにつながっている。金融機関も、ブロックチェーンのテクノロジーを活用できないかと考えているのだ。

とはいえ、通貨としてのビットコインは、まだ完全に認められた存在とはいえない。一般の人は、もっと価値が安定し、広く使えるようになるまでは、ビットコインをはじめとする仮想通貨には手を出さないほうがいいだろう。

不動産でお金持ちになる?

ネットの動画を検索すると、楽してお金持ちになる方法を教えてくれる人がたくさん見つかる。彼らはたいてい口がうまく、話にも説得力がある。よく見かけるのが、在宅ワークや不動産で一攫千金という話だ。ここでは特に、不動産投資について考えてみよう。

よく聞く話によると、どうやら不動産こそが富への道であり、成功するための秘密があるらしい。しかも、不動産投資は誰でもできる。頭金も必要なければ、信用履歴に難があってもかまわない。そうやって不動産投資を宣伝する動画には、実際に不動産で大儲けした人たちが登場する。

彼らは高級車を乗り回し、大豪邸に住んでいる。しかも美男美女ばかりだ。彼らはみな、その動画の主が教える「不動産投資の秘密」を活用して大金持ちになった。そしてあなたも、その秘密を手に入れることができる――。

ただし問題は、それがすべてウソだということだ。こういった詐欺師たちの多くは、行政の処分を受け、被害者から訴えられている。実際に投獄された人もいる。しかし、法の目をかいくぐり、まだ活動している詐欺師も多い。

その「秘密」を手に入れるには、お金を払わなければならない。たいていは、セミナーを受講させられたり、ＤＶＤや本を買わされたりする。ときには、一度申し込むと、知らないうちにクレジットカードや銀行口座で毎月引落になっていることもある。

彼らが教える「秘密」の中身自体が、必ずしも詐欺にあたるわけではない。だからこんなにも多くの人が信じてしまうのだが、たとえウソは教えていなくても、実際に言うほど儲かることは絶対にない。

こういった不動産投資の基本的な仕組みはどれもだいたい同じで、まずいい物件を見つけ、頭金なしでローンを組んで物件を購入し、買値よりも高く売却して差額を儲けるというものだ。これをくり返していけば、巨万の富を築けるということになっている。差し押さえ物件や事故物件なら、タダ同然の値段で買えるというコツを教えられることもある。たしかに理屈ではそれで儲かるだろうが、実際にうまくいくことはめったにない。

このような詐欺まがいの儲け話でよく使われるのは不動産だけではない。奇跡の健康食品、奇跡のダイエット食品、税金などの還付金、頭がよくなる薬、楽して儲かるビジネスなどもよく登場する。

この手の儲け話でよくあることだが、彼らの言ってることのすべてがウソというわけではない。真実も混ざっているので、あたかも本当らしく聞こえてしまうのだが、信じてしまうと結局は損をすることになる。

彼らはただ、あなたからセミナー料金を取ったり、ＤＶＤや本を売りつけたりして儲けたいだけだ。最初は無料でセミナーを開き、あとから「本当の秘密」を教えるセミナーを有料で受けさせるという手口もある。

こういった話にだまされないようにするには、うますぎる儲け話を信用しないことだ。「何かをタダで提供する」「リスクは一切ない」「秘密を教える」「人生が変わる」「誰でも成功できる」などの言葉が出てきたら、その人の話は信じてはいけない。

信じてはいけないマルチ商法

マルチ商法（ネットワークビジネス）にも注意が必要だ。シャクリー、アムウェイ、エイボン、メアリー・ケイ、タッパーウェア、プリメリカといった有名企業も、すべてマルチ商法だ。

マルチ商法では、まず一般の人が企業の会員となり、自分の知り合いなどに企業の商品を販売する。そして実際に商品が売れると、売上げの一部が自分のものになる。さらに会員は、新しい会員の勧誘に成功した場合も手数料がもらえることになっている。

マルチ商法で商品を売ったり、新会員を勧誘したりするには、どうしても家族や友人知人といった身近な人を頼ることになる。個人のネットワークを商売に利用することになるので、この点が批判の的になることも多い。

さらに会員は、販売する商品を自腹で買わなければならないこともある。商品が売れなくても会社は損をせず、会員だけがリスクを負う仕組みだ。

マルチ商法にも信頼できるビジネスはたくさんあり、そういう会社はきちんとした商品を売っている。しかし中には、誇大広告で商品を売りつけるような会社もあり、そのせいで全体の印象が悪くなっているのだ。

マルチ商法は、純粋な商品やサービスの販売というよりも、むしろ怪しい投資話に近い。会員の主な目的は、たくさん会員を勧誘して会員ピラミッドの上の階層に行くことであり、商品やサービスの販売は二の次になっているのが実情だ。

またマルチ商法の企業の中には、期待できる儲けを誇張し、新規の会員を勧誘することばかりを熱心にすすめるところもある。売上げのほとんどが会員による購入であるなら、そのビジネスには持続可能性がないということだ。また、委託販売ではなく、買取制になっているのも赤信号だ。

マルチ商法はビジネス誌などで批判されることが多く、行政による指導や処分もよく受けている。しかし、そんな悪評にも負けずに成長を続けてきた。そして昨今では、おそらくSNSの誕生も関係しているだろうが、マルチ商法を採用する新しいビジネスが増えている。SNSを活用した個人のネットワークは、強力な販売網になるからだ。

それにマルチ商法は、コストをかけずに商品やサービスへの熱狂を生み出し、手っ取り早く稼ぐこともできる。それに、会員となって商品やサービスを販売するのは、ちょっとした副業にもちょうどいい。怪しい商品を売る企業、商品を会員に買い取らせるような企業、新規会員の勧誘をむりやりやらせるような企業は、かなりの注意が必要だ。

デイトレードは楽して儲かる？

デイトレードとは、短期間で株の売買を行い、利益を出すことを目指す取引だ。たいていは専用のソフトウェアを使って売買を行う。基本的に1日のうちに売買を終え、ポジションを翌日まで持ち越すことがないのでこの名前がついた。専用のソフトウェアと、インターネットに接続できる環境さえあれば誰でもできるので、自宅でデイトレードをしている人も多い。

成功者の体験談などを読んでいると、たしかに簡単に大儲けできそうな気がしてくる。学生や若い人にはうってつけの方法のようだ。しかし、こういったうますぎる儲け話は、すべて疑ってかからなければならない。

デイトレード自体は詐欺ではない。ただ効果が過剰に宣伝されているだけだ。証券会社に口座を開き、株の売買をするだけなら、誰でも簡単にできる。銘柄の分析と売買を自動

Day Trading
デイトレード
⇩売買を自動で行うソフトウェアを使う
レバレッジをかけて投資
売買手数料
¥ 投資資金
口座資金を担保
証券会社

で行ってくれるソフトウェアを無料で提供している証券会社も多い。

さらに証券会社は、顧客が口座に持っている資産を担保に、投資のための資金まで貸してくれる。このように、借金で元手を増やして投資することを、「レバレッジをかける」という。たしかに理論上は、元手が少なくても、株の売買で大儲けすることは可能だ。

しかし残念ながら、実際にそれができる人はほとんどいない。株の売買で利益を出し続けるのはとても難しいからだ。市場に参加している人たちは、たいてい百戦錬磨の金融のプロだ。そんな人たちに、素人が太刀打ちできると思うだろうか？

それに、売買を行うごとに手数料も払わなければならない。1回の手数料はたしかに少額だが、それが積もり積もれば、稼いだ利益の額ぐらいすぐに超えてしまうだろう。この取引で儲かるのは、手数料が確実に手に入る証券会社だけだ。

ソフトウェアのチャートを見ても、これまでの実績がわかるだけで、先のことは誰にもわからない。市場の動きは予測できず、つねに監視していなければならなくなる。市場を動かしているのは人間だ。人間は間違いもするし、パニックにもなる。デイトレードで有り金すべて失うのも珍しい話ではない。しかも、レバレッジをかけていたりしたら、取り返しのつかない事態になりかねない。

ギャンブルの落とし穴

運や偶然を頼りにお金を儲けようとするのがギャンブルだ。とはいえ、すべて運まかせというわけではなく、スキルや専門知識があればそれなりに当たりの確率を上げられるギャンブルもある。たとえば、カードゲーム、さいころを使ったゲーム、競馬、スポーツくじなどだ。対してビンゴ、宝くじ、スロットマシーンなどは完全な運まかせであり、知識やスキルはまったく関係ない。

最近特に人気が上昇しているのは、「ファンタジースポーツ」と呼ばれるギャンブルだ。仕組みを説明すると、まず野球やサッカーなどのスポーツで、自分で選んだ選手を集めて架空のチームを作る。自分の選手が実際の試合で活躍すれば、それが架空のチームのポイントになり、ポイントが一定以上になると賞金をもらえることになっている。このギャンブル性が高い人気の秘密だ。**ファンタジースポーツが合法かどうかはまだ議論が分かれているが、ギャンブルであることに変わりはない。**

アメリカにおけるギャンブルは、入植者がやってきたばかりの頃からすでに存在した。

それ以来、時代の価値観や政治情勢によって、受け入れられたり、拒否されたりしている。しかし、政府の監視の対象だったということだけは一貫して変わりがない。

アメリカの歴史をふり返ると、ほとんどのギャンブルが違法化された時代もあったことがわかる。おそらく、勤勉、倹約、正直さを重んじるアメリカの価値観を反映していたのだろう。しかし、たとえ法律で禁じてもなくなったわけではなく、ただ地下に潜っただけだ。

人間はギャンブルをやめられず、そして政府にとってはいい税源にもなる。そのため、ギャンブルを合法化する動きがだんだんと広まり、現在ではほとんどの州でギャンブルが合法化されている。

よくギャンブルをする人であれば、たまには勝つこともあるだろう。しかし長い目で見れば、必ず負けのほうが多くなる。**宝くじも、カジノも、ファンタジースポーツも、すべて胴元が儲かる仕組みになっている（この仕組みを「ハウス・アドバンテージ」と呼ぶ）。**

たとえば、100ドルの賭け金に対して95ドル払われるギャンブルがあるとしよう。残りの5ドルは胴元に払われる手数料だ。100人から1ドルずつ集めた場合、勝者がひとりならその人が95ドルもらい、残りの99人は1ドルずつ損をすることになる。勝った人は1ドルが95ドルになったのだから大喜びで、負けた人も1ドルの損なのでそんなに懐は痛まない。このゲームを100回行うと、確率的には勝ちが1回で、負けが99回になる。つまり、95ドル儲けるために100ドル払わなければならないということだ。

ギャンブルの種類によってハウス・アドバンテージはだいたい決まっている。スキルを要するギャンブルであっても同じことだ。競馬は約20%、スポーツくじは約10%、ブラックジャックとルーレットで5%、スロットマシーンで15%、州の宝くじで40%以上が、ハウス・アドバンテージになる(州の宝くじのハウス・アドバンテージが高く設定されているのは、州の資金源にするためだ)。(注2)

このように、ギャンブルは長く続けていれば必ず損をするようになっている。それなのになぜ人はギャンブルをするのだろうか?

まずは、ゲームそのものの楽しさがある。ルールを理解したり、戦略を立てたりするのが純粋に楽しいのだ。また、レースやスポーツを見る興奮も、お金を賭けることでさらに大きくなる。たしかに大勝ちすることはめったにないが、それでも想像するだけでワクワクできる。そのためには小さな損ぐらい気にしない(たとえ頻繁であっても)。

たとえスキルが必要なギャンブルであっても、賞金は他の人たちのスキルで決まる。つまり、**スキルがある人なら誰でもわかるような「一番人気」に賭けて勝っても、賞金は大きくないということだ。どんなギャンブルであれ、勝つのは決まって胴元だ。**

ギャンブルの恐ろしさは中毒性があることだ。依存してしまうと経済的に破綻しかねな

注2. Robert Hanum, "Casino Mathematics," *UNLV Center for Gaming Research*, June 5, 2012.

い。節度を守ることができれば、ギャンブルも趣味のひとつとして楽しめるかもしれない。しかしたいていの人にとっては、ギャンブルはやらないのがいちばんだ。

あなたに忍び寄る金融詐欺

新しい詐欺がニュースになり、誰もが気をつけるようになると、すぐに次の新しい詐欺が生まれる。

特に年配の人たちは、新手の金融詐欺の被害に遭いやすい。年齢とともに認知力が低下し、人を信じやすく、それに貯金をたくさん持っている人が多いからだ。身近にいるお年寄りが大きなお金の決断をしようとしていたら、あなたが契約内容をよく聞いたり、書類を読んだりして、詐欺に遭わないように注意してあげよう。

最近になって、各種のプリペイドカードを使う詐欺が増えてきている。プリペイドカードは足がつきにくいからだ。たとえば、被害者に「宝くじが当たった」とウソの通知をして、宝くじの税金をプリペイドカードで払うように指示するという手口がある。あるいは、保釈金、何らかの料金、借金の返済をプリペイドカードで支払うように言われることもある。いずれにせよ、支払い方法にプリペイドカードを指定してきたら、詐欺を疑ったほうがいい。

他には**「担保権」を使った詐欺もある。**担保権とは、融資を実行する際に借り手が差し出した担保を、貸し手が自分のものにする権利のことだ。担保権を実行すること自体は合法であり、貸し手の権利を守る正当な手段だ。

しかしこの権利を悪用して、存在しない借金のかたに、被害者の所有物（自宅など）に対して担保権を行使するという詐欺の手口があるのだ。担保権を不正に行使するのはたしかに犯罪だが、被害に遭った人は、担保権を消滅させるためにお金を払って法的な手続きを取らなければならない。

結婚式の写真を撮るためにプロの写真家を雇ったのだが、その写真が気に入らなかった場合、それは詐欺ではなく、商業上の意見の対立だ。私たちは日常生活で、車の修理、パソコンのハードディスクの交換、家の壁の塗装など、さまざまな仕事をプロに頼んでいる。ときにはそんなプロの仕事に満足できないこともあるだろう。そういった事態を完全に避けるのは難しいが、なるべく少なくするコツをいくつか紹介しよう。

☑しつこく勧誘する、売り込みが攻撃的、「今日だけの値引き」といったセールストークを展開する業者を避ける。

☑相手の身分証を確認する。

☑会社の名前や連絡先を確認して信頼できるか調べる。

☑うまい話に乗らない。リフォームなどの大きな契約なら、下調べをして「相場」を確認しておく。

☑現金払いの値引きが5%以上になる場合は注意。現金で払ってしまうと返金が難しく、それにもしかしたら業者は、脱税するために現金での取引を望んでいるのかもしれない。

☑仕事が完成するまで料金は支払わない。支払いは現金ではなく、可能なかぎりクレジットカードを使う。

消費者のためのセーフティネット

詐欺や悪質商法から消費者を守る法律は存在する。何か困ったことがあったら、近くの消費生活センター等に相談しよう。

第10章

Financial Literacy
for
Millennials

保険の基本

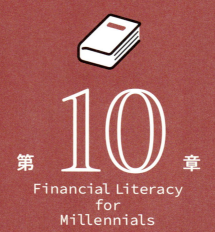

若い読者なら、おそらく携帯電話、パソコン、洋服は所有しているだろう。中高年の読者であれば、何らかの金融資産、車、宝石なども持っているかもしれない。それらの所有物がなくなったり、盗まれたり、壊れたりしたら、あなたは困ったことになる。多くの人は、人生を重ねていくうちに、価値のある所有物も増えていく。そういったものを「まさかの事態」から守るには、どうすればいいのだろうか？

そこで「保険」が登場する。保険とは、リスクを分散させる契約だ。契約者は保険会社に保険料を支払い、そして保険会社は、契約者に何か問題があったときに、集めた保険料から問題を補償するお金を支払う。

今の保険制度の起源は海洋保険だと言われている。昔の商船が、船が沈んだときに備えて、船荷に保険をかけたのが始まりだ。現在、保険会社は、すべての金融サービス業の中でとても大きな地位を占めている。保険がなければ商売は成り立たず、それに私たち個人も、保険に入ることで大切な所有物を守っている。

保険の対象になるリスクも増えるばかりだ。訴訟を起こされたときのための保険、体が不自由になって働けなくなったときのための保険、高額の医療費を請求されたときのための保険、そして命を失ったときのための保険。経済の進化にともない、個人情報の漏洩や、パソコンデータの消失といった新しいリスクが次々と生まれ、そして新しいリスクに対応して新しい保険が誕生する。

保険とは何か

保険とは、損失のリスクを移転させる契約だ。契約者は保険料を払い、その代わりに何か損失があったときに補償を受けることができる。保険料という小さな損失を負うことで、大きな損失に備える仕組みだ。

保険の契約者がたくさんいて、実際に損失を経験する人がそのうちの一握りだとしたら、保険会社は集まった保険料から十分な保険金を支払い、さらに事業を行うための費用をまかない、利益も出すことができる。このように、みんなでお金を出し合ってリスクに備える方式を「プーリング」と呼ぶ。

保険料を払うときと、何かあったときに保険金を受け取るときの間には時差がある。時差の長さは、保険の種類によって異なる。たとえば医療保険は時差が短いタイプだ。この

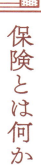

種の保険の大部分はプーリングによって支えられている。保険金を請求するのは契約者の一部だが、年間を通して見れば、全体で保険料の支払いと保険金の支払いのバランスが取れるようになっている。

これが生命保険になると、プーリングも活用されているが、保険料の支払いと保険金の支払いの間にある時差はかなり長い。そこで保険会社は、集めた保険料を投資に回し、長い時間をかけて運用することになる。投資と運用も、保険会社の主要な業務のひとつだ。

保険は、保険会社と加入者との間で交わされる契約だ。保険業界では、この契約を「保険商品」と呼んでいる。保険で補償される内容、補償されない内容などは、契約によって厳密に定められている。後で誤解や行き違いがないように、事前に契約内容をよく確認することが大切だ。

保険会社は、「外交員」と呼ばれる人たちを使って、自社の保険商品を顧客に直接販売する。また、自社の保険を売る外交員とは別に、さまざまな会社の保険を扱う「ブローカー」と呼ばれる人もいる。ブローカーは特定の保険会社とつながりがあるわけではないので、中立の立場で、それぞれの顧客にいちばん合った保険を紹介してくれることになっている。一方で外交員は自社の保険に詳しいので、顧客はより安心して購入できるという利点がある。いずれにせよ、保険の仕組みや中身はとても複雑であり、一人前の外交員やブローカー

How Insurance Works
保険の仕組み

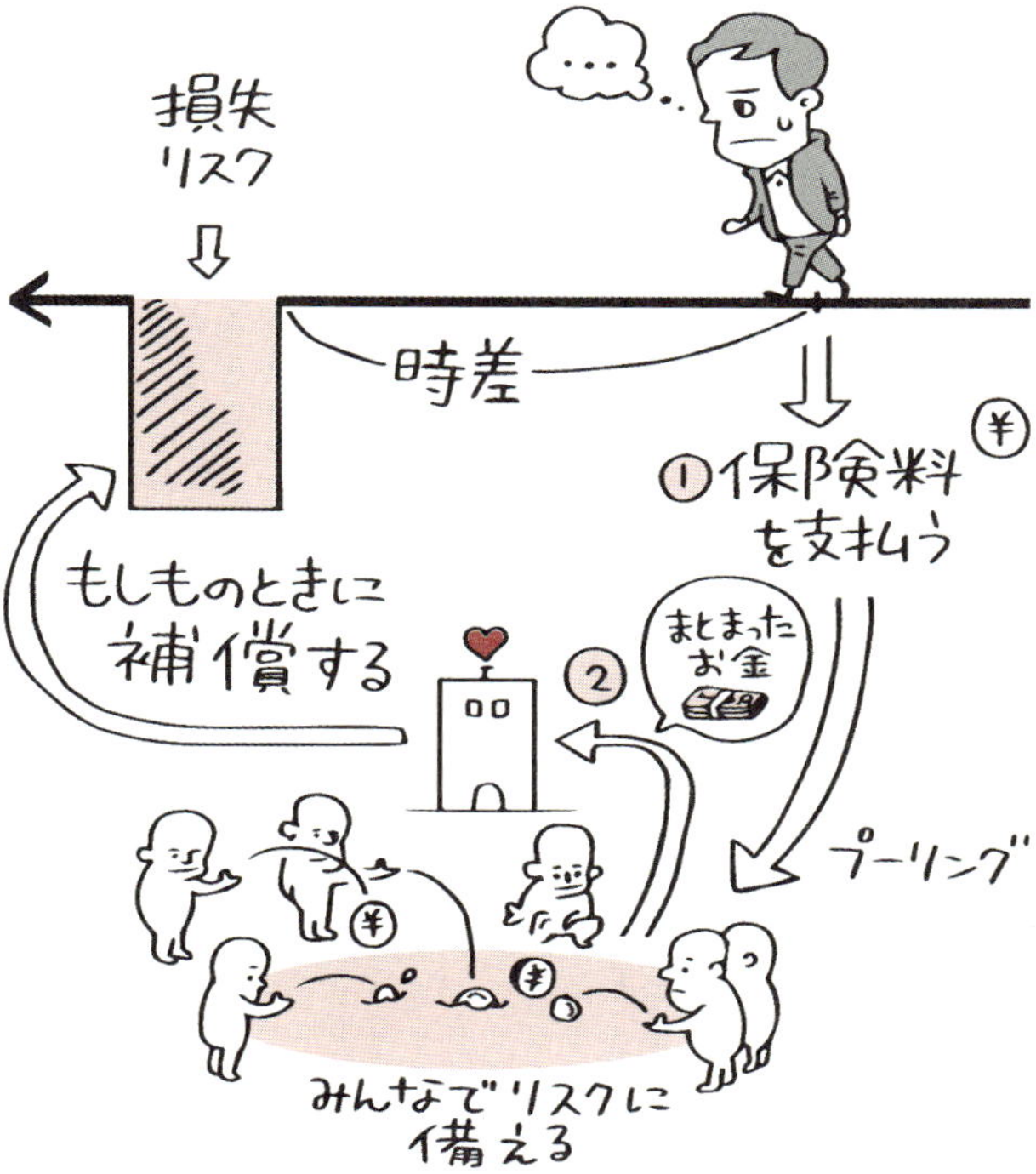

になるには何年もの下積みが必要だ。

あらゆる損害を補償する財産保険

家族が住む家から、ビジネスの在庫、コインのコレクション、鉄道貨物まで、あらゆる財産が保険の対象になる。財産保険は大きく分けて2種類ある。不動産の保険と、動産の保険だ。この区別は重要なのでよく理解しておこう。

不動産とは土地や建物のことで、そして動産とは、自宅の家具、洋服、電子機器などなど、とにかく不動産以外のほぼすべてだ。中でも土地は特別な存在であり、土地の所有者と売買の記録はすべて公的に管理されている。土地と建物はまとめて「不動産」として扱われるが、価値は別々に評価される。たとえば、火事で建物が全焼した場合、建物の価値はなくなるが、土地の価値はそのまま残る。

火災保険は、マイホームを守るもっとも一般的な保険だ。火災をはじめとするさまざまな損害を補償してくれる。ローンを組んで家を買うときは、火災保険の加入が条件になっていることが多い。現金一括で家を買う場合も、ローンを完済してからも、火災保険には加入しておいたほうがいいだろう。

火災保険は、建物とその中にある家財に対する保険であり、火災だけでなく、落雷、爆発、強風や大雪、盗難なども補償の対象だ。ただし、洪水が多い地域の場合は、火災保険で洪水が補償されないことが多いので注意しなければならない。

たとえばまだあなたが親の家に住んでいて、自分の自転車を盗まれた場合、親が加入している火災保険が自転車の盗難を補償してくれることもある。何かあったときは保証内容を確認してみよう。

火災保険で注意したいのは、家財を補償する場合、「再調達価額」を補償してくれるのか、それとも「時価額」を補償してくれるのかという点だ。

たとえば、3年使ったパソコンが盗まれたとする。時価額の契約になっているなら、3年使ったパソコンの時価は新品の価格より下がっているので、もらえる保険金はほぼゼロになってしまうかもしれない（ある一定額以下のものは補償しないという決まりがあるなら）。一方で再調達価額を補償してくれる契約なら、新しいパソコンを買った値段をそのまま払ってもらえる。当然ながら、再調達価額の契約のほうが保険料は高くなる。

暮らしを守る賃貸保険

若い読者であれば、自分の家を持つのはまだ先の話だと思っているかもしれない。しかし、多くの人は、すでに一戸建てやアパートの部屋を借りてひとり暮らしを始めているのではないだろうか。あるいは賃貸物件でルームシェアしている人もいるだろう。

自分が住んでいるとはいえ、建物そのものはあなたの所有物ではないので、火災や天災で建物が損害を受けた場合に備える保険に加入する必要はない。しかし、家の中にある家具や電子機器、洋服などはあなたの所有物であり、何かあったら損失を被るのはあなた自身だ。

保険会社は、賃貸入居者用の保険商品も販売している。基本的には盗難や火災による被害を補償してくれる保険だが、補償金額やカバーする範囲は商品によってさまざまだ。高額な宝石や楽器は対象外だったり、補償金額の上限が決まっていたりするので、契約時によく確認するように。**賃貸契約時に、賃貸用保険への加入を求められることも多い。たとえ何も言われなくても、この場合は保険に入っておいたほうが安心だろう。**

事故に備える自動車保険

自分の自動車を持ったら、保険に加入しなければならない。自動車の保険には、加入が法律で義務づけられている**「自賠責保険」**と、任意で加入する**「任意保険」**がある。自賠責保険は対人事故による損害を補償する保険であり、任意保険は、自賠責保険で足りない分を補うとともに、自分の運転で物を壊してしまった場合や、車両が損傷した場合なども補償される。

すべての自動車保険は「免責金額」が定められている。免責金額とは自己負担額のことで、修理などで払う金額がある一定額を超えると保険で補償されるというシステムだ。免責金額が少ないほど、もしものときの保険会社の負担額が増えるので、保険料は高くなる。

また補償の上限額が決まっている保険もある。たとえば盗難の上限額が2万ドルなら、2万5000ドルの車が盗まれても2万ドルしか補償されない。補償総額の上限が100万ドルの保険のほうが、25万ドルの保険よりも保険料が高くなる。

もし自分の運転で事故を起こしてしまったら、何よりもまずけが人の有無を確認すること。必要なら救急車を呼ぶ。応急処置の知識がないなら、余計なことをしないほうがいいかもしれない。事故の相手と保険会社の情報と連絡先を交換し、事故に関わったすべての車両と事故現場の写真を撮る。目撃者がいる場合は、その人の連絡先を聞いておく。

誰もけがをせず、対物の損害が最小限であっても、事故があった場合は必ず警察に通報しなければならない。そして警察が到着したら、ただ事実だけを淡々と伝えること。後々自分にとって不利になることもあるので、「誰々の責任だ」などということは言わないほうがいい。そして保険会社への通知も迅速に行うように。

全国民が加入する医療保険

医療保険とは、文字通り医療費を補償してくれる保険だ。おそらく多くの人にとってもっともなじみ深い保険だろう。**日本はすべての人が医療保険に加入する「国民皆保険」**であり、会社員であれば社会保険、公務員であれば共済保険、その他の自営業者などは国民健康保険に加入している。

万が一のための生命保険

若い人が死亡するリスクはとても低い。40代になっても、1年間で死亡する確率は0・2％以下だ。(注1)それでも生命保険は、アメリカでもっとも売れている保険商品のひとつに数えられる。

人々が生命保険に加入する理由はたくさんある。たとえば20世紀のはじめであれば、多くの人は子どもが死亡したときに備えて生命保険を買っていた。子どもが死ぬと、自分が年を取ったときに面倒を見てくれる人がいなくなるからだ。また、富裕層の中には、自分が死んだときの遺産税対策で生命保険に入る人もいる。

しかし、現代の私たちが生命保険に加入する主な理由は、一家の大黒柱が死亡したときに備えるためだ。

生命保険も、基本的な仕組みは他の保険と同じだ。契約者が比較的少額の保険料を継続的に支払い、そして被保険者が死亡したら、契約書で「保険金受取人」に指定されている人に対して、保険会社が契約で定められた保険金を支払う。保険金の額は、保険料に比べ

注1. U.S. Social Security Administration, Actuarial Life Table, "Period Life Table, 2011," average male and female death probabilities ages 40-43.

てかなり高額になる。

生命保険の契約では、「契約者」「被保険者」「保険金受取人」をそれぞれ指定しなければならない。例をあげると、契約者が夫で、被保険者が妻、保険金受取人が子どもというようになる。この場合は、夫が毎月の保険料を支払い、そして妻が死亡したら、保険金を子どもが受け取ることになる。契約者と被保険者が同一人物になることも多い。

生命保険に加入する条件として、被保険者が健康診断を受けることが義務づけられていることもよくある。若い人はたいてい健康なので、保険料も安くなる。保険会社は顧客から集めた保険料を運用し、将来の支払いに備える。高齢者や病人は死亡リスクが高いので、保険料が高くなる。

生命保険は大きく分けて2種類ある。ひとつは**「定期保険」**で、保障される期間が決まっている保険という意味だ。その期間内に被保険者が死亡したら、あらかじめ決められた額が保険会社から支払われる。期間は1年でもかまわないが、たいていは10~20年だ。契約が切れてからもまだ保険に加入していたい場合は、新しく契約する必要がある。

たとえば、30歳でタバコを吸わない女性が、10年の定期生命保険に加入したとしよう。死亡時に支払われる保険金は50万ドルで、保険料は年に275ドルだ。10年たって契約が切れたとき、その女性は40歳になっている。すると同じ条件の保険でも、年齢が高くなっている分だけ保険料も上がり、年に360ドルだ。しかし、たとえ値上がりしても、50万ドルという保障額を考えればそれほど高くないともいえるだろう。

もう1種類の生命保険は**「終身保険」**だ。これは投資と生命保険を組み合わせたような商品で、保障は生涯続く。保険料の一部は死亡したときの支払いに使われ、残りは保険会社があなたの代わりに運用するという仕組みだ。終身の生命保険は少し複雑で、途中解約の場合は解約払戻金があるなど、投資のような側面もある。保険料は、保障額が同等の定期保険と比べてかなり高く、また保険料が途中で変わることもある。

終身保険が向いているのは、単なる死亡保障以外の特別なニーズがある人だ。特に事情がなければ、普通の人は定期保険を選んだほうがいい。

ここで強調しておきたいのは、若い人のほとんどは生命保険は必要ないということだ。最初にも説明したように、生命保険とは、一家の大黒柱が死亡したときに備えるための保険だ。あなたがまだ独身なら、あなたの収入に頼って生活している人はいないので、生命保険は必要ない。たとえ結婚していても、配偶者にも十分に暮らしていけるだけの収入があるなら、生命保険は必要ない。

しかし子どもができると、事情は大きく変わる。子どもは生活のすべてを親に頼っているので、親のどちらかでも亡くなれば、残された家族は経済的にかなり困窮するだろう。

つまり生命保険の正解は、「子どもができたら定期保険に加入する」ということになる。

訴訟時に備える賠償責任保険

賠償責任保険とは、自分の行動が他人や他人の財産に何らかの損害を与え、法的に賠償する義務が生じたときに備える保険だ。企業であれば、自社の製品やサービスが原因で賠償責任が生じるリスクにつねにさらされているので、賠償責任保険に加入するべきだろう。

しかし、個人なら必要ないというわけではない。

たとえば何らかの理由で訴訟を起こされた場合、たとえ自分に非がなくても、訴訟費用は負担しなければならなくなる。さらに自分に非があった場合は、賠償金を支払わなければならないかもしれない。そんなときに賠償責任保険に入っていれば、必要な金額をカバーできる。自動車保険や火災保険は、たいてい賠償責任保険の特約も提供しているので、自分が加入している保険を調べてみよう。

SNSのリスク

ネットいじめや炎上をはじめ、SNSなどのネットを使ったコミュニケーションが大きな問題につながる事例が後を絶たない。ときには、自分の行動に問題があるのかよくわからないこともあるだろう。SNSでちょっとした噂やゴシップを流したり、友達の写真を投稿したりするのはよくあることだ。

しかし、その噂が誰かを深く傷つけてしまったとしたら？　あるいは噂がまったくのデマなのに、広く拡散して収拾がつかなくなってしまったら？　あなたがSNSに投稿した写真が原因で、写っていた友達のひとりが解雇されてしまったら？

そんな心配ばかりしていたらSNSが楽しくなくなると思うかもしれないが、心配はしなければならない。なぜなら、たとえ賠償責任保険に入っていても、ネットいじめなどの意図的な行為は補償の対象にならないからだ。嘘の情報を出版した場合は訴訟の対象になり、ネットへの投稿も出版の一部だ。また、別れた恋人のヌード写真を拡散したりする、いわゆる「リベンジポルノ」も犯罪だ。意図的な行為、ハラスメント、悪意ある投稿は、すべて賠償責任保険の補償対象にならないケースがほとんどだ。

その他のリスクに対する保険

保険は退屈な仕事だと思うかもしれないが、実はイノベーションにあふれ、つねに進化している業界だ。保険がカバーする対象は本当にたくさんある。たとえば、あなたが映画のプロデューサーであれば、主演のスターが何かで怒って降板してしまうという事態に備えて保険を買うことができる。

特にユニークな保険を取りそろえているのが、ロンドンに拠点を置く世界的な保険会社のロイズだ。これまでにも、レストラン評論家の味蕾や、ロックスターが喉頭炎にかかるリスク、世界一長い葉巻（約3・7メートル）などが保険の対象になっている。

近年の新しいリスクのひとつは、「個人情報の盗難」や「なりすまし」だろう。誰かの個人情報を盗み、その人になりすまして詐欺を働いたり、その人を犠牲にして利益を得たりする犯罪だ。被害者は知らないうちに借金を背負わされていることもあれば、銀行口座のお金を根こそぎ奪われることもある。被害者は金銭的な損失だけでなく、信用情報にも傷がついてしまうのだ。

個人情報の盗難をカバーする保険もあるが、被害に遭ってからの「回復」費用を出してもらえるだけだ。専門家の中には、個人のお金の動きを監視して、おかしなことがあったら知らせるサービスを提案する人もいる。

パソコンやスマホに入っているデータの漏洩や損失も、現代が生んだ新しいリスクだ。特にネット通販ビジネスにとって大きなリスクだが、この問題を避けられる人はいないだろう。

パソコンが壊れてデータがすべて消えてしまったと想像してみよう。新しいパソコンを買うのもたしかに痛手だが、データが消えてしまったことのほうが大問題だ。写真、音楽、文書などがすべて失われてしまう。おそらく回復するのは不可能だろう。

この場合、有効な対策は保険をかけることではなく、定期的にデータをバックアップすることだ。有料のクラウドストレージを活用してもいいし、外付けのハードディスクなどに自動バックアップするシステムを使ってもいい。バックアップを取らないのは、簡単に避けられるリスクをわざわざ負っているということだ。

第11章

Financial Literacy
for
Millennials

税金の基本

税金とは、政府と、政府が提供するサービスに支払う代金だ。単純なことだと思うかもしれないが、税金の中身はよくわからないことが多く、さらに自分がどんなサービスを受けているのかもはっきりしないことが多い。

税金は太古の昔から存在した。そして税金を払いたくないという心理も、税金の歴史と同じくらい古い。人々は、税金が高すぎると文句を言い、税金がかかるものが多すぎると文句を言い、税制が複雑すぎると文句を言い、誰かの税金は少なすぎると文句を言う。どうやら見たところ、税金を喜んで払っている人はひとりもいないようだ。とはいえ、もし税金が存在しなかったら、この社会が成り立たなくなるという問題がある。

税金の多くは「顕在税」に分類される。不動産を所有している人なら、年に一度、固定資産税を払っているだろう。自治体から送られてくる通知書を見れば、「誰がいくら払うのか」ということがはっきりわかる。それが顕在税の特徴だ。

しかし、そこまではっきりしていない税金もある。たとえば大型スーパーのウォルマートは、毎年税引き前の売上げ250億ドルに対し、80億ドルの法人税を払っている。（注1）80億ドルというお金はすべてウォルマートから出ているので、たしかにウォルマートが払っているようだ。

とはいえ、実際はそこまで単純な話ではない。ウォルマートが払う法人税の何割かは、ウォ

注1. Wal-Mart Stores, Inc., “Walmart 2015 Annual Report,” p. 36, fiscal years ending January 31, 2013-2015.

ルマートで売られている商品の価格に転嫁されている。つまり、私たち消費者も、ウォルマートの法人税の一部を払っているということだ。あのアルベルト・アインシュタインが、「所得税ほど難解なものはない」と言ったというのもうなずけるだろう。

税金と納税の仕組み

税金とは、国や地方自治体から強制的に徴収されるお金だ。納税者と徴税者による自発的な取引ではなく、納税者に課された義務だ。税金のあり方は法律によって定められていて、そのような法律がなければ税制も存在しない。

現代の民主的な社会であれば、法律は議会によって決められる。議会のメンバーを選ぶのは、私たち有権者だ。そして、税制を決め、税金を課し、税金を集めることができるのは政府だけだ。そう考えると、**税金を法律と政府から切り離すのは不可能**だということがわかる。

税金が発生する主なきっかけは3つある。それは「資産」「所得」「取引」だ。

資産とは「何か価値のあるもの」であり、それを所有していると税金を払う義務が生じる。自動車を所有する人は自動車税を払い、不動産を所有する人は固定資産税を払い、そして死んだときは価値のある所有物すべてに税金がかかる。

所得とは自分で稼いだお金のことだ。お金を稼ぐ人は、自動的に納税の義務を負うことになる。そして3つめの取引とは、たとえば店での買い物などをさす。買い物のときに払う消費税も、取引にかかる税金だ。最近では、買い物をしないことに対しても税金を払わされるようになった。オバマ政権の医療保険制度改革で医療保険への加入が義務づけられ、加入しないと罰金という名の税金を払うことになるからだ。

それぞれの税金には、詳細な決まりがあり、手順があり、徴税の仕組みがある。すべての税金を、期限までにもれなく集めるためだ。政府のあらゆるレベルに徴税専門の部署があり、専門的な訓練を受けたスタッフを集めて任務の遂行を目指している。税金は納税者が自発的に支払うものではないので、徴税する側は、取り逃しのないように細心の注意を払っている。税金を期日までに支払わないのは違法であり、罰金や刑事罰の処分を受けることもある。

政府のサービスに対して払う料金と、税金を分けて考える人もいる。その一例がガソリン税だ。連邦政府と州政府が集めたガソリン税は、全国を走るハイウェイの維持管理に使われる。ハイウェイを利用する人たちは、ガソリン税を通して維持管理の費用を払っているということになる。

こう考えるとたしかにサービスに対して払う料金のようだが、当局によって徴収され、払わないという選択肢はないために、実際は税金だ。税金を払う人と、税金の恩恵を受ける人の大部分が重なっているのは、税金の使い方がそうなっているからであり、税金そのものの本質ではない。

税金で何ができるのか

税金は、市民が行政のサービスに対して払う料金だ。たとえば消防活動というサービスであれば、税金が直接サービス提供者に支払われる。または、「補助金」という形で、サービス提供にかかる費用の一部を税金で負担することもある。家賃が割安になる公営住宅に住んでいる人は、税金によって提供される行政のサービスを受けているということだ。

税金は医療にも投入されている。アメリカに存在するほぼすべての医療機関が、政府から補助金を受け取っている。退役軍人病院などの公立病院であれば、税金が直接投入される。民間の病院の場合は、政府から補助金を受けている医療保険を通じて間接的に税金が投入される。医学の研究を行う大学病院や研究機関にも、税金が一部投入されている。

医療と並んでたくさんの税金が投入されている分野は教育だ。8年生までの義務教育はもちろん、高校卒業までの各種フリースクールにも税金が使われている。幼稚園や保育園といった幼児教育、さらに全国の図書館にも税金が投入されている。州政府は、学生や家族の学費負担を軽減するため大学に補助金を出していて、その財源も税金だ。連邦政府も大学に補助金を出し、さらに奨学金プログラムにも資金を提供している。

税金は古くから公共事業にも使われてきた。建物、道、運河、港、トンネルなどの建設に税金が使われ、さらに最近では、空港建設や、コミュニケーション・ネットワークの構築も公共事業の一部だ（そもそもインターネットは、政府の研究者がお互いに情報を交換するために作られた）。当然ながら、公共事業に投入される税金の多くは、民間の建設業などに流れることになる。

現在、コミュニケーション・ネットワークはほぼすべて民営化されている。鉄道、電気、ガス、水道の多くも民営だ。ハイウェイの一部まで民営化されている。とはいえ政府も、インフラの整備に今でも大きく関わっている。たとえば、民間企業の手が届かない地方のインフラ（インターネット網、電気、公共交通、港、鉄道など）は、税金で整備されている。

おそらく政府のもっとも大切な役割は、市民の生命と財産を守ることだろう。連邦政府は、私たちが払った税金を陸軍、海軍、空軍、沿岸警備隊に投入し、アメリカの国境を守り、国外におけるアメリカの利益を守り、さらに同盟国を支援している。そして州政府は、私たちが払った税金を、州兵、州警察、消防署に投入している。また、裁判所と刑務所も税金で運営されている。

税金の使い道は、その他にもたくさんある。経済開発プロジェクト、環境保護活動、災害救援活動、農業への補助金、公園やレクリエーション施設の維持管理など。それに政府自体の運営費も税金から出ている。政府がお金を借りたときは、税金を使って元本と利息を返済する。

政府がどこまでするかということについては、昔から激しい議論の的になってきた。政府が提供するサービスは、結局のところすべて税金でまかなわれるからだ。

How Taxes Work
税金の仕組み
取引
所得
資産
税
税
税
教育
医療
公共事業

「消費税」は何のためにあるのか

アメリカのほぼすべての場所で、店で何かを買うと、代金の他に「売上税」（日本の消費税）を払うことになる。たとえば、コンビニで89セントのガムをひとつ買ったとすると、値段の7～8％の売上税を払う。売上税は、何かを買ったときに払う税金だ。何も買わなければ払う必要はない。

売上税を政府に納める義務があるのは小売店であり、実際に納めるのも小売店だ。とはいえ、商品の値段に売上税の額が上乗せされているので、実際に税金を払うのは消費者ということになる。

売上税の税率は、買い物をする場所や、商品の種類によってさまざまだ。州、郡、市がそれぞれに売上税を徴収し、学区や運輸当局といった徴税の権利のある機関が独自の税を課す可能性もある。消費者はそれらをすべて足した税率だけを見ているが、小売店は、集まった税金を切り分けてそれぞれの機関に納めなければならない。

ちなみに、モンタナ州、ニューハンプシャー州、オレゴン州などは売上税が存在しない

（しかし他の税金はあるのでご心配なく）。地方の売上税をすべて合計すると、税率はだいたい5〜10％になる。（注2）

すべての商品やサービスに売上税がかかるわけではない。たとえば食品と薬品は、多くの州で売上税の対象外になっている。処方薬はほとんどの州で非課税になっていて、中には市販の薬も非課税にしている州もある。

食品については、非課税の対象にしている州もあれば、税率を下げている州もある。何を食品とするかは、州当局が決めることになる。スポーツドリンクやアイスキャンディーをどう扱うかで頭を悩ませる州も多い。他にも、業界団体から要望があった、公共の利益になると政府が判断したという理由で、売上税が非課税になった商品もある。

インターネットを使った商取引が広がったことで、アメリカの税制は思いがけない難問を抱えることになった。2015年まで、インターネット取引に対する新たな課税は連邦法によって禁じられていた。しかし実際の売上げについては、小売店が事務所や倉庫を構える州によって売上税を課されることになる。

現在、多くのネット通販業者は、消費者から売上税を徴収して州に納税している。ネット通販業者が倉庫や事務所を構えない州の住民は、売上税ではなく「使用税」を払わなければならない。州外での買い物については、売上税の代わりに使用税を払うと州法で定め

注2. Scott Drenkard and Jared Walczak, "State and Local Sales Tax Rates in 2015," *The Tax Foundation*, April 8, 2015.

られているからだ。しかし、小売店は売上税の徴収は行うが、使用税の徴収は行わない。使用税については、消費者が自分で申告して納税する必要がある。消費者のほとんどはこの決まりを無視し、使用税を払っていない。それに州当局も、よほどの高額の買い物でなければ見逃している。

歴史的に、売上税は商品の売上げだけにかかり、サービスについて非課税だった。散髪、庭の芝刈り、医者の診察、洗車などのサービスは、すべて売上税の対象から除外されていた。しかし10年ほど前から、お金に困った州政府が、サービスの一部からも売上税を取れないかと考えるようになった。ちなみに、この試みの大半は失敗に終わっている。

現在、一部の州が一部のサービスに売上税を課しているが、たいていのサービスは今でも非課税だ。アメリカ経済が生産するものの約80%がサービスなので、サービスへの課税を考えるのも自然な流れだろう。

連邦政府の税制に売上税は存在しない。連邦政府の主な財源は所得税と給与税だ。しかし、他の先進国を見てみると、国が売上税を徴収するのが一般的になっている。ヨーロッパなどでは売上税ではなく、付加価値税（VAT）と呼ばれることが多い。VATは取引のすべての段階で上乗せされている。ただし課税の対象になる額は、仕入れ値と売値の差額だけだ。そして末端の消費者は、その商品やサービスの値段にかかる税金をすべて払うことになる。

VATはすべての商品とサービスに課税されることになっているが、実際は非課税になるものもたくさんある。VATは経済効率性の高い税制ではあるが、所得税の代わりにするのではなく、所得税と合わせて課税すると、税の負担はかなり大きくなる。そのせいで経済活動が停滞し、経済成長が妨げられる恐れがある。

「あなたの所得税」はいくらか

会社に勤めて給料をもらう、銀行預金に利息がつく、年金をもらう。これらはすべて「所得」であり、所得税の対象になる。

アメリカに所得税が登場したのは、そんなに昔のことではない。1913年まで、連邦政府による所得税は存在しなかった。しかし現在、連邦政府の歳入の半分以上は所得税だ。州や地方自治体のレベルになると、所得税は歳入の約25％になる。そして売上税と財産税が約35％ずつだ。(注3)所得税は、アメリカの中央政府や地方政府にとって大きな収入源

注3. Liz Malm and Ellen Kant, “The Sources of State and Local Tax Revenues,” *The Tax Foundation*, January 28, 2013.

になっている。

所得税を定義するのは難しい。あのアインシュタインでも理解できなかったぐらいだ。「所得」とは、家計やビジネスに入ってくるすべてのお金であると定義できるかもしれないが、仮にそうすると、たとえ利益や価値を生まなくても、お金の動きすべてに課税することになってしまう。

たとえば、1000ドルでパソコンを買い、1年後に500ドルで誰かに売ったとしよう。この500ドルは家計に入ってきたお金なので「所得」と考えられるが、その一方でパソコンという価値のあるものを手放してもいるのだ。

ビジネスであれば、入ってきたお金がすべて自分のものになるわけではなく、そこから必要経費を支払わなければならない。そのため所得税は、給与所得、投資の利益、ビジネスの利益に課税すると決まっている。

所得税が存在すると、個人やビジネスはなるべく所得を低く抑えようとする。税率が低ければ人の行動にそれほど影響を与えないが、税率が高くなると、所得がゼロかそれに近くなるように工夫したり、税金を逃れる道を探したりするようになる。

税制を決める人たちは、所得の種類や額によって税率を変えたりして、人々の行動に正しいインセンティブを与えようと努力している。たとえば、長期の投資が経済にとってプラスになると考えるのであれば、長期の投資による利益（キャピタルゲイン）への税率を給与所得の税率より低く抑えたりする。

現金や高価な物品を誰かからもらった場合は、所得とはみなされない。また、ビジネスの会計でも、何を経費とするかについては厳密な決まりがある。

連邦政府による所得税は、「課税所得」を基準に計算される。課税所得とは、すべての収入から各種の控除を引いた金額だ。たとえば、扶養家族にかかる一定の費用や、年金の掛け金などは控除の対象だ。その他にも、住宅ローン控除、寄付控除、医療費控除など、課税所得をなるべく低く抑える手段を政府が用意してくれている。

課税所得が決まったら、その額に税率をかけて、実際に納める所得税額を計算する。アメリカを含む世界のほとんどの国は、「累進課税」と呼ばれる制度を採用している。これは所得が多いほど税率が高くなるという制度で、所得区分（ブラケット）に従い、段階的に税率が上がっていく。表を参考に具体的に見てみよう。

表11・1は、課税所得が年に2万ドルの独身者と、課税所得が合わせて16万ドルの共働き夫婦を比較している。

まず独身者から見ていこう。課税所得のうち、最初の9225ドルにかかる税率は10％で（つまり税率が10％になる所得区分は0～9225ドルということ）、残りの1万

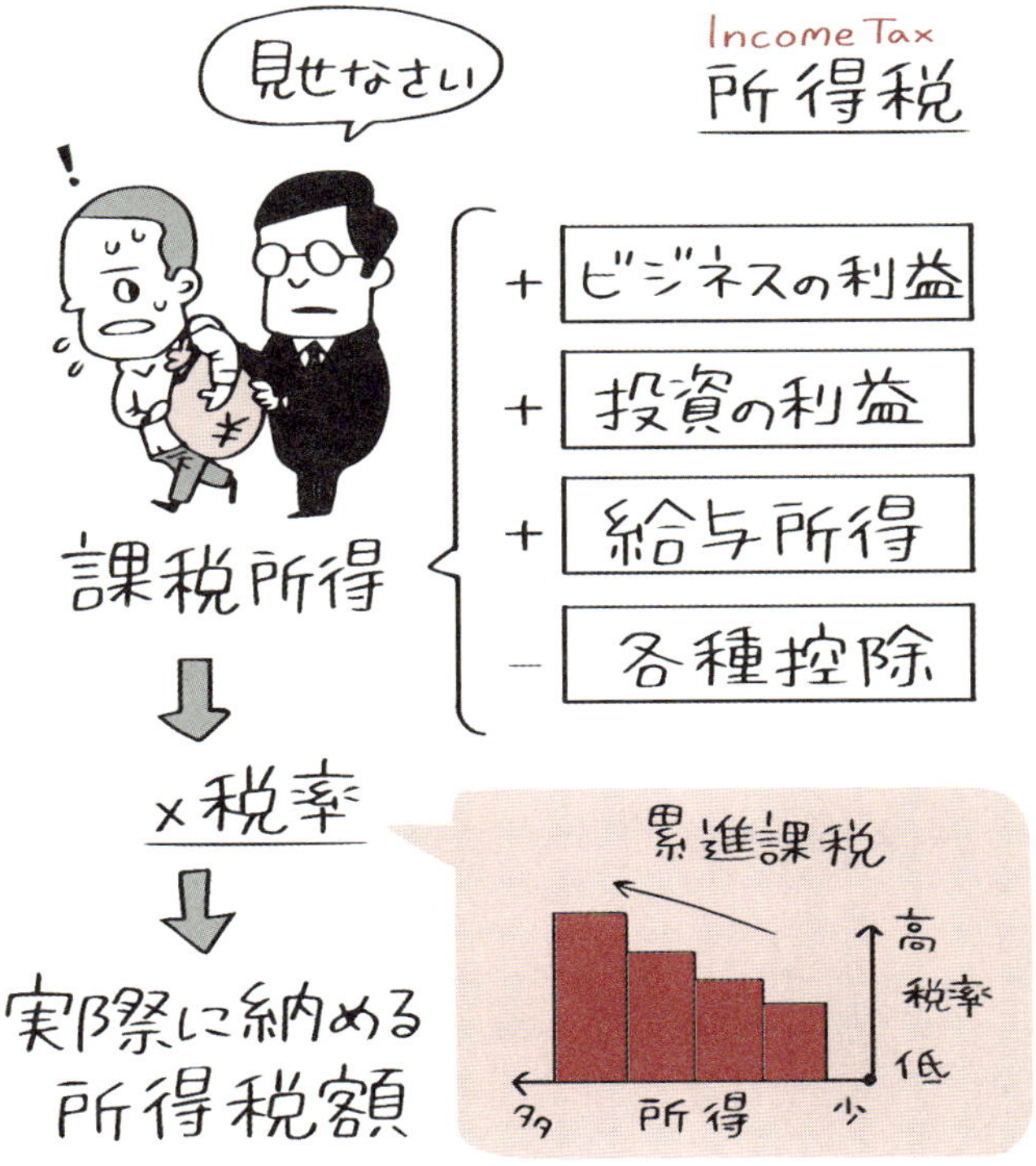
Income Tax
所得税
見せなさい
課税所得
+ ビジネスの利益
+ 投資の利益
+ 給与所得
− 各種控除
×税率
実際に納める
所得税額
累進課税
高
税率
低
多
所得
少

表11・1　2015年連邦所得税の所得区分に基づく累進課税の計算

課税所得２万ドルの独身者					
	課税所得の最低額	課税所得の最高額	課税対象額	税率	税額
税率10％の所得区分	0ドル	9,225ドル	9,225ドル	10%	922.50ドル
税率15％の所得区分	9,226ドル	37,450ドル	10,775ドル	15%	1,616.25ドル
合計税額					2,538.75ドル
平均税率				12.7%	

課税所得160,000ドルの共働き夫婦					
	課税所得の最低額	課税所得の最高額	課税対象額	税率	税額
税率10％の所得区分	0ドル	18,450ドル	18,450ドル	10%	1,845.00ドル
税率15％の所得区分	18,451ドル	74,900ドル	56,450ドル	15%	8,467.50ドル
税率25％の所得区分	74,901ドル	151,200ドル	76,300ドル	25%	19,075.00ドル
税率28％の所得区分	151,201ドル	230,450ドル	8,800ドル	28%	2,464.00ドル
合計税額					31,851.50ドル
平均税率				19.9%	

出典：Tax Foundation, “2015 Tax Brackets” (October 2, 2014); 著者の分析

７７５ドルは税率が15％になる（税率15％の所得区分は９２２６～３万７４５０ドル）。そこで、連邦所得税の総額を計算すると、922.50ドル＋1616.25ドル＝2538.75ドルだ。この人物に対する連邦所得税率は、平均して12・7％になる（この他にも州所得税を払い、さらに市所得税まで払わなければならないかもしれない）。

次に、課税所得が合わせて16万ドルになる共働き夫婦について見ていこう。夫婦と独身者では、適用される所得区分が異なる。夫婦の場合は、税率10％の区分が０～１万８４５０ドルで、15％の区分の上限は７万４９００ドルになる。そして７万４９０１～15万１２００ドルの区分が25％、15万１２０１～23万４５０ドルまでが28％だ。

この夫婦の連邦所得税を計算すると、1845・00ドル+8467・50ドル+1万9075・00ドル+2464・00ドル=3万1851・50ドルになる。平均の連邦所得税率は19・9%だ。

このように、**累進課税のもとでは、課税所得が増えるほど、所得に占める税金の割合が大きくなっていく。**ちなみにアメリカにおける個人の所得税の最高税率は39.6%で、この税率が適用される所得区分は、独身者で41万3200ドル以上、夫婦で46万4850ドル以上になる。

各種控除と累進課税を組み合わせると、所得によっては所得税がかなり抑えられ、実際は所得税をまったく払っていない人も多い。そして連邦所得税が課税されない人は、州所得税も非課税だ。年によっても違うが、だいたい平均して45~50%の世帯で所得税が非課税になっている。およそ半数の世帯が、所得税をまったく払っていないのだ。

つまり、**一部の裕福な世帯が、大部分の所得税を払っているということになる。**具体的には、世帯収入上位1%が連邦所得税の38%を支払い、そして上位10%になると、連邦所得税の実に70%を支払っている。(注4)

注4. Scott Greenberg, "Summary of the Latest Federal Income Tax Data, 2015 Update," The Tax Foundation, November 19, 2015.

税金と収入・支出の関係

誰が払っているのかはっきりわかる税金もある。 売上税なら、払うのは消費者だ。ガソリン税を払うのは車を運転する人だ。しかし、たとえば小売店が売上税の一部を値引きする、あるいはガソリンスタンドがガソリン税の一部を値引きするといった場合は、税の負担を売り手と買い手で分担していると考えられる。

実際に誰がどれだけ税金を負担しているかということは、「租税の帰着」と呼ばれている。たとえば企業は、売上げから経費を引いて課税所得を算出し、そこに所定の税率をかけた法人税を政府に納めている。しかしこれは、本当に「企業が税金を納めている」と言えるのだろうか。

企業は税金の分を値段に上乗せしているかもしれない。もしそうなら、実際に税金を払うのは消費者だ。あるいは税金の分だけ従業員の給料を安くしているなら、実際に税金を払うのは従業員だ。税金を払うことで利益が少なくなっているので、税金を負担しているのは株主であるとも考えられる。この中で「会社が税金を払う」と言えるのは、最後の例だけだろう。この「租税の帰着」の問題に関しては、経済専門家や官僚、政治家の間で激しい議論が交わされている。

税金関連でもうひとつ覚えておきたいのは、**「限界税率」**という考え方だ。これは特に所得税と大きく関係している。限界税率とは、簡単に言うと、「課税所得がいくら増えると、税金はいくら増えるか」ということだ。

年間の課税所得が2万ドルになる独身者の例を思い出してみよう。その人が1000ドル昇給して、年間の課税所得が21000ドルになったとする。増えた分の1000ドルは税率15%が適用されるので、連邦所得税は150ドル増える。州と地方の所得税でさらに50ドル増えるかもしれない。それに社会保険と医療保険の支払いも合わせて76.50ドル増える計算だ。

つまり、課税所得が1000ドル増えたことで、税金が276.50ドル（1000ドルの約27.7%）増えたことになる。これを「限界税率27.7%」と表現する。

連邦所得税率が39.6%の高額所得者になると、限界税率は55%を超える。頑張って働いて収入を増やしても、その半分以上を税金で持っていかれると知っていたら、これ以上頑張らなくてもいいと思ってしまわないだろうか？

税金は人の行動に影響を与える。たとえば法人税率が上がったら、企業は従業員の給料をカットしたり、商品やサービスの値段を上げたりするかもしれない。売上げ税率が上がったら、消費者は買い物を控えるようになるかもしれない。所得税率が上がったら、労働者は働く時間を減らすかもしれない。

人々にいい行動を促すために税金が活用されることもある。たとえば公衆衛生の専門家の多くは、タバコの税率を上げれば、人々がタバコを吸わなくなるのではないかと考えた。そして彼らの思惑通りの結果になり、アメリカ人の喫煙率は下がっている。

税制の変化に対して、消費者やビジネスがどんな反応をするかを正確に予測するのは難しい。そこには多くの要素がからんでくるからだ。一般的に「何かに税金をかければ、その何かを買わなくなる」ということは言えるだろうが、政府は何かに税金をかけなければならない。税金がなければ、あらゆる行政サービスが提供できなくなってしまう。

とにかくあなた個人としては、「税金を引いて残った額が自分のお金だ」ということを忘れないようにしよう。あらゆるものに税金がかかるが、税金を安く抑える方法もたくさん存在するのだ。

税制とあなたの仕事

税制はビジネスの行動にも影響を与える。特に影響が大きいのは、「どんな形態のビジネスを選ぶか」という意思決定だ。ビジネスも個人と同じように所得税を払わなければならない。個人の税金とビジネスの税金を別々に払うこともあれば、個人とビジネスの会計が同じになることもある。

税制とビジネスの形態で、最初に考えなければならないのは「二重課税」の問題だ。ビジネスの利益は、ふたつのレベルで課税されることがある。たとえば、まずビジネスの利益に対して税金を払い、残った利益を株主に分配すると、株主はその所得に対する税金を払わなければならない。

ビジネスの形態によって、二重課税がほとんど起こらないこともあれば、ほぼいつも二重課税になることもある。そのため、ここでの目標は、なるべく二重課税にならないようにすることだ。

ビジネスの形態は大きく分けて4つある。個人事業主、パートナーシップ、会社、そし

てLLCだ。このうち会社を除く3つは、税制上「パススルー事業体」として扱われる。パススルー事業体は、事業所得の税金は払わず、その事業によって得た自分の所得に対してだけ税金を払う。個人事業主が、事業所得と個人所得を分けずに申告するイメージだ。事業所得の課税が「素通り（パススルー）」されるのでこの名前がついた。

表11・2は、年間の利益が100万ドルになるパートナーシップと会社を比較している。パートナーシップのほうは、同等の所有権を持つパートナー10人からなる事業体だ。彼らはパススルー事業体なので、それぞれのパートナーが10万ドルずつ所得を申告する。すべての税金を合わせた限界税率は45％で、税引き後の手取りはそれぞれ5万5000ドル、10人分を合計すると55万ドルになる。つまりこのパートナーシップの税引き後の利益は55万ドルということだ。

次に、彼らがパートナーシップではなく会社だった場合の税金を考えてみよう。表11・2にもあるように、利益が100万ドルなら、連邦税と州税を合わせて41万ドル支払うことになる（ニューヨーク州の税率で計算した）。残りの59万ドルが、10人の株主に分配できる額だ。すべての税引き後の利益を平等に分配するのであれば、配当を受け取った株主は、そこからさらに所得税を払うことになる。連邦税と州税を合わせた限界税率は31％だ。その結果、すべての税金を支払った後で手元に残るのは40万7100ドルになる。パート

表11・2　事業所得の二重課税

	パートナーシップ	会　社
事業所得	1,000,000ドル	1,000,000ドル
パートナーの合計税率	45%	
パートナーの納税総額	450,000ドル	
会社の合計税率		41%
会社の納税総額		410,000ドル
配当税の課税対象額	550,000ドル	590,000ドル
配当にかかる合計税率	0%	31%
配当税	0ドル	182,900ドル
株主の税引き後手取り	550,000ドル	407,100ドル

出典：著者の分析

ナーシップだった場合の55万ドルより少なくなってしまった。

このように、会社は二重に税金を取られることになる。

会社であっても、ある一定の条件を満たせば、パススルー事業体として扱ってもらうことができる。パススルー事業体として扱われる会社は「S法人」と呼ばれ、それ以外の二重課税の対象になる会社は「C法人」と呼ばれる。

S法人と認定される条件のひとつは、株主が100人以内であることだ。だから株式を公開している大きな企業は、C法人になるしかない。条件をすべて満たしてS法人と認定された会社は、会社の利益に対する課税はなく、そのまま株主に分配される。

近年ＬＬＣを設立する人が大幅に増えたのも、Ｓ法人に認定されたほうが税制上かなり有利になるからだ。ＬＬＣはそれに加えて、個人事業主やパートナーシップにはない「有限責任」という扱いを受けることができる。さらにＬＬＣは、課税上の地位も持たない。構成員がひとりだけのＬＬＣは個人事業主と同じように確定申告し、構成員が複数いるＬＬＣはパートナーシップと同じように確定申告する。ＬＬＣが会社と同じように確定申告できるケースもある。

利益を出すことを目指さず、社会的に意義のある事業を行う事業体は**「非営利団体（ＮＰＯ）」**と呼ばれる。チャリティ団体、教会、教育機関、基金、病院などがＮＰＯという形態を選ぶことが多い。ＮＰＯの中でも、非課税の申請が認められた団体は「５０１(c)団体」と呼ばれる。

５０１(c)団体に認められる条件の詳細は歳入庁が発表している。認定された団体は、連邦の所得税も州の所得税も払う必要がない。それに加えて、地方の固定資産税など、所得税以外の税金も免除されることが多い。課税対象の事業と、非課税の事業の両方を行っている団体については、課税対象の事業の分だけ所得税を払うことになる。ほとんどのＮＰＯは法人として設立される。それ以外の形式では、非課税の認定を受けるのが難しいからだ。

第12章

Financial Literacy
for
Millennials

社会福祉の基本

政府はさまざまな形で国民にお金を配っている。たとえば農家は、買い上げによる価格維持や、作物保険への補助金などの形で、連邦政府から多額のお金をもらっている。多くの州は特別支援学校の教育にお金を出しているので、そういった学校に通う家族がいる人は、政府からお金をもらっているということになる。政府は、特別な事情がある人を個別に援助したり、すべての人にとって利益になる事業を行ったりしている。

個人が政府の援助を受けるには、ある一定の条件を満たしている必要がある。そして資格が認められると、その人は決められた期間（場合によっては無期限）、政府の援助を受けることができる。

政府による援助の目的は、社会政策における目標を達成することだ。それは高齢者の貧困を減らすことかもしれないし、けがで障害が残った人の生活支援かもしれないし、失業者に生活資金を支給することかもしれない。こういったプログラムの多くは必要に応じて作成され、政府の援助がなければ困窮する人を対象に支給される。

かつては政府の援助を受けることを「恥」とするような文化があったが、現在は支援の対象がかなり広がっているので、恥の感覚はほぼ消えていると言っていいだろう。とはいえ、政府の助けを借りずに自力で生きていけることを誇りに思う人は今でもたくさんいる。

貧困格差解消ガイドライン

多くの州政府と連邦政府には、低所得層を援助するプログラムがある。連邦政府は、ある一定の収入に満たない家計を「貧困」と定義し、政府による援助プログラムの多くがその定義を使用している。メディケイド（貧困者用の医療保険）、CHIP（貧困世帯用の児童医療プログラム）、民間の保険会社に支払う医療保険料の援助などは、すべて連邦政府が定める貧困の基準に従って受給者が決められている。

連邦政府は、貧困のガイドラインを毎年発表している（表12・1を参照）。ひとつの世帯を構成する人は、血縁者でなくてもかまわない。同じ家に生活し、家計を共にしていることが条件だ。現在、4670万人のアメリカ人が、貧困と定義される世帯に暮らすと見積もられている。（注1）

貧困ラインはすべての州が同じというわけではない。たとえばハワイ州は、世帯人数にかかわらず、貧困ラインの収入が他の州より15％高く設定されている。アラスカ州の場合は25％高い。

注1. U.S. Census Bureau, "Income and Poverty in the United States: 2014," Table 3, September 2015.

表12・1　2015年の貧困ガイドライン

世帯人数	世帯年収
1	11,770ドル
2	15,930ドル
3	20,090ドル
4	24,250ドル
5	28,410ドル
6	32,570ドル
以下1人増えるごとに	1人につき4,160ドルを足す

出典：U.S Department of Health and Human Services, "2015 Poverty Guidelines" (September 3, 2015)

連邦政府が定めた貧困ラインを基準に使うプログラムの多くは、貧困ラインに一定の数字をかけた収入で判断する。たとえばカリフォルニア州であれば、妊娠中の独身女性の場合、連邦政府の貧困ラインの2.08倍の収入が援助を受けるラインだ。

ここで基準になる収入には、仕事による収入だけでなく、公的年金や障害者年金、児童手当などの政府の援助や、会社の年金などのすべての収入が含まれる。ただし、フードスタンプなど現金でないものは含まれない。また、貧困世帯は無税のことが多いが、判断の基準となる収入は税引き前の収入と決まっている。

ところで、これらの数字は何を基準に決めているのだろうか？　国勢調査局が初めて貧困ラインを発表したのは1963年のことだ。そのときの基準は、「3人家族が十分に生きていけるだけの額」だった。一家の収入の3分の1以上が食費になるなら、その家庭は貧困ラインより下ということになる。それ以来、国勢調査局は、食費を増やすという形で基準に調整を加えてきた。現在、政府各機関は、保険福祉省が定める簡略化された貧困基準を用いているが、50年以上たった今も基準の基本的な形は変わっていない。

国勢調査局が定める貧困ラインには批判も多い。たとえば、ふたつの州をのぞいたすべての州で、都市部と地方で同じ基準を用いているのは、単に行政上の便宜でしかないだろう。住む場所によって生活費は大きく異なるので、このままでは正確な基準とは言いがたい。それに、考慮するのは食費だけで、住居費、医療費、交通費などを無視するのも、家計の支出のごく一部しか見ていないことになる。また、現金以外の政府の援助を収入に含めないのも問題だ。

実際のところ、消費する額、所有するもの、住居の質といった「消費」を基準に貧困を定義したほうが、ずっと実情に即した援助ができるという研究結果が数多く発表されている。現金収入だけを基準に貧困を決めた場合と、消費を基準に総合的に貧困を決めた場合で、数十年にわたる福祉の効果を比較したところ、現金収入だけを基準にしたほうはむしろ貧困が悪化するという結果になった。

学資ローン・奨学金

第5章でも見たように、大学進学のために学生が背負う借金は平均して3万5000ドルにもなる。現在、奨学金の原資にもっとも多くのお金を出しているのは連邦政府だ。各教育機関が教育省と連携し、連邦政府が出資した奨学金の管理を行っている。この奨学金は、私立大学、公立大学、職業訓練校、コミュニティ・カレッジで利用できる。

連邦政府はまた、返済のいらない給付型の奨学金も提供している。低所得層のための奨学金「ペルグラント」は、年間5775ドルまで支給が受けられる。また、「TEACH」は、卒業後に教師になり、教師が少ない地域で教えることを条件に支給される奨学金で、支給額は年間4000ドルまでだ。（注2）州政府も給付型の奨学金を提供しているが、金額や内容は州によって異なる。民間の給付型奨学金も存在し、経済的に余裕のない学生や、優秀な学生を援助している。

銀行や、その他の金融会社が提供する学資ローンもあるが、たいてい金利が高く、契約には保証人（たとえば学生の親など）が必要だ。民間の学資ローンは、他に手段がどうし

注2. アメリカ合衆国教育省の教育支援に関するウェブサイトを参照（https://studentaid.ed.gov/sa/）

ても見つからなかったときの最後の手段と考えるべきである。

ローン手続きは、まず連邦政府に申請することから始まる。申請書に書くのは、学生自身の情報と、家庭の経済状況だ。連邦政府の奨学金の大部分は、経済的に困っている学生に支給されるが、「困窮」の条件を満たさない学生に支給されることもある。

学生自身と家族の収入、貯蓄、支出などを総合的に判断し、それぞれの支給額が決められる。そして審査の結果、学生の状況に応じて、給付型の奨学金、学資ローン、勤労学生支援金の支給が決まる。連邦政府に提出した正式な申請書（この申請書は「FAFSA」と呼ばれる）が、その他あらゆる奨学金や学資ローンでも基準として使われる。

学資ローンの問題は、返済しなければならないということだ。公的な学資ローンのほとんどは、返済の開始を卒業から半年後まで延長することができる。そして返済が始まったら、他のローンと同じように、利息と元本の両方を返さなければならない。

経済困窮者向けの学資ローンであれば、利息の一部は政府が負担してくれる。つまり、民間のローンに比べて最初から金利が低くなっているということだ。それに加えて、返済されなかったローンの損失も政府がかぶることになる。助成の対象にならない学資ローン（経済的に困っていると認められなかった学生へのローン）でも、公的ローンのほうが民間ローンよりもかなり条件がいいのはそのためだ。

一般的に、大学院生の場合、助成の対象になる学資ローンの上限額は年間で1万2500ドル、助成の対象にならないローンは2万500ドルだ。

公的な学資ローンは、たいてい返済期間が10〜25年と長いので、余裕のある返済ができる。ただし、学資ローンも他のローンと同じで、返済期間が長いほど返済総額も増えるということは覚えておかなければならない。学資ローン平均額の3万5000ドルを、金利5%で10年かけて返済すると、1カ月の支払いは370ドルになる。たしかに小さな額ではないが、一般的な大卒の給料であれば無理なく返せるはずだ。ちなみに返済期間を20年に延ばすと、毎月の支払いは230ドルになる。

とはいえ、学資ローン総額が平均よりも多い、学資ローン以外の借金もある、収入が低いという人もたくさんいるために、政府は収入に応じた柔軟な返済プランにも応じている。けがや病気で体に障害が残った、死亡したという場合には、それ以降の返済は免除になる。このように、**公的な学資ローンは条件のいい借金ではあるが、法的に破産しても学資ローンの返済義務は残るので注意が必要だ。**

条件によっては、一部の返済が免除されることもある。たとえば、ある一定の期間（たいてい20〜25年）たっても返済が終わらなかったら、残りのローンは免除される。これは収入が少ない人にとってはありがたい制度だ。また、政府の定める「公益のための仕事」

に就いた人は、毎月の返済額が少なく抑えられ、しかも10年以降の返済は免除されるという制度もある。公益のための仕事とは、たとえば公的機関、教育機関、ＮＰＯなどでの仕事だ。

このように、政府は学生のためにさまざまな学資援助プランを用意している。しかし、その制度はかなり複雑で、最大限に活用したいのなら綿密に計画を立てる必要があるだろう。大学のカウンセラーや、お金を出して民間のカウンセラーに相談する人も多い。きちんと調べるのはかなり大変かもしれないが、見返りはとても大きい。世の中にはさまざまな援助があり、学ぶ意欲のあるすべての人にお金が行きわたるようになっている。

住宅ローン

学資ローンの他にも、連邦政府は50以上のローンに補助金を出している。たとえば、事業資金、農業経営、被災者、退役軍人のためのローンなどがある。しかし、もっとも多額のお金がつぎ込まれているのは住宅ローンだ。

政府が住宅ローンを援助するといっても、政府が直接ローンを貸し出すわけではない。

ローンを提供するのは、あくまで民間の金融機関だ。ただ、ローンが政府の定める条件を満たしていれば、債務不履行になった場合に政府が損失を肩代わりしてくれることになっている。全額ではなく、一部だけ肩代わりするというプランもあるが、基本的には同じことだ。ローンを貸し出すリスクを政府と分担できるので、貸し手にとってはとてもありがたいプランであり、住宅ローンの貸し出しが大幅に増えるという結果になっている。

連邦住宅局（ＦＨＡ）は、さまざまな住宅ローンを保証の対象にしている。ＦＨＡはそもそも、低所得者救済の目的でローンの保証を始めたわけではないが、ＦＨＡのローンは頭金が少なくてすむために、結果的に貯蓄の少ない人の申請が多くなっている。それでも、信用履歴が良好で、安定した職に就き、十分な収入がある人しかローンを組むことはできない。また、退役軍人やネイティブアメリカン専用の住宅ローンもある。農務省は、農家を対象に住宅ローンを直接貸し付けたり、住宅購入のための補助金を支給したりしている。

政府の住宅ローン援助は、ローンの保証だけではない。おそらくいちばん大きなお金が動いているのは、ファニーメイとフレディマックという政府支援企業（ＧＳＥ）を通した援助だろう。このふたつのＧＳＥが、住宅ローン市場を支配しているといっても過言ではない。

ファニーメイとフレディマックの正式名称は、それぞれ連邦住宅抵当公庫と連邦住宅抵当貸付公社で、主な業務は金融機関から住宅ローン債権を買い取って証券化することだ。それによって、住宅ローン市場の活性化と金利の低下を目指している。

このふたつのGSEは、どちらも後に公開企業になったが、政府の援助は実質的に続いていた。つまり、れっきとした民間企業ではあるが、経営危機に陥ったら政府の救済が入るということだ。そして2008年の金融危機で、それが現実になった。現在は2社とも政府の管理下で営業を続けている。

ファニーメイとフレディマックは、民間企業が貸し出した住宅ローンの債権を購入し、それぞれを細かく分割してから多様なローンをまとめてパッケージにすると、「不動産担保証券」として市場で売り出す。このプロセスは「住宅ローンの証券化」と呼ばれている。

この種の証券は、定期的に現金収入があり、リスクが細分化され、さらに連邦政府の保証があるために、投資家の間でとても人気がある。貸し手にとっても、債権を売ることですぐにローンを回収できるのでありがたい仕組みだ。さらに借り手にとっては、たいていの債権はふたつのGSEが買い取ってくれるために（買い取り額には上限がある）、ローンが組みやすくなるという利点がある。

Home Loan Programs

住宅ローン

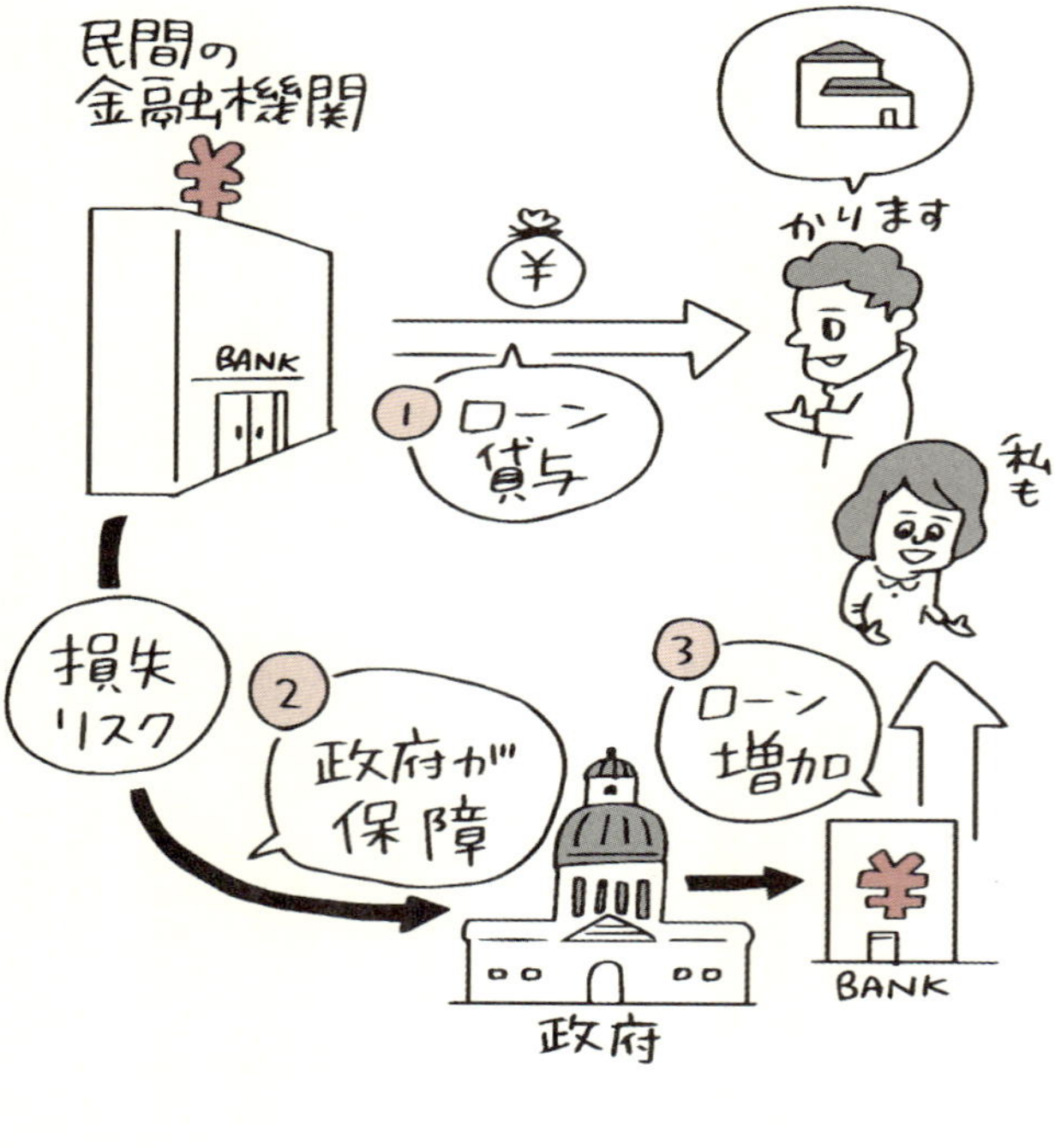

失業保険・労災保険

それぞれの州が失業保険のための基金を運営し、失業者に金銭的な支援を行っている。基金の財源は、州政府と連邦政府が給与所得者から徴収する給与税だ。支給基準は原則的に連邦政府の規則に従うが、一定の範囲内で州の裁量も認められている。**一般的に、失業保険を受給できる期間は最長で半年だが、失業率が大幅に上昇している時期は期間を延長する法案を可決することが多い。**支給額は平均で週に300ドルだが、前職の給与の半額を支給するという目標があるために、実際の支給額は州によって大きく異なる。

失業保険を受けるには、仕事を探していることが条件になる。自分の過失による解雇や、自主退職の場合は、失業保険の給付を受けられない。2014年には、700万人以上が総額で400億ドルを超える失業保険を受け取った。（注3）

労働者災害補償制度は州による労働者支援で、連邦政府のお金は使われていない。これは勤労が原因のけがや病気による損害を補償する制度だ（連邦政府にも独自の労災プログ

注3.U.S Department of Labor, Office of Unemployment Insurance, Division of Fiscal and Actuarial Services, "President's Budget FY 2016," February 2, 2015.

ラムがある）。これもまた保険の一種であり、雇用主が保険料を支払い、運用は民間の保険会社が行っている。

この制度が生まれたのは20世紀のはじめのことで、勤務中のけがに関する労使の争いを裁判沙汰にしないことが目的だった。労働者に補償金を出すことで、お金がかかり、時間がかかり、さらに結果も見えない裁判を避けることが狙いだ。

しかし皮肉なことに、現代の労災認定では、労使ともに弁護士を雇って争うのが一般的だ。制度の濫用も多く、けがの程度が軽い失業者に対する失業保険として使われている側面もある。全米の雇用主は、労災保険のために年に８００億ドルの保険料を支払い、そして実際に労働者に支払われる保険金は年に６００億ドルだ（差額は翌年に持ち越される）。（注４）

注4. National Academy of Social Insurance, "Workers' Compensation: Benefits, Coverage, and Costs, 2012," August 2014.

第13章

Financial Literacy for Millennials

法律と契約の基本

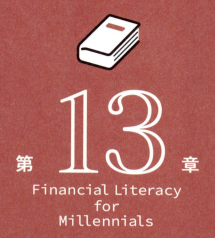

私たちは法律と無縁で生きていくことはできない。たとえばアパートでひとり暮らしをしているなら、あなたは大家さんとの間に賃貸契約を結んでいる。ローンを組んで自動車を買ったのなら、ローン契約を結び、さらに自動車を担保にする契約も結んでいる。学生のアルバイトであっても、雇用主は雇用に関するさまざまな法律を守らなければならない。あなたがこの前インターネットから違法にダウンロードした音楽も、著作権法で守られているので、著作権を持っている人から訴えられても文句は言えない。お金と法律は切っても切れない関係にあるので、お金に関わることで法律に触れることがないように注意が必要だ。

契約とはどういうことか

私たちの周りは契約だらけだ。店で何かを買うことも、売買契約の履行にあたる。スマートフォンの使用も、携帯キャリアとの間に交わされた長い（そして一方的な）契約があるから可能になっている。大学に入学するのも契約であり、医療保険に加入するのも契約だ。クレジットカードを使うことさえ、長ったらしい契約文によって可能になっている。

アメリカでは、ほぼすべての消費者取引が、法律に基づく契約によって成り立っているのだ。しかし、そもそも「契約」とはどんなものなのだろうか？

契約を一言で説明するなら、「二者かそれ以上の当事者による合意」となる。あなたの大家さんは、自分の所有する不動産にあなたが住むことに合意している。保険会社は、あなたが医者にかかったら医療費を払うことに合意している。そしてあなたのほうは、保険会社に保険料を支払い、決められた手順で保険金を請求することに合意している。VISAカードはあなたがクレジットカードで買い物をすることに合意し、そしてあなたはVISAからの請求通りにお金を払うことに合意している。

契約を結ぶと義務が生じる。そして契約を結ぶすべての当事者は、契約によってお互いに何か価値のあるものを交換することになる（この価値のあるものを「約因」と呼び、約因が契約に拘束力を与えると考えられている）。たとえば、将来に何かをすると約束するのも、ひとつの「価値のあるもの」だ。

あるいは、お金も価値のあるものだ。来週ベビーシッターのアルバイトをするとお隣さんに約束し、お隣さんはバイト代を払うと約束したなら、この約束は契約だ。「両親にあることを内緒にしてくれたら10ドルあげる」と弟から言われ、その10ドルを受け取ったのなら、それもまた契約であり、あなたは弟の秘密を守る義務がある。

契約は約因だけでは成立しない。それに加えて当事者間の合意も必要だ。双方が何かを提供し、双方が相手から提供されるものを受け入れ、双方が合意に関する理解を共有していなければならない。また、契約が拘束力を持つには、契約条件の内容も十分に詳細かつ明快である必要がある。

たとえば、あなたが引っ越しすることになり、今使っている家具を友達に売る約束をしたとしよう。約束しただけで、値段について何も話し合っていないなら、それは契約ではない。値段は契約条件に欠かせない要素だ。

書面にすることは絶対に必要な条件ではないが、口頭の契約を証明するのはとても難しいので、契約を結ぶならきちんと書面にしたほうがいいだろう。それに地域によっては、口頭の契約は訴訟を起こせる期間がとても短いこともある。また、ある種の契約（たとえば不動産に関わる契約）は、つねに書面にしなければならない。

たとえば、あなたが携帯キャリアとの間で契約を結ぶとしよう。新しいスマートフォンを安価に購入できる代わりに、2年間はそのキャリアのサービスを利用するという内容だったが、あなたは契約の途中でキャリアを変えることにした。あるいは、ルームメイトと一緒に部屋を借り、一緒に住む期間を定めた簡単な合意文書を取り交わしていたが、どちらかが約束より早く部屋を出ることになった。

いずれのケースも、契約内容が守られなかった場合、守らなかったほうは「契約違反」をしたと判断される。そして契約を違反されたほうは、相手を訴えて損害の賠償を求める権利があるが、訴えることは義務ではない。

ここで重要なのは「損害」をどう考えるかということだ。契約違反によって何の損失も被っていないのなら、訴える意味はない。たとえばルームシェアの件では、前のルームメイトが契約より早く出ていっても、すぐに次のルームメイトが見つかって家賃を折半できるのなら、そこに損害はまったく発生していない。

契約の当事者になったら、必ず契約を尊重しなければならない。保険の契約や、ネットの会員契約をするときは、必ず小さい文字で書かれた「規約」に同意するように言われる。あれをすべて読む人はめったにいないが、読まないのはあなたにとってリスクになる。あなたが小さい文字で書いてある契約上の義務を果たさず、相手に訴えられたら、あなたはおそらく裁判に負けるだろう。

裁判所は基本的に、いくら不公平で一方的な規約でも、規約の内容を尊重する判決を下す。一方的な規約とは、たとえば携帯電話の契約、銀行口座の契約、ほぼすべてのリース

Contracts
契約
不動産
スマートフォン
クレジットカード
ベビーシッター

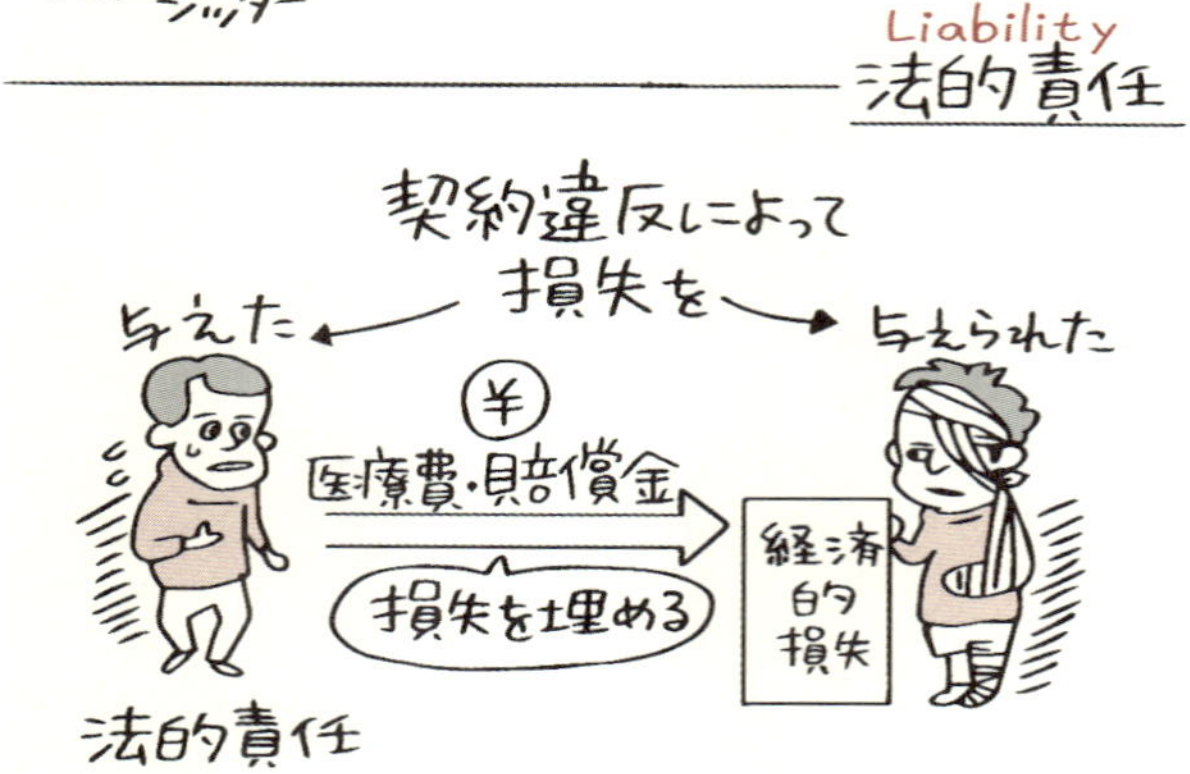
Liability
法的責任
契約違反によって損失を
与えた
与えられた
¥
医療費・賠償金
損失を埋める
経済的損失
法的責任

契約だ。これらの契約では、契約の当事者のうちひとりだけが規約を書き、それ以外の当事者はただ読んで同意するしかない。

ちなみに、規約の内容が曖昧である場合は、法廷ではたいてい規約を書いたほうが不利になるように解釈されるが、それもほとんど慰めにならない。そもそも、裁判を起こされた時点であなたの負けだ。なぜなら、裁判費用を払わなければならないからだ。

多くの消費者契約は、意見の相違があった場合、裁判ではなく調停で解決することが求められる。調停は非公式の裁判のようなもので、裁判よりも安価で、早く結論を出すことができる。そして、たいていの調停は、消費者よりも企業の利益を優先する。企業に多額の損害賠償が命じられることはほぼないと考えていい。

婚前契約

婚前契約に興味のある若い人は多い。それは自分に関係があるからというよりも、セレブの間で流行しているからだろう。

婚前契約は文字通り結婚前に交わす契約であり、離婚した際のお金の扱いなどを決めている。残念ながら、せっかく結婚しても離婚するカップルは多い。統計によると、カップル全体の40〜50％は離婚すると言われている。

離婚率は、カップルの教育レベルと年齢によって大きく異なる。年齢が高くなるほど、そして教育レベルが上がるほど、離婚率は下がる。彼らの離婚率はおそらく3分の1ほどだと見積もられている。3分の2が離婚しないのなら、なかなかの成功率だと言えるだろう。（注1）

そろそろ結婚を考えるようになったけれど、まだ若く、貯金も少なく、結婚生活に持ち込むような資産もなく、子どももいないというのなら、婚前契約は不要だ。しかし少し年齢が高くなると、資産もそれなりにできている。カップルのどちらかが裕福である、事業を経営している、再婚である、前の配偶者との間に子どもがいるといった場合は、婚前契約を考えてもいいだろう。

婚前契約を結ぶと、カップルのそれぞれが結婚前に持っていた資産を明確にし、それらの資産を離婚のときにどのように分配するかをあらかじめ決めておくことができる。また、配偶者の事業による将来の収入、遺産による収入などの扱いも決めておくこともできる。慰謝料の取り決めも婚前契約に含まれる。

注1. Claire Cain Miller, "The Divorce Surge Is Over, but the Myth Lives On," *The New York Times*, December 2, 2014.

婚前契約はさらに、配偶者の借金から自分を守るときにも役に立ってくれる。しかし、子どもの養育権に関しては、婚前契約はほとんど役に立たない。契約の内容がどうなっていようと、裁判所はたいてい子どもの利益を第一に考えるからだ。

婚前契約も立派な契約であり、すべての当事者はこの契約を尊重しなければならない。正しい書式で書かれている契約であれば、裁判所で正式な契約として扱われるからだ。カップルの双方が、自分の弁護士に契約書をきちんと読んでもらうこと。結婚するのはそれからだ。

カップルのどちらも、結婚前の資産をすべて正直に申告しなければならない。そして契約書にサインするときは、どちらも心身ともに正常な判断ができる状態でなければならない。州によっては、契約書が完成したらすぐに署名するのを認めず、署名までの期間を決めているところもある。

婚前契約を交わしていなかったカップルが離婚すると、金銭の判断は州法に従って行われることになる。その場合、婚姻中にカップルが入手した資産はすべて平等に分ける、婚姻中の借金は共同で責任を持つ、夫婦の財産の管理や処分もふたりで分担するという判断になることがほとんどだ。

法的責任のリアル

自分のしたことに対してお金を払わなければならない場合、あるいは自分の言動が他人に損害を与えた場合、その人に「法的責任」が生じる。法律がなければ損害を受けた人がすべての損をかぶることになるが、法的責任という概念によって、被害者から加害者に損害を移動することができる。法的責任の話は、ほぼすべてお金の話と言っていい。損害の内容が何であれ、お金によって補償することになる。

たとえば、事故で誰かが誰かにけがをさせたとしよう。損害を与えたほうは、けがをした人の医療費を払うだけでなく、その人が受けた精神的・肉体的な苦痛に対する賠償金も払わなければならない。「苦痛」そのものはお金とは関係ないが、このシステムではすべてを金額に換算することになる。

契約に違反した当事者は、他の当事者に対して法的責任がある。契約違反によって生じた何らかの損害に対して責任を負っているということだ。法廷は、その損害の程度を判断し、契約違反によって生じた経済的損失を埋めることを目指す。契約違反がなかったような状態になるのが理想だ。

契約違反によっていずれかの当事者が精神的・肉体的な苦痛を経験した場合、法廷はその苦痛に対する賠償金も命じる。契約違反をした当事者に強い悪意が認められた場合は、似たような事例を抑制するために、懲罰的損害賠償金を課すこともある。

あらゆる損害は金額に換算される。不動産をめぐる争議など特定の争議では、法廷は「特定履行」を命じることもある。特定履行とは、損害を金銭で賠償するのではなく、本来の契約の履行を強制するという意味だ。アメリカの司法制度では、裁判に関わるすべての当事者が訴訟費用を負担することになっているが、裁判に負けたほうがすべての訴訟費用を負担するケースもある。

相手側の過失を証明できなくても、自分が損害を受けたのであれば、相手の責任を問うことができる分野もある。これは、過失がなくても責任はあるということから「無過失責任」と呼ばれる。たとえば、あなたがある製品の何らかの欠陥によって負傷したのであれば、製造会社はあなたのけがに対して責任を取らなければならない。あなたの使い方に問題があったとしても、製造者側は責任を免れることはできない。

他には、非日常的な危険な行為（爆発物や危険な化学物質を扱う、など）、野生動物を飼育したことによる負傷や損害、他人の財産に損害を与えるといったケースでも、無過失責任が適用される。

有形財産と無形財産

財産とは、何らかの価値のある個人の持ち物だ。金融資産、自宅、家財道具など、すべてが財産となる。財産には「無体財産」と呼ばれるものもある。無体財産とは物理的な形のない財産であり、たとえば商標などがそれに当たる。財産はすべて、法律によって持ち主の権利が認められている。あなたの財産はあなたのものであり、法的な根拠がなければ、誰であってもあなたから財産を奪うことはできない。あなたの意思であれば、財産を誰かにあげてしまっても、破壊してしまってもかまわない。

普段の生活で財産権を意識している人はほとんどいないが、実際のところ、財産権を守ることはアメリカのもっとも重要な価値観のひとつだ。世界各国の成功した経済と失敗した経済を研究する学者たちによると、強固な財産権が確立されている国は、経済的に成功する確率が高くなるという。

合衆国憲法には、財産権を守る決まりがいくつかある。たとえば、適正な手続きと補償を行わずに政府が個人の財産を奪うのを禁止する、契約に干渉する法を制限する、といった決まりだ。

財産は、法律によって「不動産」と「動産」に区別される。不動産は土地や建物であり、動産はそれ以外のすべての財産だ（形あるものもないものも含む）。財産の所有権に関する基本的な決まりは、「他人の財産を許可なく使用することはできない」というものであり、財産の形態に関係なくすべての財産に適用される。

所有者の同意なく財産を持ち去るのは窃盗だ。窃盗は刑法で罰せられる犯罪であり、さらに奪った財産に対して金銭的に賠償する責任も生じる。また、他人の財産に損害を与えた場合も法的な責任が生じ、ここでも無過失責任が適用される。つまり、意図的に損害を与えたのではない、あるいは細心の注意を払っていたがそれでも損害を与えてしまったという場合でも、損害に対する責任を取らなければならないということだ。

他人の財産に何らかの形で干渉することは、財産の種類にかかわらず、「財産権の侵害」として法的に罰せられる。他人の所有地に「立ち入り禁止」の看板を見ることもあるだろうが、たとえそのような看板がなくても、所有者の許可なく他人の土地に入ることは法律で禁じられている。

知的財産——アイデアを具現化したもの

何らかのアイデアを表現することによって生まれた財産は「知的財産」と呼ばれる。アイデアはたいてい、言葉、音楽、映像、発明、ソフトウェアのコード、数式といった形で表現される。

知的財産権には、著作権、商標権、特許権という3つの大きな分野がある。それぞれ中身は大きく違うが、権利を保護する方法はどれも同じだ。知的財産権の所有者が、その知的財産を独占することが法的に認められている。こういった形で法律によって権利が保護されていなければ、芸術作品などの知的財産を創造する動機が少なくなってしまう。

知的財産権によって知的財産を合法的に独占できる期間は、法律によって定められている。ただし商標は例外であり、無期限に権利が認められている。いずれにせよ、自分が知的財産を所有しているかぎり、他の人は許可なくその財産を使用することはできない。

著作権が適用される知的財産は、詩や小説などの文章、音楽、写真、絵画、映画、映像、ラジオ放送、テレビ番組、ライブパフォーマンスなどだ。公に発表されているかどうかは関係ない。著作権で保護される作品は、許可なく複製することが法律で禁じられている。また、著作権の保有者は、自分の著作物に改変を加えた「二次創作物」に対する権利も有する。

アメリカの法律では、創造的な表現が行われた時点で著作権が発生するとみなしている。たとえば、映像が撮影された時点、本が執筆された時点、写真が撮影された時点だ。それだけで著作権が認められるが、さらに著作権局に登録し、著作権マークをつけると、より強固な法律の保護を受けることができる。とはいえ、著作権は著作物に内在する権利であるということに変わりはない。

１９７８年以降に生まれた作品であれば、作者の死後70年まで著作権が保護される（作者がわからない場合、１９７８年より前に作られた場合、特別な契約によって作られた場合は、著作権が保護される期間が異なる）。著作権が切れると、作品は公の財産（パブリックドメイン）になったとみなされ、すべての人がその作品を複製したり、使用したりできる。ちなみに、タイトル、レシピ、地名など、著作権が認められていないものもある。

エンターテインメント業界は、音楽や映画を違法にダウンロードする人たちを厳しく取り締まっている。数千ドルもの罰金や刑事告訴などの厳罰で臨み、違法ダウンロードをなんとかなくそうとしている。しかし残念ながら、今のところ効果はないようだ。

とはいえ、映画や音楽を創造するには、かなりの資金、時間、才能が必要であり、そうやってできた作品をお金を払わず違法にダウンロードするのであれば、それは立派な窃盗だ。いくら見逃されることが多いとはいえ、犯罪であることに変わりはない。映画や音楽を作った人のところにお金が入らなかったら、その人たちは創作活動を続けられなくなってしまう。

音楽の世界では、仲介者である著作権管理団体が、音楽を放送する人と音楽を作る人の間に入り、著作権料の受け渡しをするという方式が昔から使われてきた。代表的な著作権管理団体が、米国作曲家作詞家出版者協会（ASCAP）と、ブロードキャスト・ミュージック・インク（BMI）だ。ほぼすべてのビジネス、レストラン、バー、ラジオ局、テレビネットワーク、ウェブサイト、スマホアプリなどが、このふたつの団体から音楽を合法的に流す権利を与えられている。

これら音楽を使用する「ブロードキャスター」たちは、ASCAPとBMIにさまざまな料金を支払っている。そしてこの2団体は、どの曲が何回流れたかといったことをつねに監視し、作曲家、作詞家、その音楽を所有する音楽出版社などに著作権料を支払っている。著作権料のレートは、コピーライト・ロイヤリティ・ボードという政府機関によって定められている。

著作権の保護には、「公正利用（フェアユース）」という例外が認められている。 たとえば著作権の所有者が、作品への健全な批判やパロディを禁止したら、創造的な表現の自由を妨げることになる。フェアユースとは、ある一定の条件を満たせば、著作権のある作品を自由に使用できるということだ。

たとえば、雑誌のページのコピーを1枚だけ取る、自分がレンタルした映画を友達と一緒に見る、テレビ番組を録画して後で見る、本からの短い引用をフェイスブックに投稿するといったことは、すべてフェアユースとして認められている。これらの使用に共通しているのは、著作物の使用によってお金を儲けていないということだ。

何をもってフェアユースとするかについての明確な決まりはないが、使用目的（商業目的でないのが望ましい）、作品の性質（ノンフィクションは著作権の保護が他より弱い）、使用する量（少ないほどいい）、使用による影響（著作権者に実際に損害を与えているか）という4つの要素で判断されることが多い。フェアユースと認められない例をひとつあげるなら、それは、ひとつの作品を他の作品と融合させることだ。あらゆる改変、脚色、二次創作は、著作者の許可を得なければならない。

商標とは、ビジネス上のブランドを表現したイメージやシンボル、言葉のことをいう。 他のビジネスと区別し、独自性を際立たせるのが目的だ。商標の目的は、消費者の混乱を避けることにある。商標によって、似たような会社、ブランド、サービスが区別される。「ｉＰａｄ」という名前はアップルの商標であり、かじられたリンゴのマークもアップルの商標だ。そして「Ａ＆Ｆ」はアバクロンビー＆フィッチの商標だ。

あるロゴやマークが商標として認められるには、商業で使用するという条件がある。どの企業も商標の開発には力を入れていて、多くの時間とお金が注がれている。一般的に、商標権はその商標が使用されているかぎり認められる。つまり商標権は無期限ということだ。

アメリカの場合、特許商標庁（ＵＳＰＴＯ）という政府機関に申請して認められた商標は、法律によって保護されることになる。許可の有効期間は10年で、更新は何度でもできる。また、それぞれの州も商標を守る独自の法律を整備している。

特許はもっとも複雑な知的財産だ。特許として認められるのは、新種の植物（光合成を行う有機体）、新しいデザイン（工業的に製造可能なもの）、新しい利便性（改良されたプロセス、機械、素材、ものなど）の3つのうちのどれかだ。特許のいちばん大切な要素は「新しさ」だが、「役に立つ」という側面もなければ特許として認められない。または、ただ単に「色を変える」といったような新しさも認められない。

以上のような特許の条件は、ときに解釈がとても難しい。特許の審査を最初に行うのは、7500人の高度な訓練を受けた専門家だ。彼らはＵＳＰＴＯの職員であり、過去に似たような発明がなかったか調査する。単なるアイデアだけでは特許として認められない。発明品としてきちんと形になるように、詳細な説明書きが求められる。

ときには、あまりにも当たり前すぎて見逃されているものに特許が認められることもある。その代表的な例が、アマゾンの「ワンクリック注文」だ。アマゾンはこのシステムに特許を出願し、USPTOが特許を認めた。この決断には批判も多く、訴訟を起こされたこともあるが、今のところアメリカでは特許として認められている。しかしヨーロッパでは事情が違い、今まで何度も申請が却下されている（EUには独自の特許法がある）。

アメリカの場合、特許の有効期間は20年であり、更新はできない。それでも多くの企業は、オリジナルの特許に改変を加え、新しい発明として申請するという方法で、特許権を実質的に延長している。

すべての人が、自分の知的財産を著作権や特許権で保護してるわけではない。特許が認められるには、発明品の構成や作り方を詳細に説明した文書を提出し、全世界の人が見られるようにしなければならず、そして20年が経過したらすべての人が使用できるようにしなければならない。

そのため、**特許を使わずに、「秘密」によって自分の知的財産を守ろうとすることもある。**

たとえばコカ・コーラのレシピがそうだ。食品会社は、秘密によって自社のレシピを守っているところが多い。こういった企業にとって価値のある秘密は「営業秘密」と呼ばれる。営業秘密に含まれるのは、顧客の名前、製品やサービスの値段、デザイン、レシピなどだ。

それぞれの州に営業秘密を守る法律があり、従業員は自社の営業秘密を自分の利益のために利用したり、新しい雇用主に明け渡したりすることが禁じられている。新しい社員には、秘密保持契約（ＮＤＡ）に署名することを求める企業もある。一般的に、この種の契約は法的拘束力を持つので、署名した人は契約を厳密に守らなければならない。

特許権、著作権、商標権のことを、単なる「裁判を起こす権利」だと考える人も多い。つまり、権利があるだけでは、自分の知的財産は守れないということだ。本当に守りたいなら、裁判などの行動を起こす必要がある。しかし裁判はお金も時間もかかり、リスクも大きい。裁判に勝てば、自分の訴訟費用を相手に払ってもらえることもあるが、それはまれなケースだ。そのためちょっとした著作権や商標権の侵害ぐらいでは、裁判を起こさないことが多い。それに特許権の保有者は、仮に裁判を起こすと、元々の特許権が再び審査され、覆されるというリスクがあることを心得ている。

知的財産の創造者であれば、自分の作品はできるだけ守りたい。そして知的財産を使用する側であれば、できればパブリックドメインになってもらいたい。あなたがどちらの立場でも、知的財産には価値があるということは覚えておこう。知的財産を創造するには時

全て
ワシのもん
じゃ!
財産権
価値ある
個人の
持ちもの
Property
財産
動産
不動産

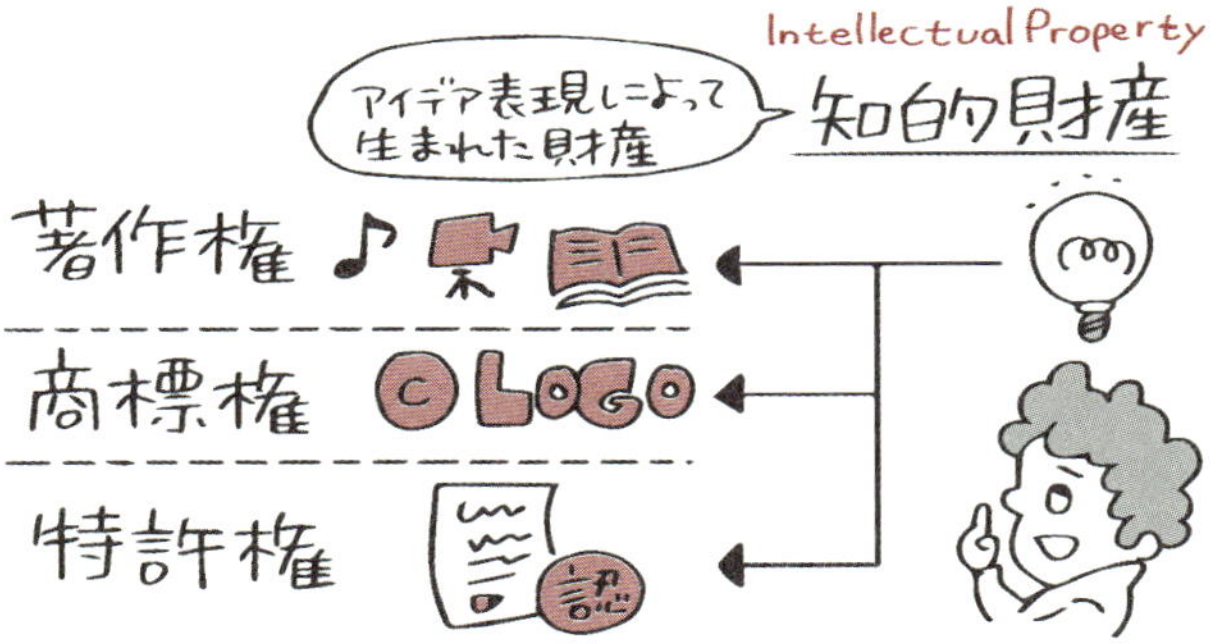
Intellectual Property
知的財産
アイデア表現によって
生まれた財産
著作権
商標権
LOGO
特許権
認

間とお金が必要であり、その所有権は法律できちんと守られるべきだ。

不法行為

事故はいつでも起こる可能性がある。大きな事故でけがをすると、仕事ができずに収入を失うことになるかもしれない。さらに医療費がかかり、心理的トラウマが残り、日々の生活もままならない。法律というものは、過失のある人を特定するシステムだ。事故があったのなら、誰かが何か間違ったことをしたはずだ。違うだろうか？

たとえば、自分の家の中で、自分が置いたバッグにつまずいて転んでけがをしたのなら、けがの責任は自分にある。法律に訴えてもしかたがない。しかし、事故の原因が自分以外のどこかにあるのであれば（たとえば、前をよく見ていなかったドライバーが、あなたの車に追突してバンパーに傷をつける）、何らかの「不法行為」があったとして法で裁かれることになるかもしれない。自分だけの責任による事故であれば、損失はすべて自分でかぶることになる。

不法行為とは、他人の財産に損害を与えることだ。損害を受けた当事者から、損害を与えた当事者に損失を移動するには、4つの要素を満たす必要がある。第一の要素は**「義務」**だ。誰かに損害を与えたのであれば、その人は被害者に対して何らかの義務を負っている。たとえば、負傷した人物と特別な関係がないのなら、その人を助ける法的な義務はない。

第二の要素は**「契約違反」**だ。義務を負うことがたしかであるなら、その義務を放棄するのが契約違反になる。一般的に、人は誰でも、他者に対して不注意にふるまわないという義務がある。あなたの不注意な行動が事故を招いたのなら、注意深く行動するという契約に違反したことになる。

第三の要素は**「因果関係」**だ。あなたが注意する義務を怠ったことが、相手のけがにつながったのだろうか？ その間の因果関係を証明できるだろうか？ たとえば、あなたがレストランで食事をして食中毒になったのだが、医師の誤診により何の治療も受けられないまま家に帰されたとする。誤診をした医師は、あなたの苦しみに対して法的な責任があるのだろうか？ その答えは「ノー」だ。なぜなら、あなたの苦しみの原因は、医師の誤診ではなく、食中毒だからだ。

また法律では、間接的な因果関係も責任を問われないことになっている。たとえば、予想外の出来事の組み合わせによってけがをした場合、出来事とけがの間に因果関係は認められないということだ（因果関係の法的な定義はとても難しく、ケース・バイ・ケースで判断されることが多い）。

そして第四の要素は**「損害」**だ。他の3つの要素を満たしていても、自分が何の損害も受けていなければ、相手の法的責任を問うことはできない。たとえば、車を駐車させようとしているときに、誰も乗っていない車にぶつけてしまったとしよう。相手の車に何の損害もなければ、不法行為を立証することはできないのだ。

不法行為の判断で大切になるのが「過失」という考え方だ。損害を与えた当事者に法的な責任を問うには、その状況に求められる注意を十分に払っていたか確認する必要がある。その判断を下すのは、たいてい陪審員だ。

過失が認められないのであれば、通常は法的な責任を問うことはない。すべての当事者が十分な注意を払っていても、事故が起きてしまうことはある。あるいは、すべての当事者に同じだけの過失があるというケースもあるだろう。たとえば、薬へのアレルギー反応は事前に予測できるとはかぎらない。あるいは、急いで道を走っているふたりの人が、双方とも前方不注意で衝突するということもある。

とはいえ、アメリカは訴訟社会であり、何か事故があると誰かに責任を取らせようと考える。昨今の裁判では、完全に自分の不注意でけがをした場合であっても、けが人のほうが勝ってしまうことが多い。

名誉毀損、中傷、住居侵入など、相手に意図的に損害を与える行為も不法行為になる。

名誉毀損とは、相手の評判を傷つける嘘の内容を出版することだ。中傷は口頭の言葉によって嘘の情報を流し、相手の評判を傷つけることをいう。名誉毀損や中傷が認められるには、情報の内容が嘘でなければならない。情報が事実であれば、名誉毀損や中傷に当たらない。

アメリカでは言論の自由が重視されているために、名誉毀損や中傷が認められることは難しい。特に政治家や有名人が原告であればなおさらだ。というのも、相手の損害になるような情報を流した人が、その情報が嘘であると知っている場合、あるいは「真実を完全に無視している」場合にしか、名誉毀損や中傷で有罪になることはないからだ。

とはいえ、すべての国がアメリカほど表現の自由に重きを置いているわけではない。たとえばイギリスでは、誰かに損害を与えるような情報を流した側が、その内容が事実であると証明する義務を負う（アメリカでは、情報を流された側が、内容が嘘であることを証明しなければならない）。

SNS全盛の今の時代、ネットでの言論には特に注意が必要だ。ネットの書き込みが原因で、名誉毀損で訴えられる可能性は十分にある。しかも、一般的な賠償責任保険では、名誉毀損はカバーされない。

民事訴訟と刑事訴訟

アメリカの司法制度では、**民事と刑事が分かれている。民事とは個人やビジネス間の争いを扱う分野であり、刑事は国の法律によって犯罪とされた行為を扱う分野になる。**

刑事裁判は高くつく。弁護士を雇わなければならず（金銭的に余裕がなければ、裁判所が無料で弁護士をつけてくれる）、それに有罪が確定すると、罰金を払うか、あるいは牢屋に入らなければならない。収監されている間は仕事ができず、学校にも行けない。そして出所してからも、いい仕事に就くのは難しいだろう。つまりここでの教訓は、犯罪は割に合わないということだ。

しかしこのセクションでは、刑事ではなく民事について詳しく見ていく。民事裁判に負けた側は、牢屋に入れられることはないが、相手側にお金を支払うことになる。

アメリカでは、州政府と連邦政府のそれぞれに司法制度がある。連邦裁判所が扱うのは特定のケースだけであり、それ以外のケースは州裁判所で裁かれることになる。州と連邦のそれぞれに、階層ごとの裁判所がある。

連邦の司法制度では、もっとも下の階層にある裁判所は地方裁判所と呼ばれ、すべての訴訟はここから始まる。地方裁判所で判決が出て、当事者のどちらかが判決を不服とした場合、控訴裁判所に訴えることになる。控訴裁判所の判決でも不服の場合は、最高裁判所に訴える（もっとも、最高裁まで行くケースはごくわずかだ）。連邦政府はまた、破産、税金、軍事裁判、連邦政府機関に関する特別な司法制度も運営している。

州の司法制度では、まず市裁判所や郡裁判所など、地方自治体の裁判所で裁判を行う。どの裁判所を使うかは、争議の内容と、関係するお金の額で決まる。ほとんどの地方には、少額訴訟のための少額裁判所が設置されている。少額裁判所では、弁護士をつける必要がなく、非公式な手順で進めることができる。

そして連邦の司法制度と同じように、各州に控訴のための裁判所が存在する。そして最終的な判断を下すのは、連邦の最高裁判所と似た名前で呼ばれる裁判所だ。マサチューセッツ州では州最高司法裁判所、カリフォルニア州では州最高裁判所と呼ばれる。

ややこしいことに、ニューヨーク州ではいちばん下の階層の裁判所が州最高裁判所と呼ばれ、最終判断を下す裁判所が控訴裁判所と呼ばれる。各州にも、遺言、家族法、環境、大家と借家人の争いなど、特別な問題を扱う司法制度がある。

裁判を起こすには、正式な手順を踏まなければならない。民事裁判であれば、まず原告が訴状を提出し、訴訟の内容を説明する。被告は何をしたのか、それによって原告はどのような損害を受けたのか、どのような賠償を求めているのか、といったことだ。ここで大切なのは、すべての訴えには法的な根拠がなければならないということだ。何かで損害を受けた、何かが気に入らないという理由だけでは、訴訟を起こす根拠にならない。

そして訴えを受けた被告は、返答するまでに一定の時間が認められている。被告の返答は「答弁書」と呼ばれる(被告から何の反応もなかった場合、被告のいない欠席裁判となり、原告に有利な判決が出て裁判は終わる)。

被告が答弁書を提出したら、次は双方が証拠を開示する「ディスカバリー」と呼ばれる段階に移る。ディスカバリーが完了したら、「トライアル」と呼ばれる法廷での審理に入る。トライアルで双方が証拠と主張を提示し、その後で判事か陪審員がどちらの主張が正しいか判断し、法が適用され、裁判の勝者が決まる。

判決を不服とすれば、さらに上の裁判所に控訴することができるが、最初の審理で何が間違っていたかを証明し、さらに決められた期限内に控訴する必要がある。

裁判の勝者は、法廷が決めたことを実行しなければならない。たいていの場合、それは敗者から決められた金額を回収するということになる。負けたほうが支払いを拒否したら、法廷には敗者の給料や財産などを差し押さえる権利がある。

合衆国憲法により、すべての刑事裁判、および民事裁判の多くで、陪審員による審理が認められている。この陪審員による審理を行う権利は、州の司法制度にも適用される。陪審員はすべて一般の市民であり（たいていは登録有権者のリストから選ばれる）、その裁判の間だけ共同で審理を行う。双方の証言を聞き、双方の証拠を見て、判事による法の説明を聞き、そして審理で見聞きしたことをすべて総合し、最終的な判断を下す。陪審員を呼ばず、裁判官だけで行う裁判は「裁判官裁判（ベンチトライアル）」と呼ばれる。

ごくまれではあるが、民事裁判において、判事が陪審員の評決を覆すことがある。その場合、勝敗が入れ替わることもあれば、賠償金の額が変わるだけのこともある。しかし、刑事裁判では陪審員の評決が絶対だ。

連邦裁判所で行われる民事裁判では、陪審員は6～12人になり、評決は必ず全員一致でなければならない。州の場合は陪審員の数はまちまちで、州によっては多数決や、過半数より多い数を必要とする特別多数決も許容されている（刑事裁判の場合は、どの場所の、どのレベルの裁判所であっても、陪審員の評決は全員一致でなければならない）。

陪審員の投票で結論が出なかったときは、その裁判は「評決不能」という状態になり、「審理無効」が宣言される。双方が望むなら、また裁判をはじめからやり直すことになる。

どのような訴えであっても、「出訴期限法」によって訴状を提出する期限が決まっていて、その期限を過ぎると訴訟のチャンスを永久に失うことになる。たとえば契約不履行なら、6年以内に訴えを起こさなければならない。それを過ぎると、たとえ契約不履行を証明する決定的な証拠があったとしても、訴状は受理されない。出訴期限は州によって異なる。たとえば、契約不履行の場合はたいていの州で3〜10年で、不法行為なら2〜6年だ。（注2）

たいていの裁判で、訴えを起こしたほうが「証明責任」を負う。原告は、被告の有利を証明する証拠より、原告の有利を証明する証拠のほうがたくさんあることを、判事と陪審員に示さなければならない。被告は自分を弁護することができるが、しなくてもかまわない。実際のところ、原告の根拠が不十分であると判事が判断したら、被告が何もしないうちに裁判が終了になることもある。

集団訴訟とは、同じ損害を受けた多数の人が、集団で原告となって訴訟を起こすことだ。消費者が企業相手に訴訟を起こすときに、よく集団訴訟が使われる。

注2. Matthiesen, Wickert & Lehrer, S.C., "Statutes of Limitations for All 50 States," November 9, 2015.

ブラック企業から社員を守る法律

連邦政府は、労働安全衛生局（OSHA）を通じて、労働者の健康と安全を守っている。

職場の安全に関する規制は山のように存在する。特定の業界だけに適用される規制もあれば（建築現場で使わなければならない安全装置や、電気機器の正しいメンテナンス法など）、すべてのビジネスに共通する一般的な規制もある（職場で使用される化学物質の情報を入手できること、安全ゴーグル、安全靴、手袋の着用など）。

職場で事故があった場合は、すべて記録し、当局に報告しなければならない。OSHAの職員は、予告なしに点検を定期的に行い、違反があった企業に罰金を科している。育児介護休業法（FMLA）により、従業員は育児や介護のために無給の休暇を取得し、そして休暇が終わったらすぐに職場に復帰する権利が認められている。

職場における人種、性的指向、宗教、出身国、心身の障害、年齢による差別は、連邦法によって禁止されている。この法律を執行するのが、雇用機会均等委員会（EEOC）という政府機関だ。マイノリティに属する従業員と求職者は、この法律で「保護される階層」

として扱われる。

職場における差別とは、先ほど見たような特徴を理由に、従業員を不当に扱うことだ。

具体的には、昇進を阻んだり、長時間労働を強いたりすることをさす。少数の例外をのぞき、この法律が適用されるのは、従業員が15人以上の企業だけだ。

年齢による差別を禁止する法律は、40歳以上の人を保護することを目的としている。本書は若い人に向けて書かれた本なので、自分には関係ないと思っている読者が多いだろう。しかし、誰でもいずれ40歳以上になる。

心身に障害がある人を保護する法律は、雇用主に「合理的配慮」を求めている。具体的には、たとえお金がかかっても、障害者が働きやすい環境を整えるということだ。これらの差別を禁止する法律に基づいて従業員が訴えを起こした場合、雇用主がその従業員に対して懲罰的な扱いをすることは法律で禁じられている。

保護される階層に属していて、職場で不当な扱いを受けた（昇給がない、罰を与えられる、解雇される、など）だけでは、訴えが認められるのに十分ではない。雇用主としては、それらの待遇に正当な理由があることを示せばいいだけだ。現実には、差別による不当な扱いを法的に証明するのは難しい。

性別による差別は、職場の差別でもっとも訴えが多い分野だ。妊娠中の女性を守る特別な規則があり、さらに性別に関係なく同一労働同一賃金は法律によって義務づけられている。それに、職場でのセクハラを禁じる法律もある。セクハラとは、相手の意に反して性的関係を迫ったり、昇進の条件として性的関係を迫ったりすることだ。職場の壁にヌードポスターが貼ってある、あからさまに性的な表現を頻繁に使うといった「敵対的な労働環境」もセクハラとして認められる。セクハラ被害に遭った従業員は、被害を雇用主に通知することが求められる。そして通知を受けた雇用主は、解決のための行動を取らなければならない。

性差別を禁じる決まりは女性を守るために作られたのだが、男性がこの決まりを利用して訴えを起こすこともできる。この法律の精神は、性別にかかわらず、すべての人を平等に扱うことだからだ。性的指向による差別を禁止する連邦法は存在しないが、現行の法律の解釈によって、同性愛やトランスジェンダーなど性的マイノリティの従業員の権利を守ることが義務づけられている。州や地方自治体の中には、性的マイノリティへの差別を禁止する法律を可決したところもある。

労働組合とは、労働者を代表する人の集まりであり、給料や労働条件について雇用主と交渉する目的で設立された。自分の会社内だけで交渉することもあれば、業界全体で交渉することもある。たとえば全米自動車労働組合は、個別の自動車メーカーではなく、自動車業界全体の労働者の代表だ。雇用主のやり方が気に入らない場合、組合はストライキによって意思表示をする。ストライキとは、労使の意見の相違が解消されるまで、働くのを拒否することだ。

労働組合の活動が活発になったのは1900年代の初めだ。組合活動の中心は、製造業の労働者と、熟練工（電気技師、配管工、溶接工）だった。そして1930年代に連邦議会で労働法が可決されると、組合活動は急速に成長する。

しかしその後、労働組合の勢いは衰え、民間セクターの労働組合加入者はこの数十年で減り続けている。現在は民間セクターの全労働者の7％にも満たない。公共セクターに目を転じると、労働組合の加入率はここ数十年の間ずっと35％前後で安定している。公共セクターの労働者は、教師、消防士、警察官などだ。（注3）

労働組合の存在は経済にとってプラスなのか、それともマイナスなのかという問題については、昔から激論がくり返されてきた。組合への加入は基本的に本人の自由であり、自分の働く職場や業界に組合があっても、入るか入らないかは完全にあなたしだいだ。

若い人の多くは、職場でのプライバシー保護に大きな関心がある。具体的には、デジタルによるコミュニケーションの内容だ。政府はこの問題を避けているようで、周辺的な事柄の規制しかしていない。

注3. Andrew O. Smith, ***Sand in the Gears: How Public Policy Has Crippled American Manufacturing***, Chapter 8 (Dulles, VA: Potomac Books, 2013).

アメリカ社会はプライバシーの権利をとても大切にしているが、職場にはほとんどプライバシーが存在しない。ここでのいいニュースは、職場の外の行動に対しては雇用主も口を挟めないこと、嘘発見器にはめったにかけられないこと、医療記録は秘密にできること、個人的な電話の内容も秘密にできることだ。ただし、それ以外のプライバシーはないと思ったほうがいい。

あなたが使うパソコンも携帯電話も、それが雇用主の所有物であれば、通信記録や通話記録を監視できる。つまり仕事用のメールアドレスであれば、雇用主もあなたのアカウントにアクセスしてメールを読めるということだ。また雇用主は、従業員に対する薬物検査、ウェブサイトのブロック、職場でのSNS使用禁止、ビデオカメラによる監視、仕事の電話の会話内容を聞く、正当な理由による持ち物検査が許されている。

そして従業員であるあなたは、会社が定める無数の規則に従う義務がある。たいていの職場には、従業員のプライバシーに関する会社のポリシーを書いた文書があるはずだ。かなり長いが、一読しておいたほうがいい。

多くの企業は従業員の教育に大金を投資している。従業員の質を高めて競争力をつけるためだ。その一方で、企業は自社の知的財産を保護したいとも思っている。そのため最近は、従業員に「競合避止義務契約」へのサインを求める雇用主が増えてきた。競合避止義務契約とは、従業員が自社で身につけた知識やスキルを競合他社に持ち込むことを禁止する契約だ。

この契約を結ぶと、競合他社で働くことが禁止され、将来の職業選択が制限されることになる。職業選択の自由は市民の基本的な権利であるために、司法はこの契約に批判的だ。競合避止義務契約を認めていない州もいくつかある。また、許可されている州でも、雇用主は何をしてもいいというわけでなく、営業秘密を守ることを従業員に求めるなど、正当とされる権利しか認められていない。

それに、従業員が地理的にかなり離れた場所に転職する場合や、従業員が退職してからかなり時間がたっている場合は、競合避止義務契約が適用されないことも多い。従業員の転職活動を禁止することも認められていない。たとえば、退職から10年間、電気関連の職に就くことを禁止するという契約は認められないということだ。

認められるには、もっと狭い範囲で、具体的な禁止事項でなければならない。たとえば、「退職から半年間、ニューイングランド州内の競合他社でプログラマーとして働くことを禁止する」という内容なら、認められる可能性がある。

いずれにせよ、もし会社で競合避止義務契約にサインするように言われたら、まず弁護士に相談したほうがいいだろう。

第14章

Financial Literacy for Millennials

老後資産の基本

年齢を重ねると、お金の使い方も、必要なお金の額も変わってくる。今は両親共に健在という恵まれた人でも、その状況が永遠に続くわけではない。あなたが仕事を引退する前に、おそらくどちらの親もこの世を去っているだろう。家族の死は、家計に大きな影響を与える。

それに、自分や家族も、いつまでも健康でいられるとはかぎらない。そして遅かれ早かれ、仕事を引退して老後の生活に入るときがやってくる。老後の準備を始めるのに遅すぎることはないが、早ければ早いほど有利になるのも事実だ。

老後の資金計画

年配の労働者には、若い労働者にはない経験やスキルがある。彼らの代わりを見つけるのは難しいことが多い。とはいえ、60代も半ばになると、エネルギー、記憶力、スタミナが低下し、仕事への熱意や興味も薄れてくる。たいていの人は、死ぬまで働きたいとは思っていない。いつかは引退し、穏やかな老後生活を送りたいと思っている。

経済的な面で考えると、仕事を引退するとは、仕事による収入がまったくなくなるか、または劇的に減少することを意味する。そのため、仕事以外の収入源に頼らなければ生活できない。

そもそも「引退」は、比較的新しい現象だ。20世紀の半ばまでは、ほとんどの人が死ぬまで働いていた。１９３７年に社会保障制度（公的年金）が始まったときは、まだ年金を必要とする人はほとんどいなかった。しかし現在は、老後に向けた貯金が、長期的なお金の計画の中心になっている。

高校を卒業したらすぐに四年制の大学に入り、大学卒業と同時にフルタイムで働くのであれば、引退までに45年かそれ以上働くことになる。そんなに先のことなんて考えられないと思うかもしれないが、平均寿命を考えれば、70代の後半から80代前半ぐらいまで生きる可能性は高い。つまり、老後の生活は20年前後あるということになる。

若いうちから老後の備えを始めれば、仕事の収入がなくなってからも、経済的に安定した生活を送ることができる。反対に備えをおろそかにしていると、お金の不安や心配が絶えない老後が待っているだろう。

もちろん、**公的年金の制度があるので、個人的な備えがなくても完全な貧困状態に陥る**

ということはない。しかし、できればもう少し余裕のある暮らしがしたいと思っている人のほうが多いのではないだろうか？

最近では、従業員のために確定拠出年金（401k）のプランを用意している企業も増えてきている。401kとは、自分で拠出したお金を運用し、老後に年金として受け取るという制度だ。会社は従業員のために、銀行の定期預金やインデックスファンドなど、さまざまな金融商品を用意している。また企業によっては、会社の負担で拠出金を上乗せしてくれるところもある。

フリーランスや自営業など、会社の年金に加入していない人は、民間の保険会社や銀行による個人年金に加入するという選択肢がある。こういった年金プランにも税金の控除があり、まず掛け金の分が所得から控除され、さらに運用益にもすぐには税金がかからない。しかし年金を受け取ったときは所得税がかかる。

ちなみに、掛け金は所得税の控除にならないが、年金を受け取るときに所得税は一切かからないというタイプの年金もある。こちらは、法案可決に尽力したウィリアム・V・ロス上院議員にちなんで、金融商品名に必ず「ロス」が入っている。

もちろん、税金の控除があるプランだけに頼る必要はない。控除が受けられるプランは拠出額に上限があり、上限額は年齢と収入で決まっている。それに、所得税率がこの先どうなるかもわからない。もし今の税率より、引退したときの税率のほうが高かったら、節税の効果は減少するか、あるいは消えてしまう。それでも、税控除が受けられる年金プランは、上限いっぱいまで積み立てたほうがいいだろう。

その上限を超える分は、自分の好きな金融商品に投資すればいい。たとえば、自宅も立派な老後のための資産になる。ほとんどの人は、引退までに住宅ローンを払い終えている。それに数十年の間に不動産の価値も上がっているかもしれない。引っ越しや、住居のダウンサイズを考えているのなら、自宅の売却益を老後資金にすることもできる。

家を所有している人は、「リバースモーゲージ」という選択肢もある。リバースモーゲージとは、自宅に住み続けながら自宅を担保にお金を借り、毎月の収入という形で受け取るというシステムだ。しかし残念ながら、リバースモーゲージには詐欺まがいの商法や不正が多発している。もし身近にリバースモーゲージを考えている人がいたら、よく注意するようにアドバイスしてあげよう。

老後資金はいくら必要か

この本のアドバイスに従うのであれば、稼いだお金の大部分を貯金に回すことになる。家族を持ち、マイホームを持ち、休暇は家族旅行を楽しみ、子どもを大学まで行かせ、自分の老後にも備えたいというのなら、貯金以外に道はない。

貯金とは、お金を使わないことではなく、お金を使うのを遅らせることだ。今使うか、それとも後で使うかの違いでしかない。そして後で使うことを選べば、使うまでの間にお金を運用して成長させることができる。

貯金は働いて稼いでいるときにしなければならない。老後になってからでは、貯金に回せるような収入がなくなるからだ。

老後に必要な金額については、ひとつの決まった答えは存在しない。ファイナンシャルプランナーなどに聞くと、平均寿命より長く生きると想定し、その間ずっと現役時代の収入の60～70％ほどのお金を使うと考えて計算するという答えが返ってくる。

しかし、これはそれほど単純な計算ではない。たとえば、高齢になると医療費が増える。

たとえ公的な医療保険があっても、アメリカ人は引退後に平均して12万ドル以上の医療費を使うと見積もられている。(注1)

その一方で、高齢になれば減る支出もある。住宅ローンは終わっているだろうし、老後のための貯金をすることもない。ファイナンシャルアドバイザーの多くは、子どもの大学資金よりも自分の老後資金を優先するべきだと考えている。子どもはこれから稼ぐので、自分の大学資金ぐらいはまかなうことができるからだ。**まず自分を第一に考えよう。**

ここで、68歳の女性のケースを例に考えてみよう。彼女はまだ働いているが、そろそろ引退を考えている。平均寿命から考えると、彼女の余命は18年だ。半分の人は平均より長生きすると考えて、18年にさらに余裕を持た

注1. "Health Care Costs for Couples in Retirement Rise to an Estimated $245,000," Fidelity Investments, October 7, 2015.

表14・1　貯金で何年生活できるか

	年利 6%	年利 4%
元手	502,100 ドル	610,000 ドル
年間取崩額	40,007 ドル	40,008 ドル
年数	24 年	24 年
元手	502,100 ドル	640,300 ドル
年間取崩額	35,284 ドル	35,283 ドル
年数	33 年	33 年

出典：著者の分析

せることにする。（注2）

表14・１を見ればわかるように、老後資金を50万ドル貯めていて、年に平均して６％で運用するなら、年に４万ドル使う生活を24年にわたって続けることができる。この４万ドルの中に公的年金は含まれていない。

しかし、24年では足りないかもしれない。女性のおよそ４分の１は92歳以上まで生きるので、それに合わせた計画が必要だ。年に３万５０００ドル（プラス公的年金）で生活できるのであれば、同じ50万ドルの元手で１０１歳まで生活できる（ちなみに、１０１歳まで生きる確率は１・５％しかない）。

もちろん、この計算は運用利回りによって大きく変わってくる。利回りが４％に下がったら、元手が61万ドルないと、年に４万ドルの生活を24年間続けることはできない。あるいは、年に３万５０００ドルの生活を33年続けるなら、元手は64万ドル必要だ。貯金を老後の収入源に

注2. For this paragraph, see U.S. Social Security Administration, Actuarial Life Table, "Period Life Table, 2011," average female death probabilities; Author's analysis.

表14・2 老後資金を10年多く複利で運用するとどうなるか

貯金開始年齢 引退年齢	22歳 70歳	32歳 70歳
年間貯金額 年利	3,000ドル 6%	3,000ドル 6%
引退時残高	769,694ドル	407,713ドル

出典：著者の分析

できれば安心だが、すぐになくなってしまわないように注意しながら使わなければならない。

老後の資金作りは、早く始めるほど大きな複利効果が期待できる。表14・2は、22歳から貯金を始めた人と、32歳から貯金を始めた人が、それぞれ70歳の時点でどれくらい貯められるかを表している。年間の貯金額と年利はどちらも同じで、3000ドルと6%だ。

表を見ればわかるが、32歳から始めた場合の貯金は40万7713ドル、22歳から始めると76万9694ドルになっている。その差はなんと約36万2000ドルだ。10年の違いはとても大きい。今すぐ貯金を始めよう。

遺言と遺産——相続の準備の仕方

現時点で20歳の女性10万人のうち、30歳まで生きるのは9万9499人、40歳まで生きるのは9万8632人だ。(注3) つまり、若い人が近い将来に亡くなる確率はかなり低いということになる。若者の主な死因は、多い順に交通事故、中毒、自殺だ。(注4) 人の死は、周りの人が悲しむのはもちろん、お金の問題とも無縁ではいられない。自分が若くして亡くなってしまった場合でも、年老いた両親との別れでも同じことだ。

亡くなった人が遺言を残していたら、残された人たちはその遺言に従って故人の財産を処理することになる。故人に幼い子どもがいる場合は子どもの後見人、それに自分が埋葬してもらいたい場所なども遺言で指定できる。

あなたは両親を愛しているだろうか? そうであることを願っている。なぜなら、今あなたが遺言を残さずに死んだ場合、あなたのすべての資産は両親のものになるからだ(あなたがまだ結婚していないと仮定して)。これは「無遺言相続」と呼ばれ、故人の資産をどのように分配するかは州の法律で決まっている。

注3. For this paragraph, see U.S. Social Security Administration, Actuarial Life Table, "Period Life Table, 2011," average female death probabilities; Author's analysis.

注4. U.S. Centers for Disease Control and Prevention, National Vital Statistics Report, "Deaths: Final Data for 2013" Table 10, age group 15 to 24.

ほとんどの州で、残された家族が優先順位に従って遺産を受け取ることになる。もっとも優先されるのが配偶者で、配偶者がいない場合は子ども、子どももいない場合は両親、両親もいない場合はきょうだいだ。その優先順位に問題がなければ、遺言を作る必要はない。

とはいえ、遺言にできることは他にもある。たとえば、音楽コレクションや車といった私物をあげる人を指定できる。自分のお金を、指定したチャリティ団体や友人に残すこともできる。年配の人だったら、介護してくれた人に財産を残したいと思うかもしれない（法定相続人以外に遺産を渡すことは、「相続」ではなく「遺贈」と呼ぶ）。

相続や遺贈によって受け取った財産には税金がかかるが、遺言があれば手続きが簡略化され、弁護士費用などを大幅に節約することができる。

遺産に含まれるのは、死亡した時点で保有している資産と借金のほとんどだ。残念ながら、死んだら借金もチャラということはない（ただし、何らかのサービスを提供するという約束はすべて無効になる）。共同名義の銀行口座や不動産は遺産に含まれず、あなたが死んだら自動的に生きている名義人のものになる。

遺言を実現するために必要な手続きを行う「遺言執行者」も、遺言の中で指定することができる。遺言執行者の主な仕事は、遺言が執行されるまでの遺産の管理、税金と借金の支払い、確定申告、役所や取引先との連絡、遺産を受け取る人への連絡、不明な点や争議の解決、適切な時期に資産を受取人に移転、その他、遺言通りに葬儀を執り行うなど、遺言に書かれた内容を忠実に実行することだ。執行者はまた、州の「遺言検認裁判所」に遺言を提出し、弁護士の助けを借りて決められた手続きを行う必要もある。

遺言執行者に選ばれるのは、配偶者や成人した子どもなど、故人の近親者が多い。故人とも、相続や遺贈を受ける人とも近い関係にあるので、何かと都合がいいからだ。よい遺言執行者の条件は、信頼できること、段取りがいいこと、仕事が丁寧なこと、そして辛抱強い性格だ。実際面も考慮するなら、近くに住んでいる、時間があるという条件も考慮する必要がある。

誰かの遺言執行者に指名されるのは名誉なことだが、大きな責任が伴うのもたしかだ。それに特に問題がなくても、すべてが終わるまで半年から1年はかかる。執行者は、州の法律によって報酬を受け取ることができる。たいていの遺言は、予備の執行者も何人か指名している。

遺言はいつ作成すればいいのだろうか？　いいきっかけになるタイミングは、多額の資産が入ったとき、子どもが生まれたとき、そして結婚したときだ。このうちのひとつでも当てはまったら、すぐに遺言を作成しなければならない。もちろん、これらのきっかけがなくても遺言を作成しておくのはいいことだ。

信託――財産の使い道を決める

「信託」とは、自分の財産を誰かに譲るにあたり、財産の使い方にある一定の制限を設けることだ。 まず財産を譲る人（委託者）が自分の財産を信託銀行（受託者）などに預け、財産を受け取る人（受益者）を指定し、使い道などの指示を与える。遺言の中で贈与の指示をすることも多い。その場合は、委託者の死にともなって財産が信託銀行などに渡り、そこで故人の指示に従って管理することになる。

委託者が生きているうちに財産を信託することもできる。 信託の手続きに必要なのは正式な書類だけだ。書類が用意できたら、譲る財産を受託者に預ける。受託者は、預かった財産を適切に管理し、委託者の指示に従って受益者に分配する責任を負う。

信託の利点は、譲りわたす財産の使い道を指定できることだ。たとえば、若い夫婦が交通事故で亡くなり、生まれたばかりの娘に保険金10万ドルが残されたとしよう。この夫婦が生前に遺言を作成し、娘の後見人を指名して、保険金10万ドルを信託することを指示していれば、幼い娘のために残したお金が適切に使われることになる。

あるいは、ある家族経営のビジネスのオーナーが、経営は子どものひとりに継がせるが、ビジネスの利益はすべての子どもで分けてほしいと思っているとする。このビジネスの株を信託すれば、会社の経営はひとりの受託者が行い、利益をすべての子どもで分けることができる。

信託はたいていの場合、若い家族に財産を譲る目的で利用されるが、意義に賛同できる慈善団体に寄付する目的で利用されることも多い。信託の手続きは複雑で、適切に行うには法律と会計の知識が必要になる。

信託は税制面でも有利になることがある。アメリカにおける贈与税と遺産税（日本の相続税に当たる）は、連邦税では税率が最高で40％、さらに州税で15～20％取られることもある。信託を利用すれば、これらの税金をすべて回避することはできないが、ある程度の節税は可能だ。

たとえば、年月とともに価値が上がることが期待できる資産を、若い家族に譲るとしよう。その資産を信託にすれば、若い家族が実際に資産を受け取る時点ではなく、信託にした時点の価値で税金を計算することができる。また、孫を受益者にすることが認められている信託もあるので、それを利用すれば一世代分の相続税を節約できる。

ただし、信託で節税するには、解約できない信託契約でなければならない。変更可能な信託であれば、信託された財産は委託者の財産とみなされ、遺産税の対象になる。**信託を利用すれば、匿名で寄付することができる。**信託は裁判所で遺言検認を受ける必要がないので、情報が公にならないからだ。また、委託者が死亡したら、受託者がすぐに財産の管理ができるということも信託の利点のひとつだ。

遺産の分配にはさまざまな法的な手続きがあり、すべて分配されるまでに時間がかかるが、信託であれば受益者がすぐに財産を受け取ることができる。また、遺言検認裁判の費用は遺産の総額で決められているので、信託にすることで裁判費用を節約できるという面もある。

寄付の目的で信託を利用する人は、変更可能な信託にすることで財産を柔軟に管理している。変更可能な信託であれば、生きている間は信託の条件や受益者を変更することができる。ただし、すでに見たように、変更できる信託は税制面で優遇されないので、多額の資産を信託する場合は税金がかなりの額になる。

信託財産の法的な所有者は受託者になるために、受益者の借金や浪費から財産を守ることができる。また、受益者が何らかの訴訟を起こされた場合、受託者がその訴訟費用を信託財産から払うことを禁じている信託も多い。理不尽だと思うかもしれないが、信託財産の受益者は、訴訟を起こされた人だけではないかもしれないのだから、他の受益者に不利益があってはいけないだろう。

信託財産の受益者の中には、身の丈に合わない浪費をくり返す人もいる。受託者は、不適切なお金の使い方をする受益者に対して、支払いを抑制する裁量を与えられていることが多い。たとえば、ドラッグ代になるなら、お金を渡さないと判断できるということだ。ただし、チャリティ目的の信託でなければ、信託が永遠に続くことはないので、いずれすべての財産が受益者に渡ることになる。それでも、賢く設計された信託であれば、数世代にわたって財産を守ることができるだろう。

お金と健康寿命

年を取ると、体のあちこちに不調が出てくる。病気になったり、体に障害が残ったり、遺伝性疾患を発症したり、脳の働きが衰えたりする。軽い症状ですむこともあれば、日常生活もままならなくなることもあるだろう。車椅子や、寝たきりの生活になる可能性もある。

障害保険に入っていても、労働による収入を保障してくれるだけだ。一般的な引退年齢の65歳を過ぎたら、もう保険金は支払われなくなる。しかし実際のところ、障害が増えるのは高齢になってからだ。

歩く、話す、聞く、見るといった生活の基本的な活動に支障が出る人は、65～74歳のおよそ35%、75～84歳ではおよそ40%、85歳以上では55%にもなる。(注5)多くの人にとって、老後のいちばんの心配事はおそらく健康問題だろう。

若い読者でも、高齢になるほど医療費が増えることは知っているだろう。病院通いが増え、薬の量が増え、処置や治療にもお金がかかる。老人ホームや介護施設に入居すると、いい施設であれば年間で8万～10万ドルかかる。そのための保険も存在するが、保険料は割高だ。

高齢者になったら必ず用意しておきたい書類がふたつある。ひとつは「リビング・ウィル」だ。リビング・ウィルとは、病気などで正常な判断ができなくなったときや、意識がなくなったときのために、希望する治療や延命措置のあり方などについてまとめた書類だ。たとえば、自力で呼吸ができなくなったら蘇生は行わない、胃ろうはしない、生命維持装置はつけないといった意思を明確にすることができる。また、希望する治療法や、希望しない治療法も伝えておくことができる。

リビング・ウィルは、あなただけでなく、家族にとっても大きな助けになる。あなたの意思や希望が明確にわかるので、ただでさえ精神的につらいときに、重大な判断をすると

注5. U.S. Census Bureau, "Americans with Disabilities: 2010," Figure 2, July 2012

いう重荷から解放されるからだ。自分が高齢者になったら、まだ健康なうちに、リビング・ウィルの内容について子どもたちとよく話し合っておいたほうがいいだろう。まだ若い読者は、両親にリビング・ウィルのことを確認しておこう。

もうひとつの大切な書類は、「本人に代わって医療に関わる決定を下す代理人を任命する書面（ＨＣＰＯＡ）」だ。「医療委任状」と呼ばれることもある。たとえば認知症やアルツハイマー病などで正常な判断ができなくなったとき、委任状で指名された人物（代理人）が、あなたに変わって重要な医療判断を下すことになる。代理人は大きな責任を伴う役割なので、慎重に選ばなければならない。すべてのＨＣＰＯＡは、患者のプライバシーに関わる連邦法を遵守する必要がある。また、「永続的委任状」を作成して、各種の支払いや投資など、お金の扱いを信頼できる親類や友人に任せるという選択肢もある。

家族の役割

病気や高齢などの理由で、自分の面倒が見られなくなることもある。ありがたいことにアメリカでは、そんなときに行政やチャリティ団体の支援を受けることができる。しかし、それらはあくまで最後に頼る場所であり、基本的には家族が面倒を見るべきだ。どんなに仲のいい家族でも、争いやわだかまりがまったくないわけではない。それでもほとんどの人は、高齢の身内、特に自分の親の面倒は見なければならないとわかっている。それは家族なら自然なことであり、正しいことだ。

とはいえ、医療の専門家でなければ手に負えない状況もあるだろう。両親も、子どもが自分の世話に追われて不幸になるところは見たくない。そんなときは、介護は専門家に任せ、あなたはただ愛情と思いやりの気持ちでサポートすればいい。

若い読者にも、祖父母など高齢の身内がいるだろう。今からできるだけ彼らの力になってもらいたい。もちろん自分のお金と生活を第一に考え、できる範囲でかまわない。まだ心身ともにしっかりしているうちに、希望する人生の終わり方についてしっかり話し合っておけば、後になって大きな苦しみを経験するのを避けることができるだろう。

付録

この本で学んだ大切なこと

絶対に覚えておきたいお金のヒント10

この本ではお金についていろいろなことを学んだが、いちばん大切なのは次の10項目だ。

1、シンプルに

お金の管理はシンプルがいちばんだ。複雑にすると管理するのが面倒になり、自分でも理解できなくなってしまう。

2、質素に暮らす

お金は無限にあるわけではなく、そして将来何が起こるかは誰にもわからない。つねに倹約を心がけていれば、いざというときもあわてることはない。

3、借金をしない

個人にとっても家計にとっても、代表的なお金の問題は借金だ。借金は大きな心の負担になり、人生が破壊されてしまうこともある。ときには借金で助かることもあるが、必要最小限に抑えること。

4、ひたすら貯金

いくら稼いでいるかに関係なく、稼いだ額よりも少なく使うのが鉄則だ。早いうちから貯金を始めれば、後になって複利効果の恩恵を存分に受けることができる。

5、うまい話は疑う

儲け話を持ちかけられたけれど、中身がよく理解できない場合は、その場で断って絶対にふり返らない。うまい話には必ず裏がある。

6、投資の多様化

多様な資産に分散投資をしていれば、何かで損失が出ても他のもので埋め合わせができる。これがローリスクで確実なリターンが期待できる投資法だ。

7、すべてのものには税金がかかる

お金が入ってくるときも税金がかかり、お金を使うときも税金がかかる。商売や投資の儲けを計算するときは、税金を引いた額で考えること。

8、長期で考える

今の若い人たちは、おそらくかなり長生きすることになるだろう。人生１００年時代に備え、長い目で見たお金の計画を立てなければならない。

9、自分を知る

お金との付き合い方には、個人の性格や生き方が表れる。将来の夢や、自分のリスク許容度を知り、それに合わせてお金の計画を立てよう。万人に適した方法は存在しない。

10、お金のことを真剣に考える

お金は大切だ。お金の基本をきちんと学び、大きなお金の決断をするときは入念に下調べをすること。お金に詳しい人から話を聞くことも役に立つ。

最初の仕事のヒント

すべてのキャリアは最初の仕事から始まる。それは夏休みのインターンシップかもしれないし、学校を出て初めて勤めた会社かもしれない。これから社会に出る若い人は、次の12項目を参考にして、よい形でキャリアのスタートを切ってもらいたい。

1、第一印象をよくする

きちんとした服を着て、髪型や清潔感など身だしなみにも気を配り、礼儀正しくふるまう。つねに丁寧な態度で、相手への敬意を忘れない。ミーティング中にスマホは見ないこと。職場の雰囲気がわかればそれに合わせて態度を変えられるが、最初のうちはどんな場所でも恥ずかしくない態度を心がける。

2、時間厳守。時間より早く着くのが望ましい

一口に「時間を守る」といっても、その解釈は人によってさまざまだ。しかし相手がどんな解釈をしていようとも、相手を待たせるよりは、自分が待つほうがずっといい。

3、どんなにつまらない仕事でも喜んでする

職場の人のためにコーヒーを淹れる、書類をファイルする、トイレの掃除。どれもつまらない仕事かもしれないが、言われたら喜んですること。あなたのやる気や人柄を評価するために、あえてつまらない仕事が与えられることもある。ただ本当にやってほしかった場合でも、喜んで助けになれば、あなたの印象はよくなるだろう。

4、細部に気を配る

たいていの仕事は、最終的に言葉と数字で決まる。間違った言葉を使ったり、数字に不備があったりすると、大きな問題につながりかねない。すべての仕事に真剣に取り組み、細部への気配りを忘れないこと。

5、自分で考えて動く

上司は自分で考えて動く部下が好きだ。仕事の手順をいちいち説明する手間が省けるからだ。最初のうちは難しいかもしれないが、いずれそうなれるように努力しなければならない。

6、質問をする

与えられた仕事の内容がよくわからなかったら質問をすること。途中まで来て、この先どちらに進んだらいいのかわからない場合も、質問をして正しい道を確認したほうが、そのまま間違った道を進むよりも

ずっといい。

7、仕事をくださいと言う

仕事がなくてヒマなときは、他の人の手伝いを積極的に申し出る。お節介な人になるのはよくないが、自分の仕事が終わって何もすることがないときは、そのままぼーっと座っているよりも、「何か仕事はありませんか」と周りの人に尋ねたほうがいい。

8、話す量よりも聞く量を多くする

自分で話すよりも、観察したり、人の話を聞いたりしたほうが多くのことを学べる。最初のうちは聞き役に徹すること。職場になじんできたら、もっと自由に自分の意見を出すことができる。

9、仕事の優先順位を決めるのは上司の仕事である

同時にたくさんの仕事を与えられ、すべてを期限までに終えるのは不可能だということもあるだろう。その場合、仕事の優先順位を決めるのは、あなたにその仕事を与えた人だ。自分で勝手に決めず、上司に相談すること。

10、時間管理

30分ほどの簡単な見直しでいい仕事に、10時間もかけて詳細な調査をしてはいけない。最近の仕事は複雑化しているので、どれくらいの時間をかけるのが妥当なのかすぐにはわからないことも多い。そのため、仕事を与えられたら、どれくらいの所要時間を想定しているのか、いつまでに仕上げるべきかといったこ

とを上司に確認すること。

11、上司を管理する

上司も人間だ。機嫌の悪いときもあれば、間違えることもある。上司の理不尽な言動に冷静に対処するのも仕事の一部だ。たいていの組織には「上司よりできる部下」が存在する。あなたもこの先、上司よりも大きな仕事を任されることがあるかもしれないが、そんなときは黙って受け入れること。

12、会社は政治である

職場は多様な人が集まる場所だ。それぞれ性格が違い、ライフスタイルが違い、考え方が違い、野心も違う。そして多様な人が集まれば、どうしても緊張と争いが生まれる。この人間関係の力学をよく理解して、敵を作らずにうまく立ち回ることが求められる。つねに明るく、礼儀正しく、友好的な態度を心がけること。

大学生活のヒント

大学はとても楽しく、刺激的な経験ができる場所だが、多すぎる選択肢や人間関係などで悩むことも多い。大学生活はあっという間に終わり、やり直すことはできない。そこで、後悔しない大学生活を送るためのヒントをいくつか紹介しよう。これを参考にして、学生時代にしかできないことを存分に楽しんでもらいたい。

1、旅行する

他の大学に通う友達や、友達の友達を訪ねる。自由な時間を使っていろいろな場所を訪れるのは、学生生活の醍醐味のひとつだ。

2、積極的に友達を作る

友好的な態度で話しかけてきた相手に敵意を持つ人はいない。相手のことをよく知らなければ、友達になることもできないだろう。自分から積極的に話しかける。また、第一印象だけで判断しないこと。たとえ第一印象がよくなくても、実はいい人かもしれない。

3、授業をサボらない

今の時代はインターネットで何でも調べられるかもしれないが、大学の授業に出ることの価値は健在だ。他の生徒と顔を合わせて学ぶほうが、その授業を動画で見るよりもずっと楽しくてためになる。他の学生の意見を聞き、自分の意見を聞いてもらうのも、学生生活の大きな魅力のひとつだ。それに、授業をサボっていちばん困るのはあなた自身である。

4、いろいろな活動に挑戦する

大学にはさまざまなサークルや団体、スポーツクラブがある。この機会に何か新しいことを始めてみよう。最終的には自分に合ったものだけに絞られるだろうが、最初から制限する必要はない。何でも挑戦してみよう。

5、パーティは控えめに

一部の大学では、パーティでの飲酒が当たり前のようになっている。それに友達からのプレッシャーもあるだろう。しかし、「ノー」と言うのは悪いことではない。本当の友達であれば、それで気分を害することはないはずだ。お酒を飲まなくても楽しくすごすことはできる。それに一気飲みは死につながるということも忘れないように。

6、みんなが自分より優秀に見えても心配しない

どんな大学でも、あなたが今まで会ったこともないような頭のいい学生がいるものだ。彼らを見て、自信をなくしてしまうこともあるかもしれない。しかし、その不安も最初のうちだけだ。親しくなるにつれて、彼らもあなたのいいところに気づくだろう。人は誰でも自分だけの長所があり、それをお互いに認め合うようになる。

7、大学は勉強する場所である

大学生活は楽しいことがたくさんあるが、大学は勉強する場所だということを忘れてはいけない。友達付き合いもたしかに大切だが、いちばん大切なのは役に立つ知識を学び、人間的に成熟することだ。今まで興味がなかったことでも積極的に学び、自分の世界を広げよう。

8、健康管理

おもしろい授業をたくさん取り、サークル活動にも全力投球で、友達との付き合いも欠かさない。たし

かに充実した大学生活だが、健康管理も忘れてはいけない。本格的な運動部に入っていないのなら、定期的に運動する時間を自分で作るようにしよう。目標は毎日運動すること。それができていれば、たまに一日休むぐらいなら問題ない。健康維持には睡眠も大切だ。8時間睡眠を確保すること。

9、体重管理

学生時代は食生活が乱れがちだ。深夜に集まってピザを食べることもよくある。寮の部屋にはいつもお菓子がいっぱいという人もいるだろう。週に1回は体重を量り、1キロでも増えていたらすぐに食生活を改善して元に戻そう。このほうが、5キロ以上増えてからきついダイエットをするよりもずっといい。

10、自分の身を守る

大学はとても安全な場所に思えるが、それは見かけだけということも多い。都会にある大学は誰でも出入りできることが多く、中には何らかの目的で学生を狙っている人が紛れているかもしれない。地方の大学でも注意は必要だ。特に女性は、性暴力から身を守らなければならない。注意を怠らず、自分の直感を信じる。深夜の移動は車を使う、ひとりではなくグループで移動する、行き当たりばったりではなく事前に計画を立てる。また、たとえ寮の部屋でも、貴重品の管理をきちんとすること。

11、キャンパスのイベントに参加する

あなたの大学に高名な教授がいて、世界各国の公人がそれらの教授を訪ねてくるかもしれない。訪問者は大学で自分の専門について講演を行ったり、大学のイベントに参加したりすることもある。それに大学

でも、さまざまなイベントを主催している。大学院や他の大学が、講義、コンサート、フォーラムなどを主催することもあるだろう。せっかくのチャンスなので、学内のイベントには積極的に参加しよう。

12、大学のある街を探検する

学生生活の中心は大学だが、その周りの土地にも興味を持とう。地元の美術館や博物館、娯楽施設に行ってみる。大学主催の遠足などに積極的に参加する。どれも貴重な体験であり、新しい友達もできるかもしれない。

新社会人のためのヒント

これからあなたに伝えるのは、長い人生で覚えておいてほしいアドバイスだ。社会に出ようとしている若い人たちは、おそらく「アドバイス」という名前のお節介をいやというほど聞かされているだろう。それでも、うんざりせずにぜひ読んでおいてもらいたい。今まで聞いた中でいちばんためになる卒業式の言葉から、挿入されるジョークを取り除き、残りをすべて統合してできたのがこれらのアドバイスだ。

失敗も大人になる過程の一部だ。だからこのアドバイスも、あなたに一切失敗をさせないことが目的ではない。ただしなくてもいい失敗を避けてもらいたいだけだ。

1、人は人格で評価される

正直な人、信頼できる人、高潔な人という評判を確立しよう。失った信頼を取り戻すのはとても難しい。自分が悪かったのなら、言い訳に逃げてはいけない。間違いを認め、訂正する。自分に正直になり、他者への思いやりを忘れず、困っている人には助けの手をさしのべる。周りの人に親切にし、人前で誰かを批判しない。人を恨まず、快く許す。約束を守り、やると言ったことは必ずやる。

2、つねにポジティブ

人はポジティブな態度に好感を持つ。だから、たとえつらいときでも明るさを忘れないようにしよう。ネガティブなことは考えない。与えられた仕事やプロジェクトが何であれ、全力で取り組む。たとえつまらない仕事でも、「なぜ自分がこんなことを」とは考えない。すべての仕事に情熱を傾ければ、その見返りはとても大きい。すべての仕事が世界でいちばん重要な仕事であり、毎日がかけがえのない贈り物だ。

3、学び続ける

新聞、雑誌、ウェブサイト、ネットニュースなど、読めるものは何でも読む。読書クラブに参加する。図書館を活用する。講演を聴く。討論会に参加する。ドキュメンタリー映画を観る。生涯学習クラスを受講する。たくさん旅行して知らない場所を訪れる。仕事で必要だから勉強を続けるという人もいるだろうが、自分の魂を豊かにするために学ぶということも忘れてはいけない。一生学び続ける人は、自分の潜在能力をフルに発揮し、自分自身について深く知ることができる。

4、付き合う人を選ぶ

周りにいる人の質で人生は大きく変わる。友人関係だけでなく、職場の人間関係でもそうだ。付き合う人は慎重に選ばなければならない。あなたを愚かな失敗から守り、あなたの力を最大限引き出してくれる人たちと付き合うようにしよう。あなたの足を引っぱり、失敗させようとする人たちと付き合ってはいけない。

5、勤勉に働く

仕事は楽しいことばかりではない。つらいこともあれば、見返りがまったくないこともある。自分ほど賢くない人たちから、やりたくもないことをやるように言われることもあるかもしれない。仕事にやりがいや楽しさだけを期待してはいけない。つらい仕事やつまらない仕事も、すべて貴重な人生経験だ。

6、自分の能力を主張する

謙虚さは間違いなく人格的な美徳だが、職場では謙虚にしているだけでは埋もれてしまうかもしれない。ときには自分の能力を主張することが求められる。この競争社会では、周りに不快感を与えない程度に自分を誇示することも必要だ。過度な自慢はつつしみ、そのうえで仕事ができることをアピールする。それが職場で認められるコツだ。

7、バランスを大切に

人生は仕事だけではない。仕事に人生最大の喜びを見つけられるのはごく一部の人だけだ。すべての人がそのレベルを目指すのは無理があるだろう。自分の仕事におおむね満足していれば十分だ。家族、信仰、友達、ボランティア、旅行、娯楽、趣味、文化活動など、仕事以外の楽しみも大切にしよう。

8、人生は何が起こるかわからない

人生に失望はつきものだ。予想外の不幸に見舞われたり、信頼していた人に裏切られたりすることもあるだろう。人生にはたくさんの障害があり、そのほとんどはコントロールできない。ただ現実を受け入れ、そして自分のできる範囲のことをする。過去は変えられないが、未来を変えることならできる。逆境にめげず、ポジティブな態度を心がけよう。

9、いい結婚をする

結婚するつもりなら、相手は慎重に選ばなければならない。結婚相手は、人生の幸せを決める最大の要素といっても過言ではないだろう。その人に対して友情を感じるだろうか？　尊敬できる人だろうか？　結婚するにしても、パートナーとして一緒に暮らすにしても、良好な関係を長続きさせるにはお互いの努力が必要だ。どんなにいい関係でも、つねにバラ色というわけではない。一緒にいて楽しい人、エネルギーがわいてくる人、刺激になってくれる人が、正しい人生のパートナーだ。

10、家族計画

いつか自分の家族を持ちたいと思っているのなら、事前の計画が大切だ。女性の出産可能年齢については広く知られているが、男性なら何歳でも親になれるというわけではない。若いうちは仕事と遊びに夢中になり、結婚や家族のことまで考えられないかもしれないが、そのままでいると、気づいたときには時間が残っていないという事態になりかねない。

11、健康を維持する

体の健康状態は、心の健康状態にも影響を与える。活力を維持するには、きちんと栄養をとることが欠かせない。これから年齢を重ねるにつれ、忙しい毎日でも健康には特に気をつけなければならない。定期的な歯科検診や健康診断、メンタル管理、体重管理、十分な睡眠、ストレス管理、定期的な運動を心がける。

12、社会に貢献する

読者の中には、恵まれた環境で育った人もいれば、逆境に打ち勝って成功した人もいるだろう。いずれにせよ、全世界の基準で考えれば、ほとんどの人が平均より上の生活を送っているはずだ。恵まれた立場にいる人は、社会のために何か貢献しなければならない。慈善活動や寄付を習慣にしよう。コミュニティの活動や、政治活動に参加するという社会貢献の方法もある。

索引

エンジェル投資家 81
延長保証 152
お金 16
お金の計画 14-36
お金の時間価値 156
お金を貸す 107

か

カーリース 172
買掛金 77
会計 74
解約金 151
カギとなるインプット 80
学生 312
確定拠出制度（401k） 360
額面 217
掛け金 296
貸方 76
過失 319
課税所得 296
家族の役割 374
株式市場 201
借り換え 165
借方 76
関税 99
監督 121
寄付金 35
キャリア 26
ギャンブル 259
給料が差し押さえられる 188,349

あ

アップルペイ 117
後払い 186
アナリスト 205
アパートを借りる 131
育児介護休業法（FMLA） 351
慰謝料 328
遺贈 367
一括払い 169
医療委任状（HCPOA） 374
胃ろうをしない 373
インターンシップ 63
インデックス（株価指数） 209
インデックスファンド 208
インフレ 19
ウィリアム・V・ロス 360
ウイルス 242
ウォルマート 284
受取人（保険金） 275
売上税 291
売掛金 77
永続的委任状 374
APR 164
ATM 110
エグゼクティブサマリー 82
S&P500 209
SNSのリスク 279
NGO 51
FAFSA 313
エレクトロニックバンキング 118

国民皆保険 274
故人 366
個人事業主 69
個人情報 238
個人情報の盗難 280
個人年金 360
個人ローン 70
国境を越えたビジネス 98
子ども 147
雇用 44
雇用機会均等委員会（EEOC） 351
婚前契約 327

さ

債権 177
債権回収 176
財産保険 270
最初の仕事のヒント 378
最低賃金 54
歳入庁 306
裁判官裁判 349
財務計画 82
財務諸表 76
債務不履行 215
詐欺 232-264
サプライヤー 80
差別 351
残業手当 54
GDPデフレーター 21
JPモルガン・チェース 210
シカゴ・マーカンタイル取引所 220
時給 48
事業計画 78
教育省 312
供給 45
銀行口座 109
金本位制 18
金融詐欺 232-264
金融資産 192
金融市場の安全性 229
金利 157
クラウドファンディング 91
クレジットカード 113
経済状況 313
経済情勢 60
計算する 34
経費 45
契約 322-327
契約違反 325
契約の自動更新 151
月額家賃 143
欠席裁判 348
限界税率 301
現金主義会計 77
健康保険 58
健康問題（老後） 373
原告 345
合意 48
好景気 206
控除 296
交渉 56
控訴裁判所 347
公的な記録 174
口頭の契約 324
コールオプション 219
小切手 107
国内総生産（GDP） 93

消費者物価指数 21
消費税 149
消費生活センター 264
商標 337
商品 44
商品先物取引委員会 230
職場の安全に関する規制 351
証券取引委員会（SEC） 230
助成金 45
署名 137
所有権（住宅） 138
新規公開株（IPO） 91
人件費 45
審査（信用情報） 173
人材 42
新社会人のためのヒント 385
人生設計 25
信託 369
人的資本 41
信用情報 173
随意雇用 56
スタートアップ 91
スパイウェア 242
性差別 353
生産性 96
税引き後の利益 304
生命保険 275
世界経済 99
セカンダリー・オファリング 203
セキュリティ（コンピューター） 242
セクハラ 353
絶対に覚えておきたいお金のヒント10 376
ゼネラル・パートナーシップ 70
蘇生を行わない 373
資金調達 81
事故 342
仕事を辞める 56
自己資金 91
資産 28
支出 30, 126-152
失業 319
失業保険 319
支店（銀行） 107
自動車ローン 171
自賠責保険 273
資本金 202
社会保障番号 173
借金 154-180
州裁判所 346
終身保険 277
住宅担保ローン 161
住宅ローン 160
集団訴訟 350
収入 52
受益者 369
受託者 369
純資産 33
生涯所得 49
奨学金 312
証券化 217
証券会社 113
証券投資者保護公社（SIPC） 230
証券取引所 203
根拠不十分 350
使用税 292
消費行動 47
消費者 92

定期的な収入源 225
定期保険 276
低成長(経済) 22
デイトレード 256
デビットカード 111
デフレ 20-22
デリバティブ 218
当座預金 33
投資 192-230
投資銀行 113
投資詐欺 237
投資信託 205
投資のリターン 193
特定履行 331
特許権 334
特許商標庁(USPTO) 338
トライアル 348
ドル 17
トレーニング 42

な

ナスダック(NASDAQ) 203
二次創作物 335
二重課税 303
ニューヨーク証券取引所(NYSE) 203
認可 81
ネット詐欺 245
年金 33
納税者番号 72

は

バーナード・マドフ 234

損益計算書 76
損害 325
損失(投資) 228

た

大学 144,381
大学生活のヒント 381
大恐慌 119
ダウ・ジョーンズ工業株価平均(ダウ平均) 209
担保 158
チーム 78
知的財産 334
地方裁判所 347
チャールズ・ポンジ 233
チャリティ 235
中央銀行 120
中傷 345
調停 327
懲罰的損害賠償金 331
帳簿 75
貯金 102-123
貯金する理由 103
貯金のルール 105
著作権局 335
著作権 334
賃貸 86
賃貸VS持ち家 143
賃貸保険 272
通貨 17,99
TEACH 312
T−NOTES 216
T−BiLLS 216

不動産でお金持ちになる 251
不法行為 342
プライベートエクイティ・ファンド 91
フランチャイザー 83
フランチャイジー 83
フランチャイズ 83
フリーランス 70,360
ブローカー 237,268
ブロードキャスト・ミュージック・インク（BMI） 336
米国作曲家作詞家出版者協会（ASCAP） 336
米国労働省 55
ペイデイローン 175
PayPal 118
ヘッジファンド 89,226
ベビーブーム世代 40
ペルグラント 312
変額年金保険 226
返済 155
変動金利 160
報酬 53-59
報酬と福利厚生の交渉 56
法律 322-356
ポートフォリオ 206
保険 267-281
保険会社 113
保護主義 98
ポンジ・スキーム 234

ま

マーケティング 79
毎日の出費 131
陪審員 344
配当金 89
破産 182-189
発生主義会計 77
パブリックドメイン 340
バランスシート 32
バランスのとれた人生 36
バルーンペイメント 164
ピーター・リンチ 208
比較優位 98
非課税 292
非公開企業 91
被告 348
ビットコイン 249
秘密保持契約（NDA） 340
評決不能 349
ピラミッドスキーム 233
貧困 309
フィッシング 245
ファイナンシャルプランナー 28
プーリング 267
フェア・アイザック社（FICO） 174
付加価値税（VAT） 293
不換紙幣 19
副業 84
複式簿記 75
複利 162,194
不景気 94
負債 75
普通株 202
物質的な豊かさ 27
プットオプション 220
物々交換 17
不動産 86

利益 76,198,295
リスク 198
利息 74,107,116
リビング・ウィル 373
リミテッド・パートナー 71
流動性リスク 199
旅行 14
累進税制 296
レファレンス 63
連邦公開市場委員 120
連邦住宅抵当公庫 317
連邦住宅局（FHA） 316
連邦住宅抵当貸付公社 317
連邦準備銀行 120
連邦預金保険公社（FDIC） 119,230
労働安全衛生局（OSHA） 351
労働組合 353
労働市場 45
労働者災害補償制度 319
ローン 107,155,158
ロジスティクス 81
マゼラン・ファンド 208
マックス・ヴェーバー 75
マネーサプライ 19
マネー・マーケット・ファンド 216
マルウェア 242
マルチ商法 254
満期 214
民事訴訟 346
無限責任 72
名誉毀損 345
メンター 63
もしもの備え 132
モバイル決済 117

や

家賃 136
やりがい（仕事） 51
遺言 366
遺言検認裁判所 368
遺言と遺産 366
有形財産 332
有限責任 71
有限責任会社（LLC） 72,81,304
優先株 202
預金保険 119-121
予算 126-152

ら

リース 172

著者　アンドリュー・O・スミス（Andrew O. Smith）

MBA・法務博士
学生時代からお金、投資、資金計画に関するアドバイスを行い、ペンシルベニア投資同盟（アメリカでもっとも早い時期に設立された大学投資クラブのひとつ）の設立に関わる。受託者、ファイナンシャルアドバイザー、弁護士として、信託基金、遺産、投資パートナーシップ、有限会社、保険信託、不動産パートナーシップ、個人資産の管理の相談に乗る。キャリアの初期は有資格の商品取引アドバイザーとして活躍し、投資ファンドの最高財務責任者を務めた。コンサルティング会社ブーズ・アレン・ハミルトンの経営コンサルタントとしてキャリアをスタート。現在は特殊化学品メーカーのイェルキン・マジェスティック・ペイントで最高執行責任者を務める。著書に『Sand in the Gears: How Public Policy Has Crippled American Manufacturing』がある。ペンシルベニア大学ウォートン校で金融の学位、同じくペンシルベニア大学工学・応用科学校で工学の学位をそれぞれ取得。シカゴ大学ブース・スクール・オブ・ビジネスでMBA、同じくシカゴ大学ロースクールで法務博士号をそれぞれ取得。1988年、法学と経済学の卓越した功績を認められオリン賞を授与された。メイン州バス出身。

訳者　桜田直美（さくらだ・なおみ）

翻訳家。早稲田大学第一文学部卒。おもな訳書に『睡眠こそ最強の解決策である』（SBクリエイティブ）、『なぜ私は「不可能な依頼」をパーフェクトに実現できるのか？』（大和書房）、『できる人の人生のルール』（ディスカヴァー・トゥエンティワン）、『THE CULTURE CODE 最強チームをつくる方法』（かんき出版）などがある。

アメリカの高校生《こうこうせい》が学《まな》んでいるお金《かね》の教科書《きょうかしょ》

2019年11月25日 初版第1刷発行
2020年10月8日 初版第12刷発行

著　者	アンドリュー・O・スミス
訳　者	桜田直美《さくらだなおみ》
発行者	小川 淳
発行所	SBクリエイティブ株式会社 〒106-0032　東京都港区六本木2-4-5 電話　03-5549-1201（営業部）
装幀	三森健太（JUNGLE）
カバーイラスト	市村 譲
本文イラスト	ヤギワタル
DTP	miwa
図版デザイン	諌山圭子（いさ事務所）
編集	小倉 碧（SBクリエイティブ）
印刷・製本	三松堂株式会社

本書をお読みになったご意見・ご感想を下記URL、
または左記QRコードよりお寄せください。
https://isbn2.sbcr.jp/02918/

ISBN 978-4-8156-0291-8